# 莲都革命旧址遗址

丽水市莲都区革命老区开发建设促进会 编

吴志华 编著

中国文史出版社

图书在版编目（ＣＩＰ）数据

莲都革命旧址遗址 ／ 丽水市莲都区革命老区开发建设促进会编；
吴志华编著． -- 北京 ： 中国文史出版社，2024.8.
　　ISBN 978-7-5205-4788-8

　　Ⅰ．K928.725.53

中国国家版本馆CIP数据核字第20248TV676号

责任编辑：徐玉霞

出版发行：**中国文史出版社**

社　　　址：北京市海淀区西八里庄69号院　　邮编：100142

电　　　话：010-81136606　　81136602　　81136603（发行部）

传　　　真：010-81136655

印　　　装：丽水市新时代教育印刷有限公司

经　　　销：全国新华书店

开　　　本：787mm×1092mm　　1/16

印　　　张：24

字　　　数：388千字

版　　　次：2024年9月第1版

印　　　次：2024年9月第1次印刷

定　　　价：128.00元

# 编纂委员会

顾　问：张壮雄　张　妍
主　任：朱芝贵
副主任：周贤华　陈岳波
委　员：潘金发　叶欣华　李冠武　陈夏友　王立明
　　　　吴志华

# 编　辑　部

编　著：吴志华
编　辑：季晨艳　吴敏榕　吴冬霞　赵丽珍　叶家红
图片提供：丽水市司法局　丽水市文保所　丽水市博物馆
　　　　　莲都区档案局和党史研究中心　紫金街道办事处
　　　　　仙渡乡政府　雅溪镇政府　丽新畲族乡政府
　　　　　大港头镇政府　碧湖镇政府　老竹畲族镇政府
　　　　　楼新建　吴志华　吴敏榕　潘贵铭　周　率
　　　　　季晨艳　黄建兵　吴冬霞　汤金铭　赵丽珍
　　　　　叶春德　张春锋　吴志标　蓝鹏飞　熊远龙
　　　　　高　明　樊永林　陈旭东　洛珍林　黄筱林
　　　　　郑巧鑫　李　丽　郭伟平　方建利　叶庆武

麗水縣全圖

民國己巳年仲春月 誧軒孫慶詁繪

民国 15 年（1926）《丽水县全图》（莲都区地方志研究中心提供）

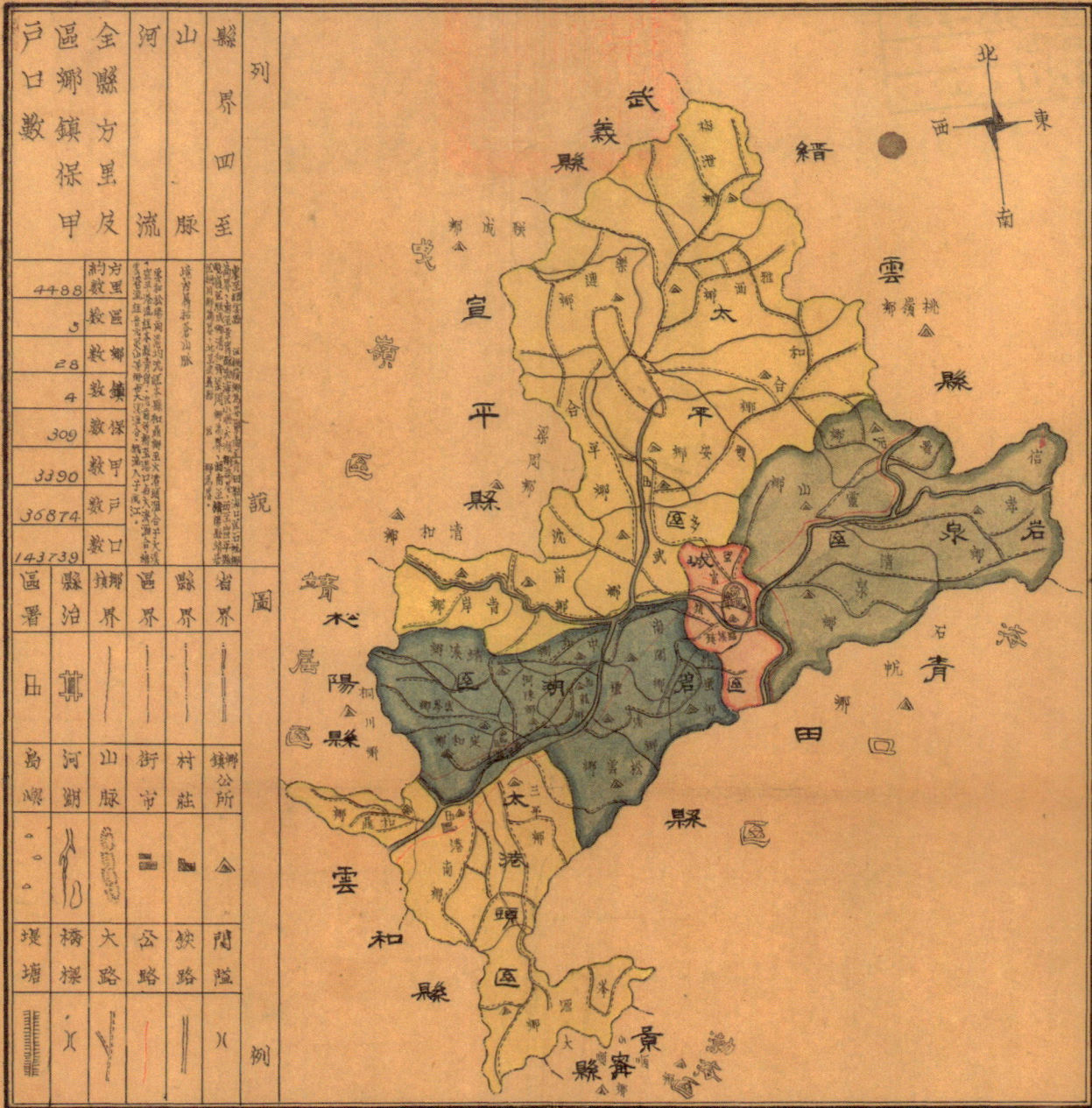

民国29年(1940)浙江省《丽水县乡镇区域详图》(吴志华提供)

# 麗水縣分鄉圖

中華民國三十六年二月

麗水縣政府

民國36年(1947)《麗水县分乡图》(吴志华提供)

# 圖全縣水麗

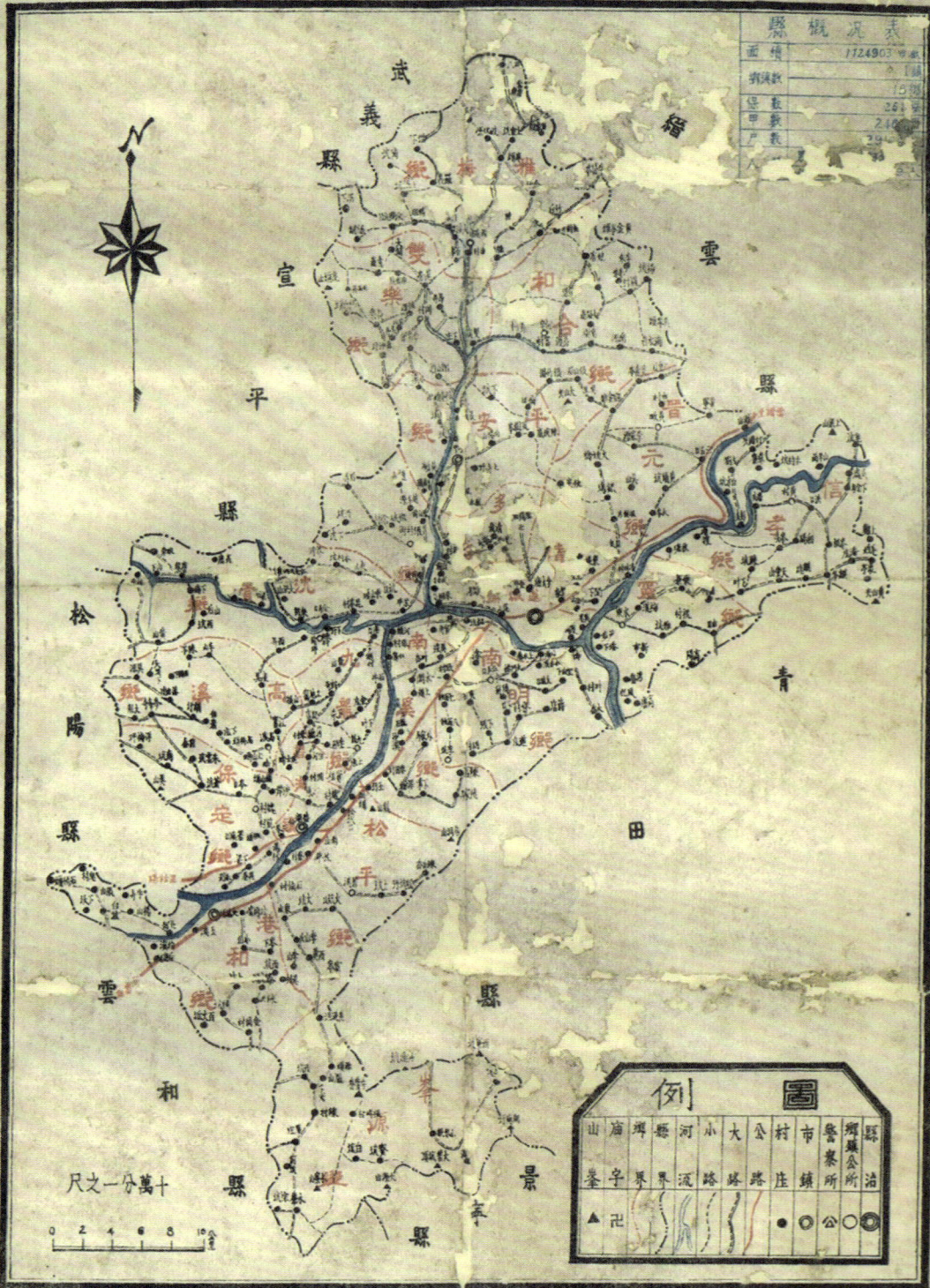

民国37年(1948)《丽水县全图》(吴志华提供)

# 丽水县行政區域图

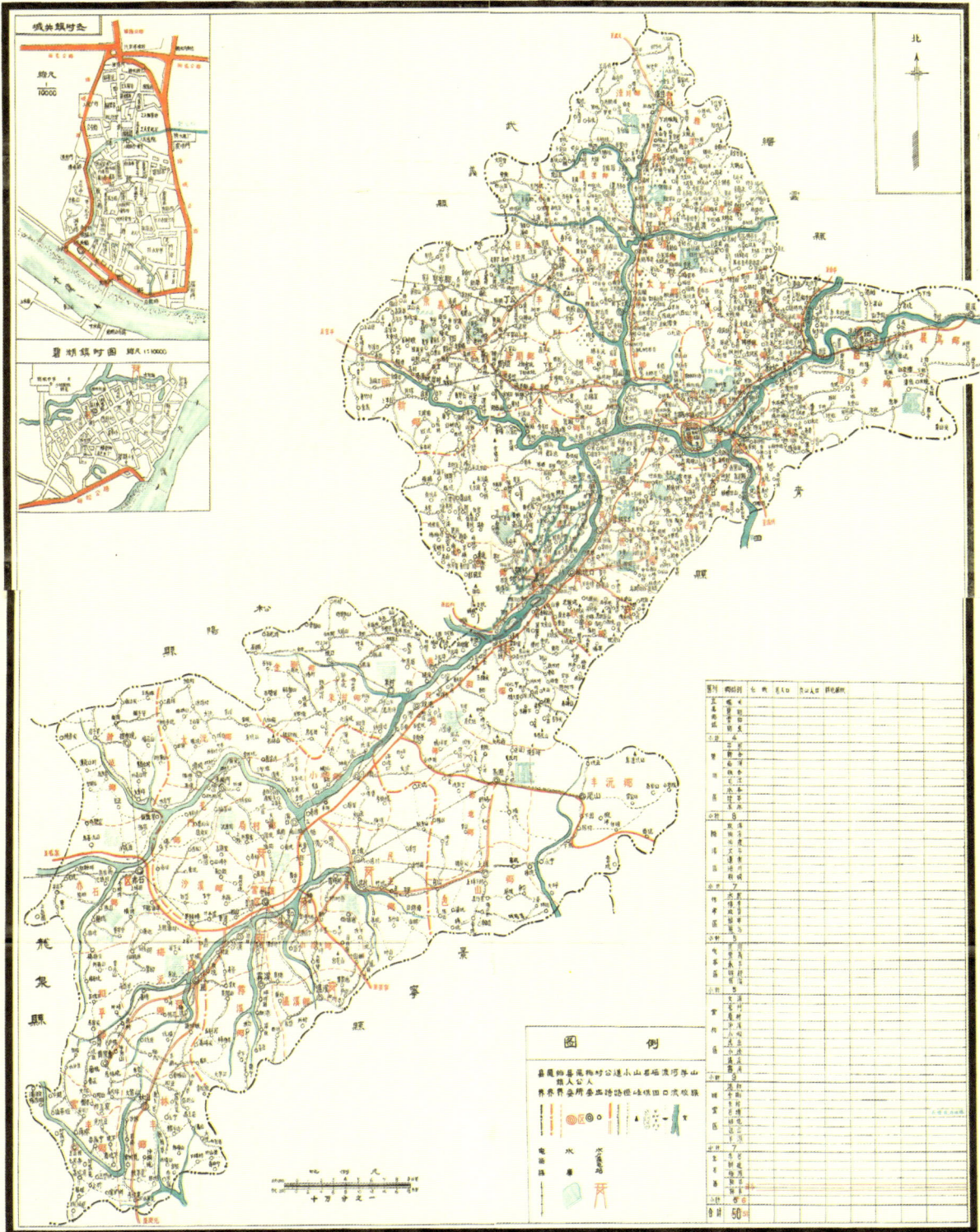

丽水县人民委员会制　1958.6.

1958年6月丽水县行政区域图(莲都区地方志研究中心提供)

# 丽 水 市 行 政 区 域 图

（1987年）

比 例 尺

1:280000

0　3　6　9公里

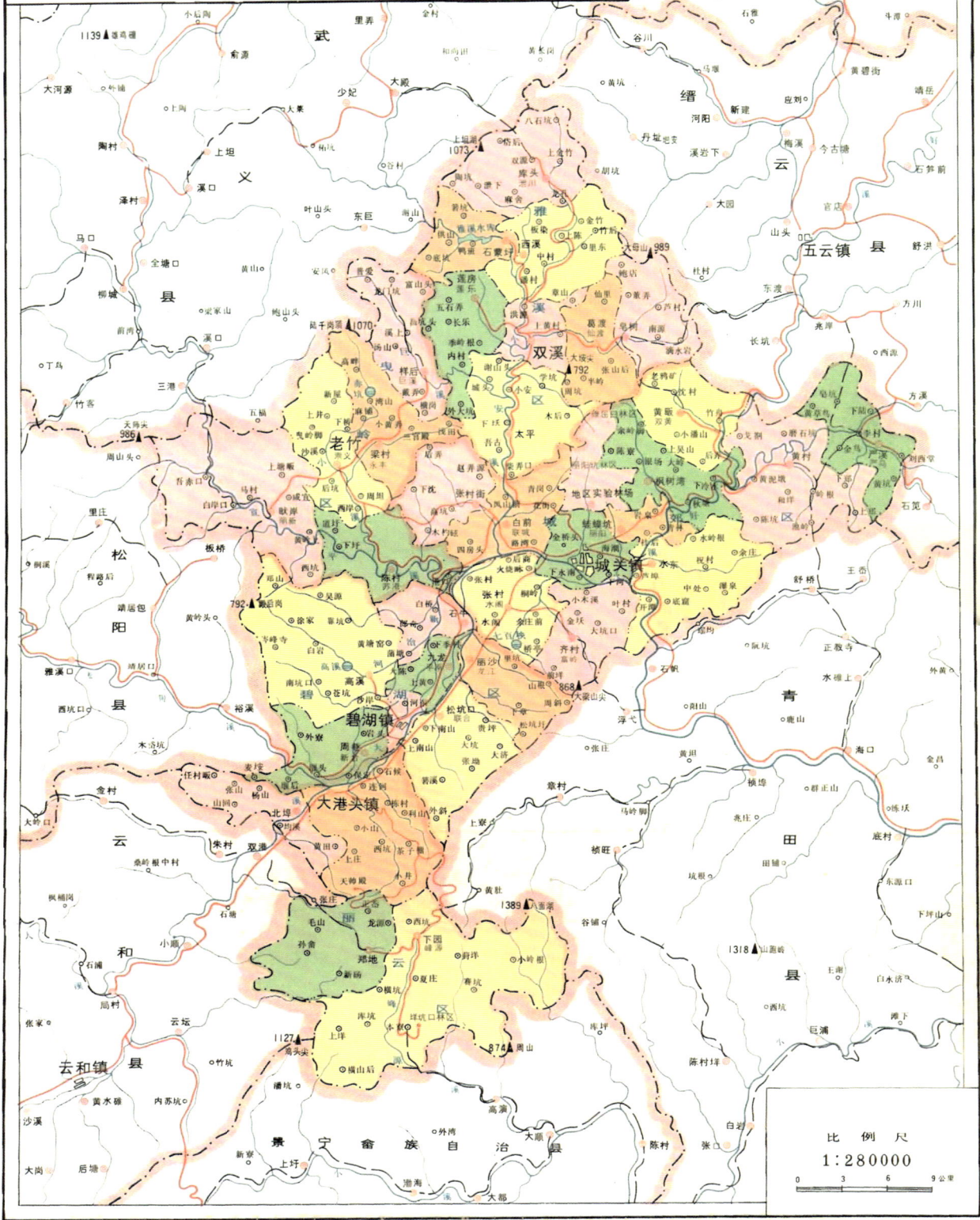

1987年丽水市(县级)行政区域图(莲都区地方志研究中心提供)

# 莲都区行政区划图

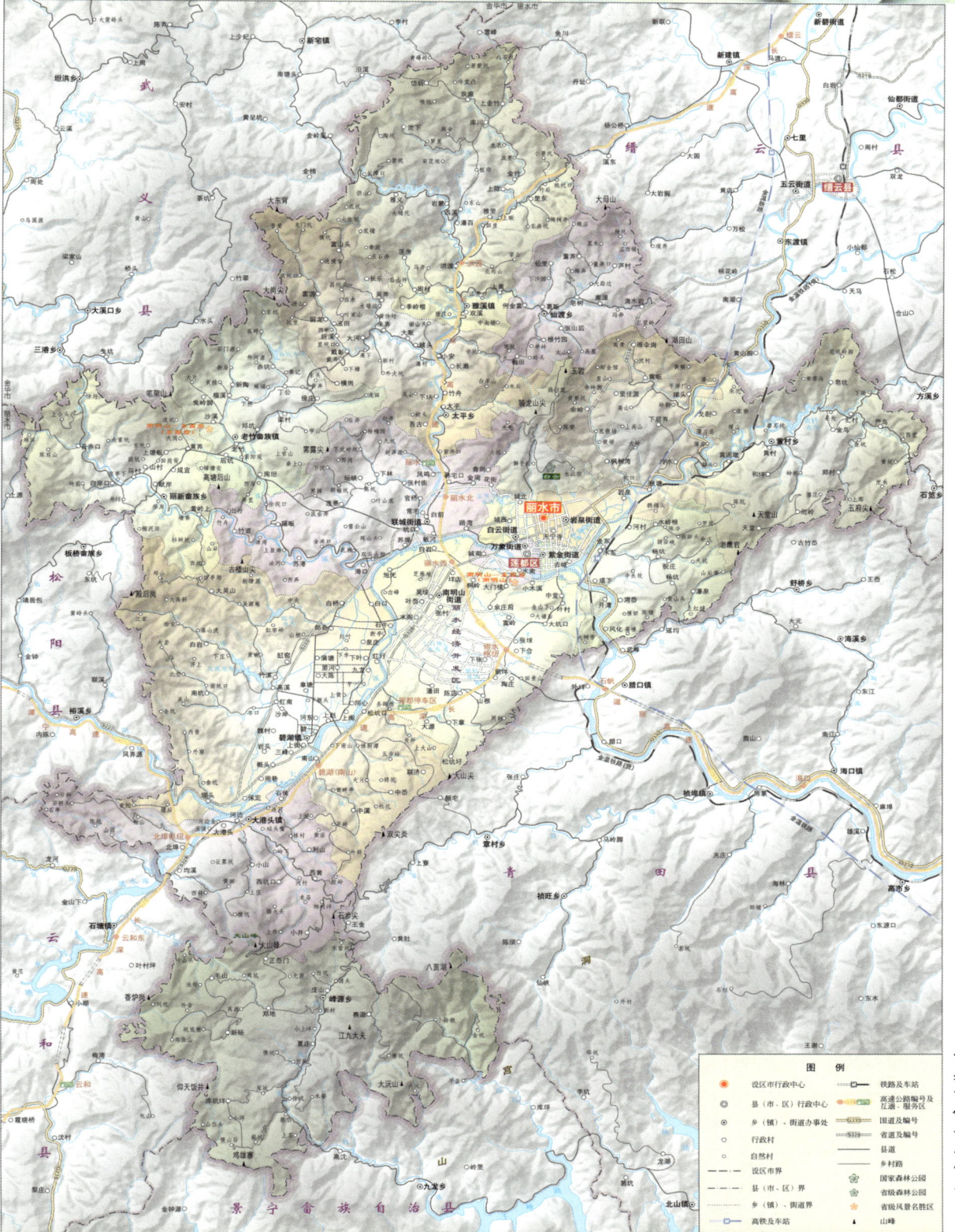

丽水市领导工作用图

## 图例

- 设区市行政中心
- 县（市、区）行政中心
- 乡（镇）、街道办事处
- 行政村
- 自然村
- 设区市界
- 县（市、区）界
- 乡（镇）、街道界
- 高铁及车站
- 铁路及车站
- 高速公路编号及互通、服务区
- 国道及编号
- 省道及编号
- 县道
- 乡村路
- 国家森林公园
- 省级森林公园
- 省级风景名胜区
- 山峰

比例尺 1:150 000

丽水市自然资源和规划局　浙江省测绘科学技术研究院　地图审核号：浙丽S(2022)1号　2022年11月

2023年丽水市莲都区行政区划图(莲都区地方志研究中心提供)

# 丽水市莲都区革命老区分布图

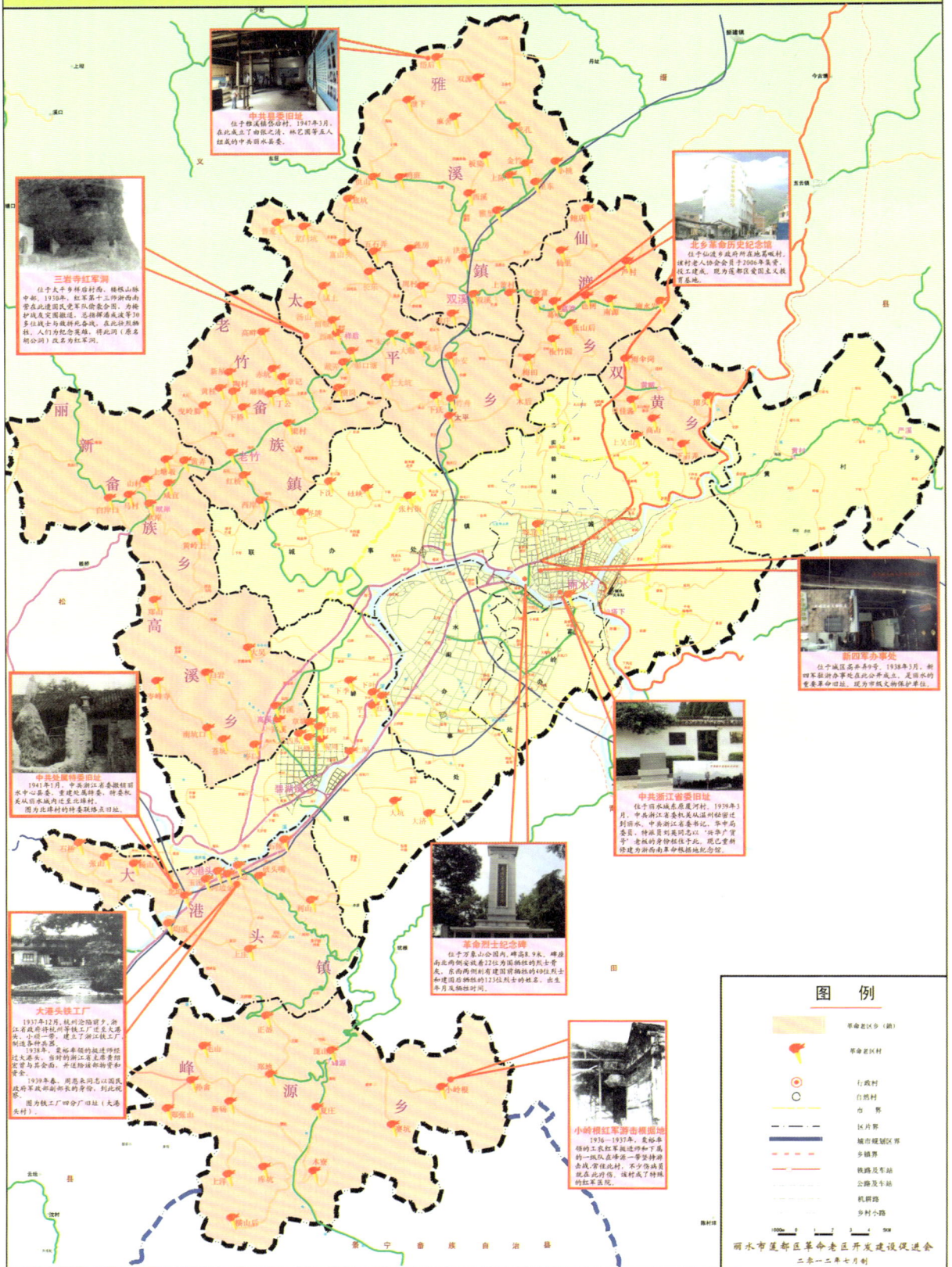

丽水市莲都区革命老区分布图(莲都区革命老区开发建设促进会提供)

# 序　言

　　莲都，是革命老区，是一片有着光荣革命传统、丰沃革命精神的红色热土。在中国共产党领导下的长期革命斗争中，莲都区人民前仆后继、浴血奋战，功勋卓著。期间，留下了许多珍贵的革命旧址遗迹，包括党的重要机构旧址，重要党史人物的故居、活动地，重要事件、重大战役（战斗）遗址，具有重要影响的革命烈士事迹发生地或墓地等。也包括新中国成立后为反映各个历史时期党的重要历史活动而兴建的各类纪念设施。这些革命旧址遗迹和纪念设施，是莲都人民在中国共产党领导下为民族独立、人民解放和国家富强、人民幸福而英勇奋斗的历史见证，是宝贵的革命历史文化遗产，是开展爱国主义教育和传承红色基因的重要资源和有效载体。

　　为深入贯彻党的二十大精神和习近平总书记关于保护红色遗产、弘扬红色文化、传承红色基因的重要指示精神，莲都区革命老区开发建设促进会根据《浙江省红色资源保护条例》和《丽水市革命遗址保护条例》的有关规定，组织专业团队对辖区内的革命旧址遗迹和纪念设施进行全面普查，共计158处，为准确判断莲都区革命旧址遗迹保护现状、科学制定革命旧址遗迹和纪念设施保护利用方案提供了可靠依据。并在此基础上，充分利用普查成果，组织编写了《莲都革命旧址遗迹》一书。

　　不忘烽火岁月，面向美好未来，砥砺奋进，建设繁荣富强的革命老区，是我们的共同目标。愿本书的出版发行，发挥最大的社会效益，提升全社会对革命旧址遗迹和纪念设施保护开发利用意识，成为自觉行动；利用这些场所强化对广大群众特别是青少年的爱国主义和革命传统教育，使红色基因代代相传，为中华民族的伟大复兴提供强大的精神动力。

2024 年 8 月 27 日

（浙江省第十二届政协副主席、浙江省革命老区开发建设促进会会长）

# 目  录

第一章　重要机构旧址

# 一、中共浙江省委机关旧址

中共浙江省委机关旧址有厦河刘英旧居、"兴华广货号"旧址、黄景之律师事务所旧址、绅弄织袜工场遗址、外磁窑应火土宅遗址等,分别分布在莲都区紫金街道、万象街道和南明山街道。其中厦河刘英旧居、"兴华广货号"旧址、黄景之律师事务所旧址保存较好,而且均经过相关部门进行主题展陈布置,对外开放,成为重要且知名的浙西南革命教育场馆。

刘英夫妇合影照

刘英在丽水期间,化名王志远,由地下党员、律师黄景之介绍租住在城郊厦河村当保长的村民王玉坤家里。为了便于隐蔽,组成一个临时家庭:母亲(交通员王德珊的母亲)、夫人丁魁梅、女儿(王德珊的女儿)。1942年2月,在温州被捕,5月18日在永康方岩就义。图为刘英与夫人丁魁梅合影(浙西南革命根据地纪念馆提供)

抗战初期,杭嘉湖地区沦陷。国民党浙江省政府南迁永康(1942年5月迁云和),许多机关、学校和工厂纷纷迁往丽水,大批外地进步青年、文化名人陆续赴丽水参加抗日救亡运动,丽水成了浙江省抗战的大后方。

粟裕率红军部队离开浙江后,刘英率领少数武装人员和一些地方干部在浙江继续坚持斗争。根据形势的发展,为便于领导全省党的工作和抗日救亡运动,1938年5月,中央东南分局指示撤销闽浙边临时省委和浙江省工作委员会,成立中共浙江临时省委,刘英任书记。9月,中共中央批准浙江临时省委转为正式省委,刘英利用"新四军驻温州通讯处"合法机关,开展抗日救亡运动。10月10日,通讯处被破坏,省委组织部部长谢文清、青年部长赖大超等7人被捕。刘英率省委机关于 1939 年 3 月秘密从温州迁至丽水。

为了利于在丽水的秘密工作，便于与各地党组织的联系，省委在丽水城区和城郊设立了 10 余处秘密机关和交通联络站（点），主要有厦河刘英住所、四牌楼的"兴华广货号"百货商店、绅弄口织袜工场、花园弄黄景之（即黄希宪）律师事务所、水南岸横街杂货铺、溪口外磁窑村（今南门山街道寺

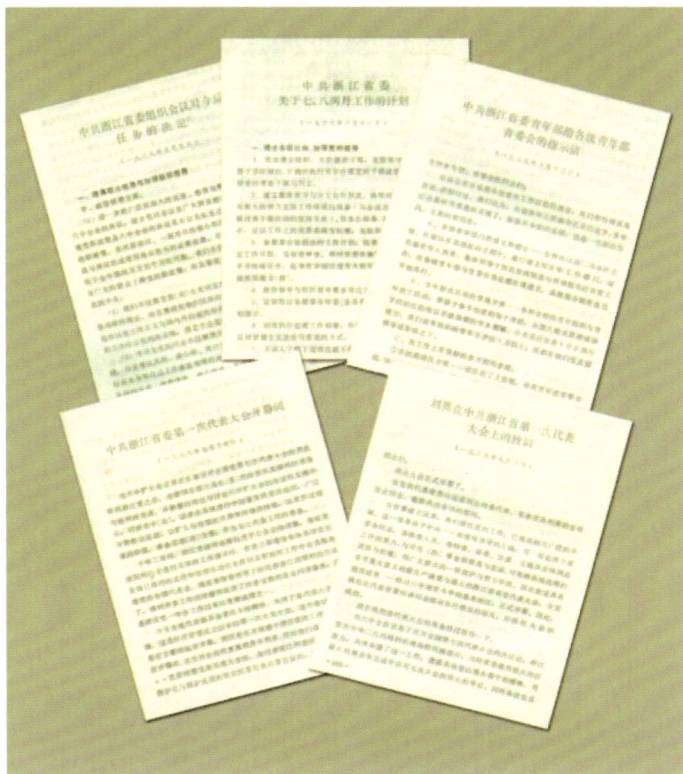

中共浙江省委机关在丽水期间的相关文件资料
（浙西南革命根据地纪念馆提供）

窑村）联络站、浙东书店等，并在龙泉宝溪乡山区架设电台，负责与东南局、新四军军部联系。1939 年 3 月浙江省委机关迁来丽水后，为掩护秘密工作，在城内闹市区"四牌楼"开了一间小店作为交通联络站，店号"元昌"，负责与东南局及各特委联络。不久，店铺被日机轰炸烧毁。后来附近一吴姓人家在废墟上重建了四间店面楼房，省委机关租用了其中两间，开设"兴华广货号"百货店，作为省委交通站。省委书记刘英化名王志远，身份是老板。刘英和其他联络员冒着被日机轰炸、国民党顽固派袭击检查的危险，进行隐蔽工作，通常白天经商，夜间关闭门窗抄写文件，及时传达上级指示。

1941 年 1 月，皖南事变发生，新四军遭到突然袭击。2 月上旬，新四军政委饶漱石到丽水，在厦河刘英住所住了数日，并催促省委迁往浙南游击区。4月，省委机关迁去温州。省委迁离丽水后，省委机关从水南横街的联络站迁移

中共浙江省委交通联络示意图

（1939.3—1941.4）

省委机关驻丽水的两年期间，省委领导分工联系全省各地工作：书记刘英分管温州、丽水，组织部部长薛尚实分管衢州、台属，宣传部部长汪光焕分管宁绍和浙西。省委领导从丽水出发到各地巡视工作，传达指示，指导工作。各特委负责人和交通员到丽水向省委联系汇报工作。

到位于城郊桃山溪口对岸的外磁窑村（今南明山街道寺窑村），政治交通员杨椿留在丽水，继续负责与东南局和各特委的联络。1942年2月，温州省委机关被破坏后，省委在丽水的交通联络工作终止。

中共浙江省委机关在丽水的两年多时间里，加强了全省的抗日民族统一战线，召开了浙江省组织工作会议、省宣传工作会议、省妇女工作会议，筹备了中共浙江省第一次代表大会,取得了与上海党组织的联系,建立了与上饶集中营被捕同志的秘密联系,加强了对各地特委的领导、巡视和联络工作;浙江地区的党组织得到了发展壮大,领导全省各地抗日救亡运动走向高潮。至1940年底,全省特委数从1938年底的6个增加到8个,县委(工委)数增加到50多个,党员人数从6700余人增加到近2万人。各秘密联络站承担并完成了周恩来召集浙江省委领导赴金华秘密开会过程中的交通联络工作、中共浙江省委第一次代表大会召开的交通联络工作、中共东南局副书记饶漱石到丽水时的交通联络工作、派交通员打通与上海方面联系的联络工作、派交通员使省委与上饶集中营中的同志取得联系的联络工作等。这段历史在浙江党史上具有特殊的重要历史地位,同时也为丽水的革命斗争史留下了光辉的一页。

2005年3月16日,丽水中共浙江省委机关旧址(刘英旧居、兴华广货号旧址、黄景之律师事务所旧址)公布为省级文保单位。

**(一)厦河刘英旧居**

刘英旧居位于丽水市厦河村77号,坐西朝南,占地360平方米,原名为厦河中共浙江省委机关旧址,原旧居之段,现是在原址上的重建。分为前后花园、陈列室、会议室等部分。2005年10月20日,全国政协原副主席杨汝岱到厦河村中共省委机关旧址考察。(详见本书后文刘英旧居)

刘英旧居外立面(浙西南革命根据地纪念馆提供)

省委机关厦河村旧址,省委书记刘英曾在此领导抗日救亡运动
(摄于1988年,莲都区档案局和党史研究中心提供)

修复后的厦河刘英旧居(浙西南革命根据地纪念馆提供)

## (二)"兴华广货号"旧址

1938年9月,中共中央批准浙江临时省委会转为正式省委。1939年3月,中共浙江省委为了便于领导全省的抗日救亡运动,决定将省委机关从温州迁到丽水。时任省委书记刘英指示先到丽水找三处房子,迁往丽水后,刘英住在城外夏河村一个当甲长的农民家里。省委机关在城内四牌楼开了一爿小店,叫"元昌"。不久,小店被日军飞机投掷的燃烧弹烧毁。后来刘英又以商店老板身份,开了一爿百货商店,作为秘密联络站(点),取名"兴华广货号",为省委立足作掩护。在"兴华广货号"开设的一年多时间里,中央的指示、各地送来的工作报告、省委向各特委发出的指示等,都通过这里接收或发出。在"兴华广货号"百货商店联络站工作的同志,以饱满的革命热情和高度的警惕性,认真负责地工作,在日机经常轰炸、特务不时干扰的险恶环境里,一次又一次地完成各项任务。直到省委机关迁回温州,"兴华广货号"联络站也完成了它的历史使命。

中共浙江省委机关旧址"兴华广货号"位于莲都区大众街39号,坐东朝西,为四间二层木结构楼屋,总面积82平方米。兴华广货号百货店,其前身为元昌号。1939年3月至1941年4月初,中共浙江省委领导机关设在丽水城期间,省委书记刘英以兴华广货号老板身份开设的百货店,是省委与中共东南局及宁绍、金衢、浙南、浙西、台属、处属6个特委相互联络的主要交通联络站。1980年,兴华广货号列为县级文物保护单位,1984年11月17日重新公布。1994年四牌楼地段街坊改造,在市委、市府的重视

"兴华广货号"联络站(摄于民国时期,吴志华提供)

下,兴华广货号得到妥善保护。1996年,文物部门成功完成其恢复修建工作。2005年,刘英旧居、兴华广货号、黄景之律师事务所3处旧址合并为丽水中共浙江省委机关旧址,定为省级文物保护单位。兴华广货号旧址为抗日战争前期中共浙江省委在丽水的主要联络站和活动场所,具有较高的革命历史价值。丽水文物部门多年来几次对兴华广货号旧址进行了修缮,整体保存较好。

1961年7月1日,在庆祝建党四十周年纪念演出中,由丽水群众演员自排自演的节目——"一爿百货商店"讲述了刘英同志在丽水领导的这段革命历史。演出结束后,全体演员合影留念,留下了这张珍贵的照片,保存了这段特别的记忆。(丽水市党史学习教育领导小组办公室提供)

修葺后的兴华广货号(吴志华摄于2018年)

兴华广货号场景复原(吴志华摄于2023年)

### (三)黄景之律师事务所旧址

黄景之律师事务所旧址位于万象街道梅山弄19号(原花园弄2号),坐北朝南,进深18.4米,通面宽30米,占地面积约442平方米。该旧址建于民国早年(约1923年),硬山顶,穿斗式梁架结构。为二层砖木回廊式结构楼屋,有木制圆车栏杆。该房大门系中西合璧的砖砌门墙,门上拱卷部有砖浮雕装饰图案,大门外正面有雕花石板围砌的花坛。屋内设有厅堂、正间、厢房,前后天井用细卵石铺就。屋主戴静斋租给黄景之作为律师事务所,黄景之将房子一分为二,靠东一半由黄景之一家使用,西半幢则转租给丽水县邮电局长居住。该建筑是抗战时期中共浙江省委机关的主要活动场所之一,省委书记刘英曾在此召开会议和印刷秘密文件。省委还在此召开过全省宣传工作会议和妇女工作会议。

万象街道刘祠堂背花园弄——
浙江省委机关旧址黄景之律师事务所（潘贵铭摄于 2016 年）

中共浙江省委在黄景之律所召开秘密会议（熊远龙绘）

### (四)绅弄织袜工场遗址

中共浙江省委机关联络站遗址(绅弄织袜工场遗址)位于中山街与绅弄交叉口。1938年底,王德珊到丽水所找的三处房子中,有一处是大水门的店面,王德珊在此开了织袜工场。后来,考虑到大水门人来人往较多,而且店面小,就于1939年9月将织袜工场搬到梅山脚绅弄口一家平房里。绅弄口平房面积大,有三间,较隐蔽,所以省委秘书处也就设到了绅弄口织袜工场内。这样,绅弄口织袜工场就成了省委的一个重要秘密联络站。宁绍特委书记杨思一、处属特委书记张麒麟、浙南特委书记龙跃等都曾到工场找王德珊,然后由王德珊去厦河与刘英联系。1941年4月,省委迁温州,绅弄口织袜工场联络站停止工作。该联络站遗址现开辟成停车场。

拆除前的丽水中共浙江省委机关联络站遗址
(绅弄织袜工场遗址)(吴志华提供)

### (五)外磁窑应火土宅遗址

丽水水阁外磁窑(即今南明山街道垟店行政村寺窑自然村)应火土宅是中共浙江省委在丽水最后的联络站。

省委机关迁往温州后,设在丽水的联络站主要是丽水城郊的外磁窑联络站。1941年4月,省委机关撤离丽水时,省委书记刘英指示省委交通员杨椿继续留在丽水,负责省委与中共中央东南局、各特委的交通联络工作。由于日军飞机的不断轰炸,省委机关在水南横街的联络站迁移到城郊桃山溪口对岸的外磁窑村。1941年7月,政治交通员涂峰在上海默记了《中共中央关于项、袁错误决定》《中共中央关于增强党性的决定》《中共中央关于第三次反共高潮的总结》《刘少奇同志在华中局扩大会议上关于皖南事变的总结》等4个文件和中共中央"任命刘英同志为华中局委员、华中局特派员,负责指挥闽、浙、赣三省工作"以及华中局关于"浦东地区有我军一支小部队,由朱人俊同志率领到达浙东沦陷区,要刘英迅速派人取得联系"的两个指示,并熟识了两本密码及使用方法后,同谭启龙指派的王念祖一起从上海出发,经杭州、富阳、兰溪、金华到丽水,然后由杨椿陪同到温州,向省委作了传达。水南横街杂货店联络站搬到外磁窑村后,杨椿先后两次从丽水乘船到温州找省委。一次是1941年的9、10月间,杨椿到达温州后,刘英告诉他,中共温州县委书记周义群贪污腐化,与其岳父一起将中央汇来的5万元款子吞用了,对他要提高警惕。刘英同时告诉杨椿,12月初,他将派人到丽水联络。1942年2月17日,杨椿等候多时,始终未见省委派人来联系,于是再次去温州找刘英。杨椿乘船到温州西郊码头,一上岸就被几个警察拦住搜身,好在杨椿事先做了充分准备,将有关文件藏在牙膏里,才未被查出。这样的情况使杨椿增加了警惕性。他在温州城里找了几处联络点,都无人接头,最后碰到一家锯板店老板,才知道省委已于2月8日遭破坏,刘英等人已被捕。杨椿当即叫了一辆黄包车赶到西郊丽阳旅馆,住进单人间,躲在厕所里将随身携带的文件和《新华日报》烧掉。之后,他又去找了几个联络站,发现都已被破坏,就迅速离开温州,回到丽水把情况告诉了处属特委的傅振军。杨思一还去了温州,在返回丽水的路上遇到从温州撤退出来的省委政治交通员郑永琪,才从他那里了解到省委被破坏的有关情况。为了营救刘英,杨思一叫杨椿送信到金属和衢属特委,不料金属和衢属特委的几个联络站也都被破坏了,杨椿只得从衢州乘火车经金华到义乌。为了躲过宪兵的盘查,杨椿机智勇敢地跳下火车,终于在何村找到了省委敌工部长、金属特委负责人陈雨笠,把藏在牙膏和电筒里的文件交给了陈雨笠,然后返回丽水。3月,涂峰再次到丽水,杨椿奉命送信给浙南特委书记龙跃。省委遭破坏后,涂峰去过一次江北和上海,返回丽水后与杨椿直接联系,由杨椿去联系住在小白岩的处属特委代理书记傅振军。1942年4月28日,日本军队从永康窜犯丽水,杨椿进城和涂峰研究撤离办法。涂峰的妻子做产未满月,于是决定雇轿子一同至青田海口。杨椿从城内回到外磁窑村后,即去找傅振军,决定向大港头撤退。他们在北埠村住了一个星期后,傅振军、杜毅贞等3人去云和,杨椿去龙泉。至此,省委机关设在丽水的外磁窑联络站停止工作。

拆除前的浙江省委机关联络站应火土宅(浙西南革命根据地纪念馆提供)

## 二、新四军驻浙江(丽水)办事处旧址

新四军驻浙江(丽水)办事处旧址位于万象街道高井弄9号、7号,2004年被定为市级文物保护单位,先后被评为丽水市十大抗战遗址和丽水市爱国主

义教育基地。至2024年,该旧址被列入高井弄历史街区改造,后续建设为红色主题纪念场馆。

1938年2月底,中共中央东南分局组织部部长曾山在龙跃、余龙贵的陪同下,从南昌到平阳,向闽浙边临时省委传达了中央对南方游击根据地的指示,并对浙江工作讲了三条:一、浙江红军部队改编为新四军,集中地点为安徽岩寺;二、浙江根据地不能放弃,新四军北上后,要留下一些人继续坚持斗争;三、撤销闽浙边临时省委,成立浙江临时省委。经交换意见后,确定粟裕带领部队去皖南,刘英留下继续领导浙江工作。

3月上旬,刘英随曾山去南昌,到东南分局汇报工作。在刘英经过金华时,与浙江省政府主席黄绍竑进行了一次会谈,曾山和吴毓也一同参加。在会谈中,刘英提出,由于浙江红军改编为新四军后将开赴皖南,为了部队家属和处理今后共产党与军队在浙江的有关事宜,以进一步巩固和扩大国共两党团结合作,共同抗日,建议在平阳设立新四军后方留守处,在温州设立新四军通讯处,在丽水设立新四军驻浙办事处。黄绍竑同意了刘英的建议。此外,刘英还将吴毓作为共产党在浙江的代表介绍给黄绍竑认识,以便今后联系。于是,1938年3月,新四军驻浙江办事处在丽水公开成立,设址丽水城内高井弄19号,主任吴毓,工作人员有张孝勇、王朝日等。新四军驻浙江办事处在丽水的设立,加强了浙江党和新四军军部、武汉、南昌八路军办事处及上海、安徽等地党组织的联系,也为以后中共浙江省委机关搬迁丽水创造了一定的条件。新四军驻浙办事处为接待输送抗日人员做了许多具体的工作。1938年4月,办事处通过省工委派马丁到浦江开展工作。1938年5月,缙云仙都中学的进步青年毛济霖、徐昌学通过办事处介绍,辗转到达陕北抗日根据地。同年6月,办事处还介绍了永嘉战地服务团的陈健吾、余伯铭、金城等6人去陕北参加了革命队伍。浙南特委和浙西南(处属)特委先后曾从基本

吴毓像(吴志华提供)

地区抽调200多名干部,分批送到皖南新四军教导队受训或派到前方工作。为此,办事处做了许多中转接待和输送联系工作。同年夏,共产党员王大田经吴毓安排到建德开办新知书店分销处。

1938年秋,中国红十字会以带领难民从上海到皖南开荒的名义,共向皖南根据地输送了700多人。这些人从上海出发,经温州到丽水,由办事处接待,经遂昌、衢州、常山、开化,到达皖南。新四军驻浙办事处也为粟裕率领闽浙边抗日游击队顺利到达皖南做了大量工作,而且还通过上层的统战对象,安排了不少党员、进步青年到国民党政府机关中以公开的身份从事抗日救亡工作。办事处还设法为一些失去联系的同志找到组织,让他们回到党的怀抱。作为省委的秘密联络机关,新四军驻浙办事处既要与国民党的党政军当局周旋,又要秘密接待各地党组织派来向省委汇报工作的人员,负责信件的传递,还要做好来丽水巡视工作的省委领导同志的安全保卫工作。

1938年10月10日,国民党永嘉当局和温台防守司令部根据国民党第三战区的密令,突然出动大批军警,查封了温州九柏园头的新四军驻温州通讯处,省委组织部部长谢文清、青年部长赖大超等7人被捕。事件发生后,省委根据时局的变化,为避免再受损失,决定关闭新四军驻浙江办事处,于是,办事处对外的公开联络工作由此中止。

新四军驻浙江办事处旧址位于丽水市区高井弄9号、7号,建筑坐北朝南,总体为砖木结构。7号旧址后期被改建,内部做了很大的改动,进深12.4米,通面阔11米,占地面积约136平方米,现为商业用房;9号旧址由厢房、正楼、天井等部分组成,进深16米,通面阔15.7米,整体为穿斗式梁架,八架用五柱,占地面积252平方米,现作商业用途。新四军驻浙江办事处旧址9号现为玉器买卖商行,人员混杂,内部改动严重,但还能看出原有建筑的大致格局。7号现出租给人开快餐店,内部装修成现代风格,已不存原来风貌。新四军驻浙江办事处作为中国革命发展历程中的历史产物,有着重要的纪念、保护价值。

万象街道高井弄新四军驻浙江办事处旧址（吴敏榕摄于2017年）

高井弄新四军驻浙江办事处旧址（摄于20世纪80年代，浙西南革命根据地纪念馆提供）

# 三、大港头浙江铁工厂旧址遗址群

浙江铁工厂在大港头镇内共有3个厂址,分布在莲都区大港头镇大港头村、玉溪村、石玄头嘴村,其机器设备、技工主要由杭州工厂内迁,主要生产子弹、地雷、步枪、轻机枪、手榴弹、枪榴弹筒等武器装备。玉溪村现仅存手榴弹生产点旧址(现澄清宝殿);大港头还保存会议室一间,厂房两间以及仓库遗址;石玄头嘴仅存一间工人宿舍,原厂址已改为农田。大港头浙江铁工厂旧址遗址群现已作为反法西斯战场遗址被公布为浙江省文物保护单位。

抗日战争时期,丽水地区云和小顺至丽水大港头偏僻的山沟里,诞生了一座规模宏大的军工厂——浙江省铁工厂。在当时漫天烽火的恶劣条件下,这不能不说是一个奇迹,它开辟了浙江省自主创办武器工业的历史,成为当时浙江省最大的一个工业企业。浙江省铁工厂是时任浙江省省长黄绍竑亲自主持下建立起来的一个重要军事后勤基地,是抗战时期东南一带重要的武器生产基地,同时,也是结团抗战,培育进步青年的一个重要政治基地。

铁工厂成立后,除制造木壳枪并修理库存旧枪械外,黄绍竑为了加强抗日自卫团的装备,决定进一步试制步枪和机关枪。产品试制成功后,黄绍竑决定扩大生产,在距离大港头20里的小顺建立了一厂,制造步枪;在距离大港头15里的石塘(砳头嘴)建立了二厂,专造机关枪;在玉溪建立三厂,专造手榴弹、炸药等武器。在大港头建四厂,制造母机及其他机器和零件。随后,黄绍竑指示抗敌自卫团总司令部与铁工厂签订合同,先付货款50万元,又由省银行贷款100万元,筹集资金。并派人到温州、宁波、上海去采购原材料,把杭甬铁路拆下来弃置路侧的大量铁轨运来,用作步枪枪筒的材料。至此,杭州、温州、宁波各地不断有工人集拢来,从1938年1月至1939年5月,不到一年半的时间,以18个技术工人、20多台机器起家的铁工厂,到拥有4个分厂、3000多员工和上万眷属,机器发展到1000多台,产品从普通的"中正式"步枪,发展到制造子弹、手榴弹和机关枪,并设立专厂制造炸药。还成功制造了当时称为精锐的新式武器——枪榴弹,能够远距离的发射榴弹、杀伤敌人。在当时严峻的时局下,确实是一个伟大的创举。尽管经常有日军飞机的空袭骚扰,铜、铁、焦煤等原材料的外购路线也不时遭遇敌人的封锁拦截,但全厂上下众志成城,每个月依然可以生产或修复近千支步枪、50多挺机枪、数千枚手(枪)榴弹。

经过工人与技术人员的不断努力,产品质量和数量都得到不断提高,如捷克式机枪由胡四兴设计改进,其中活塞由方形改为圆形,发射速度快,制造时出品也快,产量由每月30挺增加到60挺。步枪经马英才的设计改进,由日产30余支,提高到日产100多支。产品不仅满足本省21个团编制的抗日自卫团2万余人的需要,还销往广东、贵州、福建、安徽等地,直到西北甘肃。不仅成为当时浙江省最大的一个企业,而且成为我国著名的武器生产基地之一。为了纪念抗战,还统一把生产的机步枪定名为"七七式"。为了不断革新还专门成立了一个实验室,省政府也成立了一个科学奖金委员会,奖励各种创造发明。

1939年3月至4月,中共中央军委副主席、南方局书记周恩来以国民政府军事委员会政治部副部长身份,视察东南抗日前哨——浙江的抗战工作,秘密传达中共六届六中全会精神。4月2日至3日,亲临丽水视察省铁工厂和省建设厅,周恩来在白云山脚建设厅和大港头曾逗留小憩,接见了伍廷飚和张锡昌。随后,还到小顺铁工厂礼堂发表了热情洋溢的演讲。

原浙江铁工厂大港头分厂办公楼(吴志华摄于2015年)

原浙江铁工厂大港头分厂(第四厂)车间(丽水市文保所提供)

砻头嘴分厂废弃的铁渣(丽水市文保所提供)

玉溪村关王殿,这里是当年铁工厂手榴弹、枪榴弹车间(吴志华摄于2017年)

玉溪浙江铁工厂旧址(吴学文摄于2018年)

# 四、中共处属特委机关旧址群

中共处属特委机关旧址群分别分布在小白岩村、北埠村、玉溪村。至2024年,小白岩村驻地旧址林秀英宅面临征迁,北埠村驻地旧址袁翠珠宅保存一般,玉溪村驻地旧址林英妹宅保存较好。

1938年5月,中共浙江临时省委成立后,决定将浙西南特委改为中共处属特委(中共丽水市委前身),撤销中共浙南特别工作委员会,其所属党组织归属中共处属特委。中共处属特委先后增补宣恩金、周源、徐汉光、张贵卿为特委委员。这样,外来丽水工作的党员和组织都统一由中共处属特委领导。1940年,为方便与杨椿联系,时任处属组织部部长的傅振军及其妻子杜毅贞从丽水城水南迁住到外磁窑村附近的小白岩村(今属南明山街道)。因为小白岩村林秀英家所处位置偏僻,同时距离外磁窑村不到一公里的地理位置优势,有利于地下工作的开展,便选定林秀英家为中共处属特委机关临时驻地。1942年6月,因日军开始进犯丽水县碧湖、大港头,为免遭日军蹂躏以及便于和闽浙边临委、浙南特委联系,中共处属特委决定,将领导机关从丽水县撤至云和、龙泉山区。6月23日夜,傅振军、杜毅贞与杨椿一起从小白岩村转移到北埠村。

1938年至1942年,中共处属特委机关旧址遗址在莲都区境内现存有4处,分别是南明山街道小白岩和大港头镇北埠村、玉溪村和河边。

**(一)中共处属特委机关小白岩村驻地旧址**

1941年4月至1942年6月,傅振军夫妇、杨椿分别居住在小白岩村林秀英家、外磁窑村应火土家,专职从事地下秘密工作,白天隐蔽在屋内,夜晚外出到附近村庄秘密联络党员、布置工作,天亮前返回。在这里,傅振军、杨椿多次动员各地党组织和革命群众,开展了轰轰烈烈的反"剿共清乡"、营救刘英、抗击日军等艰苦卓绝的斗争。中共处属特委机关旧址位于莲都区南明山街道小白岩村林秀英宅,建于清代,坐北朝南,占地180平方米,卵石墙基,泥墙青瓦,硬山顶。正厅中堂,面阔三开间,进深四柱五檩,梁架为抬梁穿斗混合式,正厅两侧设厢房,两开间,中堂后有厨房东西侧有耳房。据林秀英儿子介绍,傅振军夫妇当年就居住在厨房的东耳房。当年屋后是菜园,直通瓯江大溪的防洪林,行动出入较为方便。

小白岩村俯瞰(楼新建摄于2012年)

小白岩村处属特委机关旧址林秀英宅(吴志华摄于2022年)

### （二）中共处属特委机关北埠村驻地旧址

大港头北埠村为丽水至青田、云和、景宁、龙泉的要道。该村袁翠珠等为地下党组织做了大量工作。经常到北埠联络的有林艺圃、傅振军、应铁飞（李春风）等。有一次还冒着生命危险将8位同志藏到谷仓里，躲过国民党的追捕搜查。中共处属特委机关旧址位于莲都区大港头镇北埠中央村13号，建于民国，坐北朝南，占地124平方米，仅存正厅，耳房，泥墙青瓦，硬山顶。正厅面阔三开间，进深四柱五檩，梁架为抬梁穿斗混合式，正厅东侧设一耳房，一开间。

大港头北埠村中共处属特委机关旧址老党员袁采芝宅现状（吴志华摄于2008年）

大港头北埠村中共处属特委机关旧址老党员袁采芝宅

（摄于20世纪80年代，莲都区政协提供）

### （三）中共处属特委机关玉溪村驻地旧址

中共处属特委机关玉溪驻地旧址位于莲都区大港头镇大港头村玉溪自然村玉溪中路2号（林英妹家）。1940年6月，中共浙江省委决定，丽水党组织划分为老区和新区，中共处属特委分设为中共闽浙边委和中共丽水中心县委，张麒麟任闽浙边委书记，傅振军任丽水中心县委书记。按照中共浙江省委关于加强浙江铁工厂党的工作的指示，傅振军率中心县委一批干部到浙江铁工厂发展党员，建立党组织，开展党的各项工作。浙江铁工厂三分厂在玉溪村，傅振军率部分干部住在玉溪村，负责三分厂党的工作，同时在何氏祠堂办工人夜校，发展党员，建立党组织，宣传抗日救国。1941年1月，中共丽水中心县委改为中共处属特委，傅振军先后担任处属特委委员兼组织部部长、代理书记。1942年3月，浙江铁工厂收归国民政府军政部兵工署，该厂撤搬离开。1943年初,根据省委的指示,处属特委机关从云和迁到丽水玉溪、河边、北埠一带。在当时复杂环境下,处属特委书记傅振军落脚在玉溪村(今玉溪中路2号)林英妹家中,坚持革命斗争,积极发展党员,开展党的宣传工作。为了避开国民党当局的眼线,傅振军书记准备了一副货郎担,假扮成货郎,出门时挑着走街串巷,叫卖肥皂、雪花膏等生活用品,以此作为掩护身份。傅振军一边做小生意为党的活动筹集经费,一边周转各村,与特委委员们互通情报,传达上级党组织指示,开展抗日救国宣传活动。

中共处属特委机关玉溪驻地旧址(傅振军旧居)占地面积300平方米,旧址内展览着特委代理书记傅振军使用过的货郎担等物件和浙江铁工厂的资料,现保存较好。

处属特委玉溪交通联络站(林英妹宅)门牌介绍(吴志华摄于2023年)

傅振军睡过的木床(莲都区档案馆和党史研究中心提供)

## 五、中共处属特委交通联络站旧址遗址群

中共处属特委交通联络站有中共处属特委交通联络站河边旧址(叶开兴故居)、中共处属特委交通联络站河边遗址(胡荣进宅)、中共处属特委交通联络站火焰山旧址(雷章宝宅)等。至2024年,叶开兴故居、雷章宝宅保存较为

完整,胡荣进宅已被拆除重建。

1941年1月,中共浙江省委决定撤销中共丽水中心县委,重建中共处属特委,顾春林任书记。9月,顾春林调往省委工作,特委书记一职由傅振军代理,特委机关从丽水城内迁移到大港头镇的北埠村。1942年7月至1943年间,西区(大港头、碧湖)一带成为处属特委机关重要根据地和地下交通联络中心。这一时期,大港头已有河边(王槐勋家、胡荣进家、叶开兴家)、玉溪、北埠(袁翠兰、陈仁桂家)等都成为处属特委与各县以及浙南特委、闽浙边委之间的联络点(特委机关)。此外还有碧湖油脂生产合作社樊康平住处、丽水县城徐仲植住处等几处。张之清通过碧湖农场总务主任、中共党员严金明的关系,租下沙溪农场,建立特委联络站。林艺圃为从缙云撤离的干部樊康平接上组织关系,指示樊康平利用社会关系,在碧湖下街霞江埠(即下江埠)开办油脂生产合作社,为特委又建立一处秘密联络点。傅振军、杜毅贞等从油脂生产合作社领取原料,自制雪花膏到农村叫卖。张之清、林艺圃、徐仲植等则做小生意卖烧饼、虾皮。这些干部通过职业掩护,在大港头、碧湖及丽云交界乡村活动,既便于开展地下工作,又解决了部分活动经费和自身生活问题。正是由于干部、党员的共同努力,处属党组织的干部才渡过了难关。

1943年初,处属特委机关从云和县境迁回到丽水县境,先后驻在大港头一带的河边、北埠、玉溪等地。处属特委任命林艺圃为丽水县特派员。林艺圃的主要工作区域——丽(水)青(田)松(阳)边区成为特委机关的主要活动区域。河边村支部书记胡荣进家和党员陈仁桂、叶开兴家,是处属特委与各县党组织以及与浙南特委、闽浙边临委的联络点。根据处属特委指示,林艺圃开展恢复老基地的工作。他有时走村串户做小买卖,有时隐蔽在党员家中或露天柴棚、山洞里,夜深人静时外出活动,在青田县的祯旺、吴畲和丽水县的高畈、上阁等20多个村庄发展党员,建立秘密交通线。为保存党的力量,他对基层组织强调保密纪律,实行单线领导,不搞群众活动,还从位于碧湖上赵村的《浙江日报》社得到重庆出版的《新华日报》《整顿三风》等文献,交给党员学习,将有关八路军、新四军打击日军取得胜利的消息转告党员,提高党员对革命必胜的信心。

1943年初,闽浙边临委认为,在失去上级领导的情况下,要尽快与处属特委、浙南特委取得联系,以利于共同坚持斗争。为此,派殷铁飞专程到丽水县大港头寻找傅振军,了解情况,并证实了省委机关遭破坏的消息。1943年4月,中共闽浙边临委负责人宣恩金通过傅振军介绍,并由傅振军派云和毛登森陪同,到景宁会晤浙南特委书记龙跃。龙跃提议:在省委被破坏、浙江没有党的统一领导机关的情况下,浙南、处属、闽浙边三个系统的党组织之间要加强联系,团结一致,协同作战,共同坚持斗争;建议闽浙边临委派人到龙泉老区恢复工作;要加强干部教育,坚定信念,增强信心;要大力开展统战工作,团结争取开明人士,开辟新的工作地区。宣恩金返回途经丽水县大港头时,向傅振军通报了会晤龙跃的情况,传达执行"长期隐蔽、积蓄力量、以待时机"的工作方针。这样,处属特委、闽浙边临委和浙南特委又恢复建立了联系。1943年5月,为便于领导,经处属特委与浙南特委商定,除丽(水)青(田)松(阳)边区之外,青田县其他地区党组织划归浙南特委领导。

1944年后,处属特委机关虽迁往缙云,但傅振军等特委领导经常活动于大港头,河边、玉溪和北埠交通站是傅振军等人的重要据点。乡村的党员和广大群众在极艰难的日子里,始终同党一条心,他们不怕牺牲,无私地掩护、保存党的力量。在白色恐怖的岁月里,他们特别关心革命的前途。从事地下工作的同志也常将抗日根据地、解放区的发展壮大和新四军、八路军不断打击敌人取得胜利的消息及时告诉他们,以增进他们对革命必胜的信心。广大地下交通员用自己的鲜血和生命,保证了浙西南游击根据地内交通联络网的安全、畅通,打通丽青松、丽松宣、丽武宣缙等浙西南游击边区的安全通道,保障了处属特委领导开展秘密组织活动和游击战争,最后取得浙西南地区全境解放。

### (一)中共处属特委交通联络站河边旧址(叶开兴故居)

1939年,处属特委指派董信昌(董乐辅)以国民县政府政工队大港头区队长的公开身份,在大港头一带开展活动,刊出壁报,开办民众夜校,宣传抗日,以结交朋友,发现积极分子。河边村进步青年叶开兴经董信昌介绍入党。叶开兴宅成为政工队活动据点。处属特委机关迁至北埠村后,该活动据点成为特委机关交通联络站。一直到1949年5月丽水解放,该交通站的联络工作从未间断。1938年10月,政工队大港头分队长董乐辅组织队员在叶开兴家书写标语,定期分派政工队员将革命标语张贴到大港头一带的凉亭庙宇墙上,标语内容揭露汪逆投敌的丑恶面貌,或以漫画方式揭露汪敌勾结的阴谋诡计。1941年设立西区(大港头)农村支部分区委,辖河边支部、北埠支部、南坑支部、南坑口支部、雾岭脚支部,农村支部分区委负责人先后是胡荣进、王槐勋、叶开兴等,农村支部分区委的设立,为之后处属特委机关迁至大港头做好了组织准备和群众基础。1943年初,处属特委机关从云和县境迁回到丽水县境后,驻大港头一带的河边、北埠、玉溪等地。处属特委任命林艺圃为中共丽水县特派员。林艺圃的主要工作区域—丽(水)青(田)松(阳)边区成为特委机关的主要活动区域。河边村支部书记胡荣进家和党员陈仁桂、叶开兴家,是特委与各县党组织以及与浙南特委、闽浙边临委的联络点。

处属特委联络站旧址(叶开兴故居)(莲都区档案馆和党史研究中心提供)

处属特委联络站旧址(叶开兴故居)展示馆(吴志华摄于2024年)

### (二)中共处属特委交通联络站河边遗址(胡荣进宅)

处属特委河边交通联络站遗址(胡荣进宅)在渡云桥旁,后拆除重建。

1943年3月,处属特委委员张贵卿在龙游会泽里被捕,5月18日刘英、张贵卿同时在永康方岩英勇就义。6月,特委机关从丽云北埠迁往云和山锦和岗头庵。处属特委与上级失去联系。7、8月间,日军进犯丽水。特委干部张之清和徐仲植隐蔽在大岗岭一村庄内,与组织失去联系,经济来源断绝,生活十分困苦。丽青松地区党的负责人林艺圃获知后,马上去云和向特委书记傅振军作了汇报。两天后在大济村找到他们并送至云和下寮坑,接上了组织关系。9月,张之清奉特委指示,通过碧湖保育院农场总务主任严金明(党员),租下沙溪农场作为特委机关的联络站,安排隐蔽干部,进行生产,为机关解决部分活动经费。10月,林艺圃为与组织失去联系的樊康平接上了组织关系。樊康平是林任缙云县工委书记时的工委青年部长,他因身份暴露而从缙云隐蔽到碧湖。他利用关系,在下江埠开办油脂生产合作社。樊康平利用合作社合法机构接近青年,为党做了很多工作。不久,特委机关从云和迁回北埠、河边村,丽青松边区成为特委机关主要活动区域。此后,特委书记傅振军、委员杜毅贞夫妇辗转居住河边、北埠、巨溪、连河等地。杜老太太(杜毅贞母亲)、张之清、李文照、林文敏(殷铁飞妻子)等在河边、十八都、(石玄)头嘴、均溪等地,相互以亲戚称呼。河边村支部书记胡荣进等严守秘密,监视敌人活动,为掩护党的领导机关的安全做了很多工作。胡荣进、陈仁桂的家还是处属特委与各县以及浙南特委,闽浙边委相联络的联络点。有一次,为避查户口,林艺圃与朱金宝曾躲进放置死人的棺材屋里。平时他们也保持高度的警惕,来往出门都带通行证,携带文件时小的塞进伞柄,缝入鞋底、衣服夹缝,大的就用大信封装上,写上收文单位,巧妙地加以伪装。这段时间,林艺圃曾十多次被扣查问,其中五次身上带有党内秘密材料,但都被他镇定自若,毫不畏惧地应付过去。

处属特委联络站、大港头河边支部成立地点胡荣进住宅旧影(吴志华提供)

**(三)中共处属特委交通联络站火焰山旧址(雷章宝宅)**

火焰山位于大港头村坪地八仙山西麓,地处松阴溪、龙泉溪之间的堰后村和北埠村交界处。火焰山联络站于1947年12月建立,联络站站长叫雷章宝,交通员有何联兴、雷振兴、雷宝林、雷宝云、雷云杉、叶珠宝等人。雷章宝工作积极负责,他带领武工队剿匪,积极勇敢,后被土匪杀害在火焰山门前,后被追认为革命烈士。

中共处属特委火焰山交通联络站远眺(吴志华摄于2015年)

# 六、中共丽水地委机关旧址

中共丽水地委机关旧址崇德小学位于莲都区万象街道解放街59号7幢,至2024年,该旧址保存较好,为莲都区委老干部管理使用,并被公布为浙江省文物保护单位。

崇德小学坐南朝北,民国建筑。该旧址为泥木结构,由正楼及前后厅组成,通面阔28.8米,进深15.2米,建筑占地面积约438平方米。是现存唯一的基督教会老房子。因多年失修,已无人居住。这幢房子曾是丽水县最早的女子师范学校,后改为崇德小学,直到丽水解放。民国初年,周恩来秘书、广东区军委书记、青田人麻植烈士曾经就读于崇德小学。新中国成立初期,为中共丽水地委机关办公用房。1952年,撤丽水专区,此建筑为中共丽水中心县委机关办公场所。新中国成立之初,丽水人民在中共丽水地委(中心县委)的领导下,全面开展新民主主义革命和建设。通过领导丽水人民开展土地革命、镇压反革命、抗美援朝三大运动,巩固了新生的人民政权,恢复了被战争破坏的经济,逐步对全境农业、手工业和资本主义工商业进行了社会主义改造,消灭了剥削阶级和剥削制度,根据党中央和各级党委领导,较好地执行社会主义基本制度。

此建筑不仅具有典型民国建筑风格,具有重要的党史意义和较高的文物价值、历史研究价值。

崇德小学(中共丽水地委机关旧址)正面(吴志华摄于2023年)

1950年前后,丽水地委班子照片。后排左起为曹景垣(当地)、军分区副政委黄益元(南下)、宣恩金、李文辉、林艺圃(当地);前排左起为傅光汉(副专员、南下)、张之清(当地)、彭瑞林(南下)、傅振军(当地)、晨光(宣平书记、南下)

# 七、中共丽水县委旧址

中共丽水县委旧址在雅溪镇岱后村朱氏宗祠,至2024年,该旧址保存较好,现开辟成中共丽水县委旧址纪念馆,作为重要的纪念场馆对外开放。

1947年春,中共丽水县委在北乡岱后村成立,由张之清、林艺圃负责,以张之清为主,成员有陈仿尧、张赛英、朱金宝。张之清、陈仿尧、张赛英负责丽(水)、武(义)、宣(平)边区工作,林艺圃负责丽(水)、青(田)、松(阳)边区工作;两个地区相互配合,联合开展武装斗争。

20世纪80年代张之清(右一)、彭瑞林(右二)、林艺圃(左二)和张赛英(左一)合影
(北乡革命纪念馆提供)

1947年下半年,张之清等在丽武宣边界地区的三井坑、岭脚、溪下、乌门等地建立了党组织,为在丽武宣边区活动打开了一条通道。北乡境内的麻畲、陶坑等十几个村庄也都发展了党员。同时,党员李瑛在宣平境内以三坑口、茶槽村为基点,先后在叶山头、金岩等村大片山区发展党员,建立党组织。周一平原是朱春英介绍入党的,他入党后在泄下村发展党员20多人,建立了党支部,在以后武装斗争的艰苦岁月里,泄下村成为武工队的活动基地。周一平还在大溪、岭东、莲房、长潭口等村发展了一批党员。张赛英在武义县的青蓬岭

村、李村发展党员,开展党的组织工作,并和党员李桂生在武义的李村、和尚田等十几个村庄建立了党组织。同时,他们还与李村的李春棋(原任国民党保长)、邵金铭(医师)建立了统战关系。

在丽青松地区,林艺圃领导武工队一面大力整顿原有党组织,一面积极地在丽水西乡(今碧湖、大港头)开辟新区,发展根据地。他们以碧湖为中心,逐步向大济、松坑圩、陈山头、鲤鱼头、颜宅、章坑、凉村亭、牛轭岭、水磨圹、大岗岭一带的村庄发展,后又向西乡与青田之间、西乡与北乡之间的大片山区发展,建立隐蔽据点。接着朱金宝又在畎岸至港口的宣平港沿岸一带发展了党组织。宋旺、包志松等人在松阳的靖居区也发展建立了党组织。这样,青田、丽水西乡、北乡连成一片,为武装活动的开展和游击根据地的建立创造了有利条件。到丽水解放前夕,这一带共发展党员200多人。

1947年至1948年间,丽云区委的孙荣衡、叶志玉以木寮、夏庄为基地,在小顺乡的朱山、十一保、外山、马后坑、翁坑和大顺乡的朱背、大顺底等地开展活动,共发展党员238人,为整顿组织,提高党员素质,丽云区委在1948年10月举办了党务训练班。至1949年初,丽云区建立了大顺、小顺、高沈3个革命据点,共有支部53个,党员354人,另有农会会员463人。

在短期内,丽水县边境地区恢复老区、开辟新区的工作取得了较显著的成绩。边境地区的这些党支部除了经常对党员进行宣传教育外,还做了大量其他工作,如动员青壮年农民参加游击武装,派出党员担任保甲长掌握乡村政权,通过亲友向外村发展党组织等。这些工作为武装斗争的开展、发展奠定了坚实的组织基础,为巩固游击根据地打下了扎实的群众基础。至丽水解放时,全县有党员900人左右,其中,太平、岩泉、曳岭(今老竹畲族镇丽新畲族乡)600多人,碧湖、江南约100人,峰源约180人。

岱后朱氏宗祠,即中共丽水县委机关旧址,位于雅溪镇岱后村中,清代建筑。1947年,张之清、林艺圃等在岱后朱氏宗祠成立了中共丽水县委,后迁往武义县境内三井坑村。在丽水县委成立前,张之清爱人张赛英在祠堂内教书,一边以教师身份作掩护,一边发动群众。后游击战时公开身份,与村民结下深厚的感情。该宗祠规模较大,用材考究,是丽水北乡一带较有代表性的清代宗祠建筑模式,是丽水县委机关旧址,具有较高历史、艺术和科学价值。该宗祠整体建筑保存尚好,局部构架受损,前堂戏台被改用水泥浇筑,屋面、前檐墙倒塌后重建。现已开辟为中共丽水县委机关旧址展示馆。2022年,岱后村获评莲都首个浙江省青少年红色基因传承基地。

中共丽水县委旧址外立面(吴志华摄于2019年)

中共丽水县委机关旧址俯瞰(摄于2020年,雅溪镇政府提供)

中共丽水县委机关旧址内景(摄于2020年,雅溪镇政府提供)

# 八、中共丽水县委交通联络站旧址群

中共丽水县委交通联络站旧址由联城街道胡椒坑蓝荣华宅、雅溪镇泄下周一平故居、雅溪镇潘双源杨氏宗祠组成,总体保存情况一般。

1938年,武汉八路军办事处动员一批进步知识青年和党员,以回乡服务团名义到浙江做抗日救亡工作。当时被分配到丽水太平区的有曾涛、邱昔光、查铭树(即张之清)等,他们先后在太平区任过日中共区委书记。1940年反共高潮时奉命撤离。他们在太平区一带的滴水岩、皂树、雅里、西溪、仙里、莲乐、仙里、岱后、胡椒坑、丽阳坑等13个村已发展了100多名农村党员,给解放战争时期通信联络打下基础。1941年处属特委派林艺圃到丽、青、松地区。1945年又派陈仿尧到丽水北乡来恢复党的工作。1947年春节后,处属特委又派张之清、张赛英到丽水和陈仿尧一起在丽水北乡,任务是继续恢复老区,开辟新区,发展武装。1947年3月,丽水县委成立,领导机构由张之清、林艺圃、陈仿尧、张赛英、朱金宝组成,大家分片负责,林艺圃在胡椒坑、碧湖、松阳一带,陈仿尧在丽水北乡向缙云方向发展,张赛英在丽水北乡岱后、泄下一带向武义方向发展,张之清负责全面组建武装,在各片地区活动。由于革命工作需要,各片都建立了一些通信联络站,在解放战争时期起过很大作用。

## (一)中共丽水县委胡椒坑交通联络站旧址(蓝荣华宅)

胡椒坑交通联络站(蓝荣华宅)曾是张之清于1943年设立并长期工作过的住所之一,是当时地下党游击队丽水区域负责朱金宝、林艺圃、陈仿尧等工作战斗过的地方。1944年,根据特委指示,特委委员林艺圃在负责丽(水)青(田)松(阳)边区工作的同时,又到丽水北部山区恢复党组织,建立了胡椒坑党支部、下林党支部、周弄党小组。1945年7月后,陈仿尧在原来林艺圃北乡工作的基础上,以太平区为中心,向丽(水)、武(义)、宣(平)三县边境开辟新区。为了巩固通往缙云的秘密交通线,党组织继而向胡椒坑、下林、周弄、高塘、垟峡、张村街及宣平的上塘畈(今属丽新畲族乡)、弄里(今属老竹畲族镇)等村发展,分别成立了胡椒坑、下林、周弄党组织。至1947年3月,丽宣武缙4县边境地区共恢复、新建了和合(今仙渡乡)、双溪(含西溪)、丽缙武边区、丽宣边区、东乡、白云山脚、胡椒坑(畲族村)7个片,40多个党组织,党员人数达350多人。1947年8月30日,傅振军带领的自救军第三总队在丽青松武工队配合下,袭击碧湖警察所。自救军在胡椒坑村党

胡椒坑地下交通站(蓝荣华宅)(吴志华摄于2021年)

员蓝章祖等人带领下,翻山越岭,摸黑夜行,到达碧湖时,警察已闻风而逃。游击队缴获步枪3支,旋即向大港头进发。1989年中华人民共和国成立40周年林艺圃回到胡椒坑村看望了当年一起战斗过的村里的老党员,同年张赛英把张之清骨灰送到万象山烈士陵园时,召见了胡椒坑村一起战斗过的老党员。

### (二)中共丽水县委泄下交通联络站旧址(周一平故居)

泄下交通联络站(周一平故居)位于雅溪镇泄下村,民国建筑,坐东北朝西南,占地300平方米。泄下是1000多户人家的大村,交通联络站就在周一平家,当时一平父亲开小店,可以掩护人来人往,出入于他家。周一平弟妹四人,家中有妯娌、姑嫂、父母,是八口之家。由于周一平在家中起主要作用,带动全家革命。他在泄下青年人中很有威信,在村中发展了许多党员。邻村麻舍、翁山头,都有通信组织,西边山上武义三井坑和泄下形成一个通信联络网。武义县的三井坑村是我们练兵训练武装的地方,距泄下只五里地,粮食都从泄下运上山,只要西溪方面

中共丽水县委泄下联络站(周一平故居)
(潘贵铭摄于2018年)

有敌人行动消息,泄下村很快就有人送信来。这个联络站消息灵通又安全,县委机关就从岱后移到泄下村周一平家。也是我们干部疗养所,张赛英在行军中脚跌伤就在周一平家养伤,得到了很好照顾。陈仿尧又一次正在周一平家,敌人来泄下村,就被周一平家的姑嫂们搁在小店堂里,又递烟,又倒茶,她们用机动灵活的方法,随机应变,迷惑敌人,保护了同志,使陈仿尧化险。游击队后勤部也就安排在这里制作军装。此外,还有其他通信联络点。

### (三)中共丽水县委潘双源交通联络站旧址(杨氏宗祠)

1947年2月,中共闽浙边临委与处属特委正式合并,成立新的处属特委,傅振军为书记,成员有宣恩金、曹景恒、殷铁飞、李文辉、张之清、林艺圃、毛登森、杜毅贞。同月,特委派特委委员张之清、干部张赛英(女)到丽水、武义、宣平交界处工作,建立游击根据地。张之清、张赛

中共丽水县委交通联络站旧址(杨氏宗祠)外立面
(叶春德摄于2008年)

英来到北乡后,就和陈仿尧一起,以岱后村为中心发展党组织,开辟新区。张之清、朱太在潘双源(即双源)、横坑等村活动,发展了许多党员。

双源交通联络站旧址(杨氏宗祠)位于雅溪镇双源村,清代建筑,坐北朝南,占地353.2平方米,呈长方形平面,前后分两进,左右设厢房,小青瓦阴阳合铺,硬山顶。第一进前堂面阔三开间,进深两柱五檩,明间设戏台。第二进正堂面阔五开间,进深四柱七檩,明、次间梁架为抬梁式,五架抬梁带前后单步。稍间用中柱,梁架为抬梁穿斗混合式带前后单步。一、二进间左右设厢房,均两层三开间。双源杨氏宗祠用材考究,雕刻精美,具有一定的历史、艺术和科学价值。双源杨氏宗祠整体建筑保存完好,屋面、构架局部受损,戏台后期修建,左右厢房局部被改,左侧厢房为老年协会,右侧为村民堆放用房,局部地面水泥硬化。

### （四）中共丽水县委九龙交通联络站旧址（潘林故居）

1940年，朱金宝奉命赶赴丽水接受中共处属特委组织部长周源的指示，并独自一人开辟丽水、松阳、宣平边境的工作。朱金宝是松阳地下党负责人之一。在此期间，他结识并发展松阳人潘林为地下交通员。潘林会炸油条、做烧饼、蒸馒头、捏花卷、蒸发糕的手艺人，平日里他是一位赶社戏场子做小吃的手艺人。他利用在集市、节日期间各村镇做戏，在戏台下摆起油条烧饼摊，收集情报。

1943年潘林在碧湖戏台下遇到九龙村的姑娘刘宝珠，对她心生爱慕。经父母同意一起回九龙村成家共同生活。夫妻俩在九龙村通京古道上（今碧湖镇九龙平二村117号）开了油条烧饼店作为掩护，实为中共地下党联络站。潘林和林艺圃、朱金宝等地下党负责人利用到店里用餐的机会传递信息。

中共丽水县委九龙交通联络站旧址（潘林故居）（赵丽珍摄于2024年）

潘林故居为两层泥木结构，普通青瓦房。起初是两开间，当年为了开店在西侧插了一间，改建成可拆卸的八扇店门板，大灶台在进门左手边，灶门朝西，靠近古道的一侧。因刘宝珠后人的精心维护，原小吃店老屋尚存，仅店门板换成铰链的六扇大木门，并留存了当年"花好月圆"的木刻发糕模子。泥墙因长年雨水冲刷有损毁。

据九龙村高龄老人纪千青（1933年出生）回忆，当年对门有间油条烧饼店，是潘林与刘宝珠开的。有个叫大老陈的经常来店里吃饭，还讲起潘林和一只花好月圆木刻模子的故事。

潘林夫妇使用的"花好月圆"
木刻发糕模子

# 九、丽水县武工队据点群

丽水县武工队据点有芦村庄合祠堂、董弄三层楼、泄下二大队服装厂、武官余故居,除二大队服装厂在雅溪镇泄下村外,保存一般,其他3处据点均在仙渡乡,至2024年,二大队服装厂旧址保存较差,另3处旧址保存情况较好,董弄三层楼、武官余故居于2022年进行重新修缮,作为重要的革命纪念场馆对外开放。

1947年5月,丽水县武工队(丽武宣边区武工队)在芦村、董弄一带的大姆山成立,队长张之清。先后参加的队员有李新民、曹增有、朱陈法、谷明月、叶进南等,武器只有一支土造的小手枪和一把马刀。随着党组织的恢复和发展,一些贫雇农先后参加了武工队。但是由于敌我力量悬殊,武工队只能在夜间秘密活动,甚至整天都隐蔽在山林草铺里。新入伍的同志过不惯这种生活,便产生了离队思想,做思想政治工作成了武工队的主要任务。武工队决定吸收一些年青有知识的地方党员入伍,培养善于做思想政治工作、文化工作的政工干部。这样,朱太、周一平、李桂生、李方仁、李瑛、李介甫等一批党的骨干先后参加了武工队,他们还带动了一大批党员、群众入伍,壮大了武工队的力量。丽水县武工队据点由芦村庄合祠堂、董弄三层楼、二大队泄下服装厂旧址和武官余故居组成。

## (一)芦村庄合祠堂

芦村庄合祠堂位于仙渡乡芦村村中,据正堂明间脊檩墨书题记,祠堂建于清光绪三十二年(1906),坐南朝北,占地512.16平方米,四合院式,前后三进,左右设前后厢房,小青瓦阴阳

丽水县武工队据点(芦村庄合祠堂)俯瞰
(吴志华摄于2009年)

合铺,硬山顶。第一进前堂面阔三开间,明间设戏台,用八柱;第二进中堂面阔五开间,进深二柱五檩,明间梁架为抬梁式,五架抬梁;第三进正堂面阔五开间,进深三柱五檩,明间梁架为抬梁式,五架抬梁带后单步。一、二进间左右设前厢房,二、三进间左右设后厢房,均一开间。

### (二)董弄三层楼

董弄三层楼位于莲都区仙渡乡董弄村,民国建筑,坐东朝西,占地225平方米,外墙青砖空斗砌筑,石灰勾缝,内为全木质结构,二三层楼设机制栏杆,小青瓦阴阳合铺,悬山顶。董弄三层楼面阔三开间,进深六柱十檩,明间梁架为抬梁穿斗混合式带后单步,楼梯置于天井南侧。

丽水县武工队据点(董弄三层楼)内景
(吴志华摄于2009年)

### (三)泄下二大队服装厂旧址

二大队服装厂旧址在雅溪镇泄下村周一平旧居东头民居。二大队的领导机关在1947年7月后从岱后村逐步转移到了泄川乡泄下村。泄下村地势险要,群众基础良好。二大队在泄下村周围深山搭起了茅草棚,建立临时隐蔽所。泄下村的党员群众不顾个人安危,为武工队(游击队)提供吃住,并为游击队外出购买毛巾、电筒、雨伞、胶鞋等物品。后来村中还办起了一个军用被服厂,厂里有5名缝纫机,专门为武工队(游击队)制作棉被、

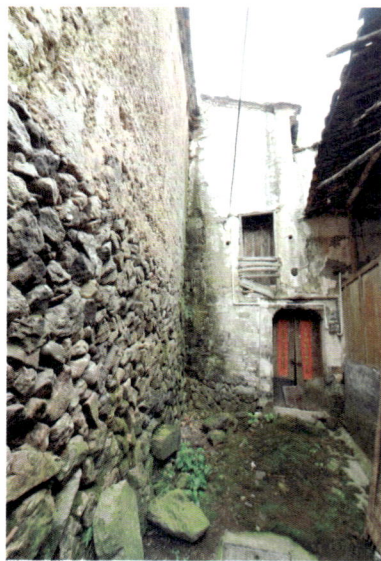

二大队泄下服装厂旧址
(吴志华摄于2018年)

衣服、背包袋、手榴弹袋、子弹带等用品。军民融洽,结下鱼水之情。1948年6月,丽武宣武工队改编为"浙江壮丁抗暴自救军第三总队第二大队",张之清为大队长,下辖一个中队,中队长李新民。同月,卜明、应飞带领浙东游击队六支队到丽水、武义边境活动,与丽水的二大队会师。

### (四)武官余故居(谷仓暗阁)

武官余故居(谷仓暗阁)坐落于何宅自然村的和合古道旁。武官余执教于普慈寺小学。曾参加和合起义,并作为和合起义的联络点之一。和合起义失败后,继续在普慈寺小学教书,并担任校长一职。后秘密加入中国共产党,以国民党和合分部书记的公开身份掩护地下党组织活动,他还创造性地在二楼谷仓建造暗道,安全掩护众多在和合一带开展工作的地下党员和游击队员。武官余在家中谷仓内建暗阁,让共产党人藏身其中,曾数次躲过国民党的追捕,如今暗阁依然完好地保存着。

武官余故居二楼的谷仓暗阁
(吴志华摄于2021年)

武官余(1913—1983),仙渡乡何宅人。1930年参加红军。1944年—1949年任国民党三十区分部书记。任书记的同时,也做普慈寺学校校长、教员等工作。1948年,由朱林春介绍入党,利用国民党任职的公开身份作掩护,为中共地下党组织工作,在其家中曾多次开展党支部会议。他协助张之清等中共党员开展工作,为党做出了卓越贡献。

武官余故居外立面(吴志华摄于2021年)

# 十、丽青松武工队松坑圩据点

丽青松武工队松坑圩据点位于南明山街道松坑圩民族村,至2024年,总体保存情况一般。

碧湖、丽云一带的畲族党员及畲民聚居村党组织也得到较快发展。松平乡(今碧湖镇联合办事处)大坑村的钟德华,利用自己是泥水匠,常在邻近各村走动,便于开展工作的有利条件,积极在畲民中物色建党对象,发展党员。他先后在丽水的大岗岭、驮坳、周井、松坑圩和青田境内的颜宅、黄山头等畲族村发展了畲族党员,并在本乡的五步岭、天井湾、牛轭岭、水磨圩、蒋坑等村发展了汉族党员。几年中,经他直接出面介绍入党的党员有50多名。有的同志入党后,又介绍他人入党。这一带山区党员人数的不断增加,村党支部的建立,为游击队的活动提供了方便,也为当地群众开展"抗丁、抗粮、抗税"等斗争提供了领导和组织保障,为最终取得胜利发挥了重要作用。

在丽青松地区,林艺圃领导武工队一面大力整顿原有党组织,一面积极地在丽水西乡(今碧湖、大港头)开辟新区,发展根据地。他们以碧湖为中心,逐步向大济、松坑圩、陈山头、鲤鱼头、颜宅、章坑、凉村亭、牛轭岭、水磨圩、大岗岭一带的村庄发展,后又向西乡与青田之间、西乡与北乡之间的大片山区发展,建立隐蔽据点。接着朱金宝又在畎岸至港口的宣平港沿岸一带发展了党组织。宋旺、包志松等人在松阳的靖居区也发展建立了党组织。这样,青田、丽水西乡、北乡连成一片,为武装活动的开展和游击根据地的建立创造了有利条件。到丽水解放前夕,这一带共发展党员200多人。

根据处属特委的指示,林艺圃等人积极筹集经费、购买枪支、收集散落在民间的武装弹药、物色人员,为组建武装做准备。1946年冬,在青田的吴畲建立了丽青松武工队,队长金存,队员金常玉、金存庭、金饭坯、叶金标、王德元等,有短枪一支、步枪两支。武工队成立以后,以"开辟地区,建立武装活动据点,收缴枪支,为今后扩大武装斗争进行准备"为主要任务。不久,青田东山、祯旺、章村和丽水港和(大港头)、松平(联合)、南溪(沙溪)、碧湖、高溪、九龙(平原)、沈青(陈村）、多武（张村街）等乡的游击活动区初步建成。这些乡的吴畲、陈须、破西寮、云尖、下田、河边、东坑、大坑、松坑圩、水磨爿、下概头、道士（田本）、砧头、章庄、胡椒坑、雷公山、张村街等地，成为游击活动区的坚固据点。

丽青松武工队松坑圩据点（紫气东来古民居）为清代建筑，坐东朝西。屋面硬山顶，小青瓦合铺，该建筑主体由门屋、天井、厢房、正楼组成，整体格局为长方形四合院式，二层楼，泥木结构。通面阔16.2米，进深20.9米，占地面积337平方米。中轴线上辟抱框石质双开木大门，水磨砖砌墙体。门楣上额匾阴雕阳刻"紫气东来"4个大字。穿斗式梁架，正楼用六柱六檩，天井由青条石铺砌，动物纹牛腿，鼓形础，下有方形覆盘，三合土地面，块石墙基，夯土墙。

丽青松武工队松坑圩据点（紫气东来古民居）（吴剑锋摄于2009年）

丽青松武工队松坑圩据点（紫气东来古民居）中堂（吴剑锋摄于2009年）

# 十一、麻铺红军游击大队旧址

麻铺红军游击大队旧址"拱翠迎晖"古民居位于老竹畲族镇麻铺村32号，至2024年，该旧址保存情况较好。

1935年，中国工农红军挺进师政治部主任、中共浙西南特委书记黄富武率部，多次穿插转战于宣平曳岭地区。红军每到一地，镇压平时欺压老百姓的恶霸，分地主的粮食、衣服给穷苦农民，刷写标语宣传革命和抗日，深得人民群众拥护。梁村、界牌、均溪、十八都、张山等村先后有数十名农民参加挺进师，有的农民在当地成立红军游击队，配合挺进师开展革命活动。麻铺党支部以党员为骨干，成立麻铺红军游击大队，涂葆新任大队长，汪陈俊负责政治工作，下设3个分队，共有队员20余人。麻铺红军游击队在曳岭、联城一带张贴标语，宣传革命；带领贫苦农民开展减租斗争，到丁公、小黄弄、木朽石玄、苏埠（今属莲都区联城街道）等村庄，向地主豪绅摊派钱粮、收缴武器。

"拱翠迎晖"古民居位于老竹畲族镇麻铺村32号，建于清道光年间，坐西朝东，占地705.1平方米。四合院式，建筑由正厅、门厅和前后厢房组成，夯土地面，小青瓦阴阳合铺，硬山顶。门厅五开间，进深四柱七檩，梁架为抬梁穿斗

红军游击大队旧址（"拱翠迎晖"古民居）大门（楼新建摄于2023年）

红军游击大队旧址（"拱翠迎晖"古民居）内景（吴剑锋摄于2009年）

混合式带后下檐双步,设大门,石库门,上额有一条石,上阳刻"拱翠迎晖"四字,楷书。正厅五开间,进深五柱七檩,梁架为抬梁穿斗混合式带前下檐双步。天井四周檐柱就有牛腿,牛腿、月梁、檐梁等雕刻精美。

# 十二、中共宣平南乡区委遗址

中共南乡区委遗址在老竹畲族镇新屋村,2013年被拆除,后被开辟城南乡革命纪念馆,并立革命烈士纪念碑。该遗址现如今已成为丽水市较有影响力和知名度的红色研学基地。

1927年10月,奉中共浙江省委指示,将1927年8月成立的中共宣平独立支部改建为以曾志达[①]为书记,陈俊[②]、俞契琴、吴谦、潘思源为执委的中共宣平县委。在宣平县,青红帮势力很大。县委成立后,即派陈俊、俞契琴两位执委负责做南乡(今莲都区老竹畲族镇、丽新畲族乡及太平乡巨溪片区)青红帮首领的教育、帮助工作。

青帮帮会成员多数是贫苦农民,县委决定团结、教育青红帮,争取他们对共产党主张的同情与支持,并在他们中物色进步对

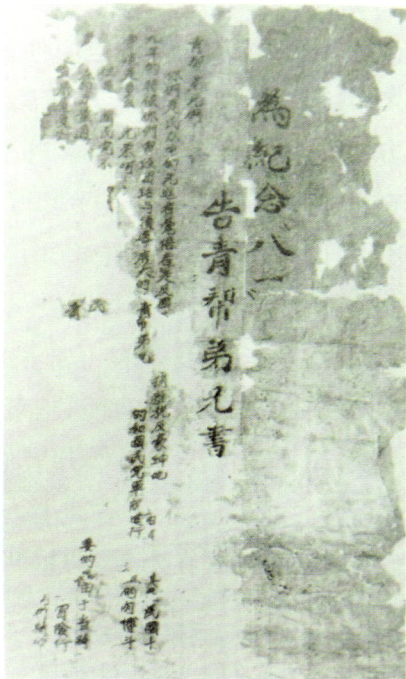

党组织的告青帮弟兄书
(浙西南革命根据地纪念馆提供)

---

① 曾志达(1906—1932),化名曾权,宣平人。1927年7月加入中国共产党。8月,创建中共宣平独立支部。10月,任中共宣平县委书记。1930年领导建立宣平红军,任总指挥。1932年2月至3月,任中共兰溪中心县委书记等职。1同年12月在上海被捕,关押于杭州国民党浙江陆军监狱。1932年4月牺牲于杭州松木场。

② 陈俊(1902—1986),宣平人。1927年7月加入中国共产党,曾任中共宣平独立支部委员,中共宣平县委委员、宣平县妇女协会负责人,红十三军浙西第三红二队军事委员会委员、北营党代表。1930年9月在杭州被捕,后出狱。1985年办理离休手续。

象,培养发展为中共党员,建立中共组织。1927年12月,陈俊、俞契琴召集全县青帮首领在宣平县城城隍庙五闲里开会,肯定青红帮发起人的历史作用,剖析帮会主张的局限性,指出只有反抗不合理的社会制度,跟中国共产党起来闹革命才有前途。南乡新屋的郑和斋(又名郑仕俊)、李定荣应邀参加会议。会后,县委委员陈俊又多次找郑和斋个别谈话,帮助他提高阶级觉悟。县委书记曾志达也向他传授革命道理,宣讲有关党的知识。郑和斋多次主动找党组织汇报思想、工作情况。此后,由曾志达、陈俊介绍,郑和斋在宣平柳城加入中国共产党,回到老竹一带发展党员。

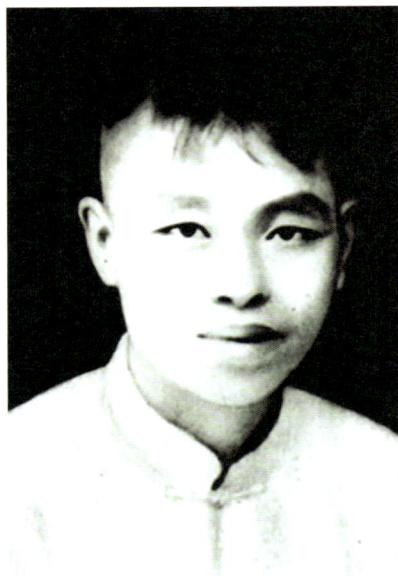

中共宣平县委书记曾志达
(南乡革命纪念馆提供)

1928年春,宣平县委委员陈俊以国民党宣平县党部执委兼农工部长的公开身份来到南乡,与郑和斋共商创建南乡党的基层组织。郑和斋汇报了工作开展情况。陈俊、郑和斋介绍李定荣、肖政入党,后又发展了数名党员。5月,在新屋村建立了丽水县最早的党组织——中共南乡区委,郑和斋为区委书记,肖政、李定荣为委员。下设马村、新屋、老竹3个支部,官永年、郑和斋、肖政分任支部书记。区委成立后的几个月,又先后发展陈彦隆、周定旺、何仙仁等人入党,南乡党组织迅速得到发展壮大,其中,马村支部有党员10人,新屋支部有党员11人,老竹支部有党员5人,共在梁村、巨溪等20多个村庄发展党员近百人。

中共宣平县委委员陈俊晚年
(南乡革命纪念馆提供)

1928年中共宣平南乡(曳岭)区委机关所在地新屋村全景(莲都区档案馆和党史研究中心提供)

中共南乡区委遗址俯瞰(今为南乡革命纪念馆位置)(楼新建摄于2023年)

中共南乡区委遗址(今为南乡革命纪念馆位置)(摄于2008年,南乡革命纪念馆提供)

# 十三、永丰区农民协会组织旧址(延福庵)

　　永丰区农民协会组织旧址在老竹畲族镇梁村村延福庵,目前保存情况一般。

　　中共南乡区委建立后,先后在马村、曳岭脚、老竹等村秘密召开党的会议,商讨如何切实完成好上级党交给的各项工作任务。会议以后,各支部组织党员利用各种方式宣传党的路线、方针、政策,宣传国际、国内形势,组织发动广大群众进行土地革命,与封建地主阶级作坚决的斗争。在斗争中,改变青帮会性质,发挥青帮会的作用,将青帮会的活动由秘密逐渐引向公开,使之成为党领导下的外围群众组织。对新入会的人员严格把关,对一些好吃懒做、不务正业的人,不再吸收为会员。对一些违法违规、影响损害青帮声誉的会员予以清除。同时做了几件有影响的事,提高青帮的声威。畎岸村的一陈姓地主、宗族长,人称太上老君,以陈田儿违反族规为名,将每年清明、冬至节在祠堂内按陈姓男丁子孙人数分发的猪肉、馒头无端扣除。青帮会为了讨回公道,在这年冬节召集青帮会员二三百人到畎岸,帮助此人将几年里被扣除的食物一并算回。通过这一行动,显示了青帮会的威力,打击了地主的威风。由此,附近村庄的青年人都争相加入青帮组织,使青帮人数在南乡得到迅速的增加。经过广泛的宣传和发动工作,使广大群众认识到建立农民协会组织的必要性,人们纷纷要求建立农协组织。1928年3月,南乡横塘村正式成立区农民协会组织。农民协会设执行委员,并确定郑文光、陈田儿等10人为联络员。此后,各乡均成立了乡农民协会。凡成立了农协组织的地方,遇到诸如减租、改佃、契约、婚姻、产业继承等方面的问题,就能得以妥善解决。区、乡、村各级农协组织建立后,在短短的几个月里,南乡全区就有千余人先后参加农会组织。特别是一些进步青年加入农会后,经过党组织和党员干部的教育培养,先后有30多人入了党,成为党在这个地区的中坚力量,为推动全区的农民运动发挥了重要作用。南乡的农民协会组织,自成立以来,就与乡长、保长对着干,开展打土豪、斗地主的政治斗争。针对全区人均耕地少、土地高度集中,一些大地主不仅剥削率高,而且苛捐杂税名目繁多的情况,他们还开展了"二五减租"的经济斗争。在斗争中，针对地主的任意撤佃行为，党组织倡导成立了南乡初级佃业仲裁会，仲裁会设在横塘村。仲裁会召开群众大会，宣布地主将田地租给佃农耕种，要严格按照规定，实行"二五减租"，不得任意撤

永丰区农民协会组织旧址（延福庵）外立面（潘贵铭摄于2015年）

佃，并取消极不合理的"田鸡""田底"制度。所谓"田鸡"，就是每逢年节，佃户要向地主家送鸡；所谓"田底"，就是佃农欲租种田地，需事先向地主交纳三、五元或七、八元不等的银圆，等谷物收成后再结算。南乡初级佃业仲裁会的建立，在调解佃业纠纷，为佃农说理、撑腰等方面做了大量工作。

延福庵始建于清顺治年间。清光绪《处州府志》载："延福庵，梁村。康熙元年（改）建。四十八年，僧海禅修。"清光绪十七年（1891）《渥溪梁氏宗谱》详细记载了延福庵历代修建过程。

# 十四、中共太平区委旧址

中共太平区委旧址由下圫村桂山祖庙和滴水岩村和陈协通旧居遗址组成。至2024年，桂山祖庙总体保存较好，陈协通旧居被其后人近年拆除重建。

1938年8月，省建设厅决定在丽水的太平设立特约经济建设实验区，这样为北乡党组织的创建和发展创造了更加有利的条件。中共丽水县委抓住有利时机，在实验区成立之时，首先指派曾涛去太平担任经济建设指导员，以指导

员的公开身份开展北乡的建党工作。在实验区筹备期间,根据党组织的指示,曾涛在指导员中选择培养对象,发展了第一批党员,他们是施伯泉、楼迪、章傅、沈敬贤4人,并建立特别支部,直属中共丽水县委领导。1938年秋,周源调离县委,任处属特委委员,丽水县委书记由蒋治担任,同时增补曾为县委委员,任青年部长(1939年5月后为杨礼耕)。1939年春,县委又先后增补了杨礼耕、杜永康、费恺、方奋、钱钟仪、肖车(车朝锦)等为县委委员。蒋治为书记,方奋为组织部部长,肖车为工运部长,杜永康为妇女部长(后费恺),丘昔光为农民部长,钱钟仪为宣传部部长,健全了县委的组织机构。1939年3月,在五宅底村农民胡坦有的柴间里召开了党员代表会,参加会议的有蒋治、周源、张贵卿、肖车、钱钟仪、杨辛、丘昔光,二名农民代表(其中一名为南坑口支部书记赖锡其)和一名工人代表,共10多人。会议总结了一年来的工作,选举蒋治、杨礼耕为出席处属特委党代会的代表。4月9日至11日,两名代表到龙泉水塔村,参加了处属特委党代会。1938年10月,特约经济建设实验区全体工作人员到达太平后,即成立了中共太平区委。区委由曾涛、施伯泉、楼迪等3人组成,曾涛任书记。区委成立后,又在实验区指导员中发展了朱黎青、朱德汝(朱敏)、孔昭锐等人入党。1939年上半年,中共丽水县委又从各地调入一批党员和骨干力量。丘昔光、查铭树、赵国琛、雷克坚、刘绍高、蒋耀生等先后到达太平。为了便于深入群众了解情况,全面开展党的工作,区委将全区分为太平、桑溪(双溪)、西溪、前样、葛渡等5个据点,指导员分头落实到各个据点开展工作。他们访贫问苦,因陋就简办起识字班和夜校,动员农民读书识字,启发贫苦农民提高觉悟,懂得抗日救亡的道理。经过半年多的艰苦努力,整个北乡的基本群众被普遍地发动起来了,乡村活跃了,为全面开展党的建设工作打下了良好的基础。二、党组织迅速发展1938年5月中共丽水县委成立后,由于县委领导力量的不断加强,经过艰苦的工作,党员队伍不断壮大,党的组织得以迅速发展,3个区委先后成立。北乡党组织的建立和发展北乡主要指现在的雅溪一带,其时也称太平区。雅溪地处丽水北面,属山区。土地革命战争时期,雅溪一带发生过数次农民暴动,以后挺进师又到这一带活动,所以群众基础比较好,有利于建立和发展党组织。太平区委利用有利地形,经常在下土夭桂山祖庙召开各种会议。

## （一）中共太平区委旧址桂山祖庙

桂山祖庙位于太平乡下坹村北侧，清代建筑，坐西北朝东南，占地约800平方米。建筑由前殿和正殿组成，小青瓦阴阳合铺，硬山顶。前殿在"文革"时期被推毁，于1995年

太平区委旧址（桂山祖庙）外立面（吴学文设于2023年）

重建，五开间，正殿（又名观仙宫）面阔五开间，通面宽21.7米；进深四柱七檩，通进深8.8米。梁架为抬梁式。五架抬梁带前、后单步。后单步设佛龛，供奉五位大仙等11尊佛像。

## （二）上北乡分区委旧址（陈协通旧居遗址）

1940年1月，根据工作的需要，丘昔光调离太平，查铭树（即张之清）接任区委书记，章傅、朱德汝（朱敏）、孔昭锐、舒田元为区委委员。至此，全区的党组织建设有了较大的发展，尤其是上北乡，在西溪、雅里、滴水岩、仙里、皂树、双溪、洪渡等地都先后建立了党支部。为了加强上北乡党组织的领导，区委决定成立上北乡农村分区委，分区委由陈宝琴、陈协通、俞为德等组成，陈宝琴任分区委书记（1941年陈宝琴病故，由陈协通接任书记）。除上

上北乡分区委旧址（陈协通旧居遗址）
（摄于2008年仙渡乡政府提供）

北乡各村支部外,分区委还下辖晋元乡(今岩泉街道黄畈一带)一带的三望岭、雨伞岗、隘头、老鸦矿、却金馆,以及和合乡的南源、芦村、张山后等支部。自1940年上半年开始,在北乡农村支部中,新党员入党普遍要举行入党宣誓仪式,支部会议也比较频繁。区委重视对党员的教育。此年4月间,处属特委委员周源曾到太平、西溪等据点开办过一次培训班,对党员进行过党的秘密工作教育,参加的对象主要是区委成员和支部的青年骨干。至6月,北乡全区建有支部(小组)13个,1个区分委,共有党员100多名。1940年9月至1941年3月,太平区委由胡伟(胡莲清)、朱德汝、张新豪、舒田元等组成,胡伟任书记。

## 十五、中共宣平特别支部暨曳岭区人民民主政府旧址

中共宣平特别支部暨曳岭区人民民主政府旧址在太平乡留畈村2号李氏宗祠,至2024年,该旧址总体保存较好。

1939年7月,中共处属特委派汪金更、周春龙、张小如3名中共党员以宣平曳岭特约经济建设实验区指导员的身份到曳岭开展党的工作,同月,在联成乡(今属太平乡,即巨溪一带)李氏宗祠成立中共宣平特别支部,汪金更任支部书记。不久,吸收了蒋婉篪入党。1940年3月,汪金更调离,特委派丘昔光接任特支书记兼组织工作,周春龙负责宣教工作,张小如负责妇女工作,蒋婉篪被派驻梁村进行乡建工作。后又吸收陆之平入党。四五月间,党组织先后发展了曳坑村陈火焰等3名中共党员,不久,成立曳坑村党支部,陈火焰为负责人。同年6月,丘昔光在曳坑被捕,其他成员转移,组织遭破坏。书记汪金更(1937.7—1940.3)丘昔光(丘晓风,1940.3—1940.6)组织委员周春龙(1939.7—1940.6)宣传委员张小如(女,1939.7—1940.6)。

1949年1月28日,二大队攻打曳岭区署取得胜利。29日,在联成(今属太平乡)留畈村李氏宗祠召开了当地各阶层代表会议,共产党员、游击队员、农民、学生、教师、自由职业者、工商业者、开明士绅共60多人参加了大会。大会由王桂五主持,张之清作了形势报告。会议上,代表们经过热烈的讨论,都表示要以自己的实际行动拥护共产党,积极支持武装斗争,为推翻反动政府作出

贡献。根据人民群众的意愿,会议决定成立曳岭区人民民主政府,任命周一平为区长。这样,整个曳岭的区、乡、村反动政权都被彻底摧垮,曳岭成为丽缙宣边界的第一个解放区。

李氏宗祠位于太平乡留畈村2号,建于清代,坐西朝东,占地439.6平方米,四合院式,鼓墩型柱础,夯土地面,小青瓦阴阳合铺,硬山顶。建筑由前堂、戏台、厢房和正堂组成。前堂面阔三开间,进深两柱五檩,梁架为抬梁穿斗混合式。明间设大门,砖砌门框,门额上墨书"李氏宗祠"四字。明间后檐下设戏台,戏台用四柱,设藻井,歇山顶。厢房面阔三开间,进深两柱五檩,梁架为抬梁穿斗混合式。正堂面阔五开间,进深四柱七檩,明、次间梁架为抬梁式,五架抬梁带前双步后单步,稍间用五柱,抬梁穿斗混合。天井卵石平铺,梁、枋等雕刻精美。

宣平特别支部旧址(李氏宗祠)外立面(吴学文摄于2009年)

宣平特别支部旧址(李氏宗祠)内景(吴学文摄于2009年)

宣平特别支部旧址(李氏宗祠)戏台(吴学文摄于2009年)

# 十六、太平经济实验区旧址群

太平经济实验区旧址群由太平乡太平村太平殿(即惠应庙)、下圩徐氏宗祠、竹舟村观音殿、太平汛电站遗址和仙渡乡葛畈据点("汝南旧家"古民居)、雅溪镇西溪据点(李氏宗祠)组成。至2024年,除太平汛电站被拆除外,其他旧址保存较好。

1938年秋,在国民党浙江省建设厅开展上层统战工作的中共党员张锡昌以建设厅物产调整处视察的身份,向伍廷飏提出设立"特约经济建设实施区"的建议,得到了伍廷飏的赞同。1938年8月,在太平区太平殿(即惠应庙)正式建立"特约太平经济建设实验区"。太平实验区建立后,各项活动主要围绕"建设新农村、为建立抗日游击根据地打好基础"而展开。实验区首先分派指导员到各村进行了调查研究,在初步摸清各个村的基本情况后,在全区范围内分设了若干个指导员据点。为了便于开展工作,起初太平实验区分设太平、西溪、双溪、前垟4个据点,1939年底改为小溪、西溪、葛渡、张村街、前垟5个据点。

1939年春开始,太平实验区针对各地租重(地主收租通常占佃农全年收获量的六成到七成)、农民负担过重的情况,决定在全区范围内推行"二五减租",减轻农民的过重负担。在经济建设方面,太平实验区还通过建立消费合作社与生产合作社的方式发展合作事业,改善老百姓生活。从1939年开始,太平各乡都办起了一些小规模的消费合作社。消费合作社主要经营生产资料,供应生活资料,购销土特产。为了保证榨油织布有充足动力,桐树岗下的太平港滩谷地,还开办了浙江省第一座农村水电站——太平汛水电站。为解决群众生活急需的纸张、土布、鞋袜和肥皂等消费品,太平实验区又发动农民建立了造纸、肥皂等生产合作社,还为空闲妇女筹办了妇女生产合作社。下峡村徐氏祠堂办起妇女生产合作社。

1940年10月,在国民党第一次反共高潮的影响下,撤销了处属地区的全部经济建设实验区。在实验区存在近两年时间里,在党的领导下,大力传播抗日救国思想,唤起了农民群众的抗战爱国热情,使太平、曳岭这些地处偏僻的山区滋长了一股抗战力量,经济、文化也得到了发展,为整个处属地区的抗日救亡运动作出了贡献。

太平经济建设实验区由太平殿、下(土夭)徐氏宗祠、竹舟观音殿、葛渡据点、西溪据点、太平汛电站组成。太平殿、徐氏宗祠、竹舟观音殿、葛渡据点、西溪据点都保存得较好,太平殿现为太平经济实验区的展览馆。太平汛电站于2022年被拆除建康养小镇。

**(一)太平经济实验区旧址太平殿**

太平殿,即惠应庙,位于莲都区太平乡太平村。1938年8月,太平经济建设实验区区署设于此,区长徐旭。该建筑建于清咸丰八年(1858),坐北朝南,占地720平方米;前后分两进,左右设厢房,小青瓦阴阳合铺,硬山顶。太平殿占地规模大,结构严谨,雕刻精美,具有一定的历史、艺术和文物价值。前殿面阔五开间,进深三柱六檩,明间梁架为抬梁穿斗混合式带前双步;前殿分上下两层,中间设大门,大门为门楼,二重檐,雕刻精美;正殿面阔七开间,于1995年重建,现正厅后侧设佛龛,供奉12尊佛像,厢房二层四开间,天井及正殿前台阶由乱石铺筑。

太平村太平殿(惠应庙)(吴学文摄于2008年)

**(二)太平经济实验区旧址徐氏宗祠**

徐氏宗祠位于太平乡下坑村东侧,1938年8月,太平经济建设实验区妇女合作社设于此。女生产合作社,1940年5月左右由朱德汝负责筹办,社址初设下坦徐氏宗祠。开始有社员七八人，以后又吸收了下坦附近一些村庄的妇女参加。经费来源是中国工业合作社丽水事务所的货款和社员的股金（每人2元），有四、五台织袜机，合作社主要从事织袜、绣花枕，为碧湖战时儿童保育院做布鞋，还进行土纱加工。由于建立了良好的生产机制，合作社得到了较好的发展，社员收入增加，对妇女的解放起到了一定的作用。太平经济建设实验区撤销后，合作社搬迁到竹舟村蒋家祠堂生产。1942年夏，妇女生产合作社遭日机轰炸，停止生产。1940年2月至3月，实验区还在下坦徐氏宗祠开办了一期合作干部训练班，时间一个月，参加培训的有40人。干训班由蒋跃生、刘绍高、朱德汝负责。干训班学习内容分政治、经济两方面。政治以宣讲抗战形势和如何坚持抗战为主，经济以学珠算、合作社经营业务技术知识为主。干训班结束后，干训班同学会于1940年6月20日创办了《合作》半月刊，刊登到各地工作的学员文章。

该宗祠建于清乾隆年间，坐北朝南，占地约710平方米。前后分两进，左右设厢房；小青瓦阴阳合浦，硬山顶。徐氏宗祠用材讲究、雕刻精美。前堂五开间，进深二柱五檩，梁架为抬梁穿斗混合式。前堂明间向天井延伸设戏台，用四柱施藻井。正堂面阔五开间，进深四柱八檩，梁架为抬梁式，五架抬梁带前双步后单步，后单步设佛龛，供奉徐氏十位先祖，明间和东次间挂匾"东海旧家""民族之光"。正堂明、次间板壁以及厢房板壁还存在着大量的水墨画内容基本上是徐氏祖训等。

下坦村徐氏宗祠（吴学文摄于2008年）

### （三）竹舟观音殿

观音殿又称竹舟佛堂，1938年8月，太平经济建设实验区肥皂生产合作社设于此。竹舟肥皂生产合作社，1939年6月由蒋跃生、赵国琛、朱太、朱德汝等在竹舟村筹办，有社员11人，社长何方林。合作社由中国工业合

竹舟村观音殿（吴学文摄于2008年）

作协会丽水事务所贷给1000元作为购买原料的资金。中国工业合作协会丽水事务所还先后派张秋明、程大华等到竹舟肥皂生产合作社担任技术员，进行技术指导。建社后，由于资金不足，仅能维持生产。1942年日军侵犯丽水前夕，合作社折价转让给浙江省建设厅，迁移到云和生产。

该建筑位于莲都区太平乡竹舟村中部，民国建筑，坐东朝西，占地293.5平方米，前后分两进，左右设厢房，小青瓦阴阳合铺，硬山顶。竹舟佛堂格局清晰，雕刻精美。前殿四开间，进深二柱五檩，梁架为抬梁穿斗混合式，正殿五开间，进深四柱七檩，梁架为抬梁式，五架抬梁带前后单步，后单步设佛龛，供奉观世音菩萨、三夫人等20尊佛像。两侧设厢房，二层三开间。

### （四）太平经济实验区葛渡据点（"汝南旧家"古民居）

1939年上半年，中共丽水县委又从各地调入一批党员和骨干力量。丘昔光、查铭树（即张之清）、赵国琛、雷克坚、刘绍高、蒋耀生等先后到达太平。为了便于深入群众了解情况，全面开展党的工作，区委将全区分为太平、桑溪（双溪）、西溪、前垟、葛渡5个据点，指导员分头落实到各个据点开展工作。他们访贫问苦，因陋就简办起识字班和夜校，动员农民读书识字，启发贫苦农民提高觉悟，懂得抗日救亡的道理。经过半年多的艰苦努力，整个北乡的群众基本被普遍地发动起来了，乡村活跃了，为全面开展党的建设工作打下了良好的基础。7月，区委宣传委员查铭树（即张之清）到滴水岩村工作。查铭树结交

了贫苦农民陈协通、陈显进、陈官奎等人，并将他们介绍加入了中国共产党。中共滴水岩支部很快建立，陈协通为支部书记，7月，查铭树又在皂树村发展了几名党员，中共皂树支部随之建立。"汝南旧家"古民居为太平经济建设实验区葛渡据点驻地，也是实验区开展运动最为重要据点之一。该古民居位于莲都区仙渡乡葛畈村179号，清代建筑，坐南朝北，占地445.40平方米，四合院式，小青瓦阴阳合铺，硬山顶。建筑由北至南依次为门厅、厢房、正厅。大门为砖砌门框，门额墨书"汝南旧家"四字。门厅三开间，三柱五檩。厢房三开间，五柱七檩。正厅五开间，五柱七檩，梁架为抬梁穿斗混合式带前双步。该古民居为国民党中将端木彰旧居。

太平经济实验区葛渡据点（"汝南旧家"古民居）大门（吴志华摄于2023年）

太平经济实验区葛渡据点（"汝南旧家"古民居）（吴志华摄于2023年）

### (五)太平经济实验区西溪据点旧址(李氏宗祠)

1938年,由于抗战爆发,杭州沦陷,省政府迁到丽水。省建设厅、教育厅都已在丽水办公。8月,一队由大中学毕业生组成的乡村建设指导员,由区长徐旭带队来到太平村太平殿,接管了太平区区署。这就是新建立的特约太平经济建设实验区。实验区是国民党浙江省政得到共产党支持帮助,在抗日民族统一战线的旗帜下,为支援抗日战争建立的。这些乡村建设指导员,名义上是国民党政府的官员,实际上是共产党员和进步青年。曾涛是中共丽水县委委员、青年部长。他来到太平区公开身份是指导员,实际是秘密的区委书记,主要做党的工作。他带领章傅、张新豪、阚敏刚、朱太、施国融,以后还有查铭树(即张之清)来到西溪开展工作,据点设李氏宗祠。西溪据点的指导员们平时居住在徐复本的中药铺楼上。指导员们不同于国民党政府的其他官员。他们与普通农民打成一片,组织农会,办夜校和妇女识字班,通过各种形式宣传抗日救国。当了解农民家里揭不开锅、来年生产没有种子时,实验区根据指导员的建议,由农会组织开荒队,凡是15个农民以上的开荒队(合作社)每人投工5个作为股金,可以向县工合金库贷款20元,用来买种子和口粮。这样解决了农民生产资金和生活困难。贫苦农民在厅里(古民居)开了大会,组织建立了开荒合作社,在乡农会会长李复陈带领下,到户门山开荒,种上桐子树。指导员还组织建立了儿童团。小学生朱献庭胆大活泼又机灵,指导员张新豪叫他当儿童团长,把村上的小孩子都集中到下殿(禹王庙),给大家教唱抗日歌曲《大刀进行曲》《打东洋》等等。"你拿刀,我拿枪,大家一起打东洋。东洋鬼子很猖狂,只要团结一致就一定把它消灭光。"除了教唱歌,指导员还同孩子们在金门畈空闲田里操练、做游戏。指导员们晚上到农民家里访贫问苦,在贫苦农民中发展党员。最早入党的是邹佩友、朱大章、李金林、李开君、李有仁、朱金宝等。1939年8月成立了党支部,李金林是第一任支部书记,李开君、朱大章是支部委员。1940年初,朱大章任支部书记。朱大章和邹佩友同住一幢房,入党后,按照党支部的决定,两人曾几次到本村和邻村各地张贴抗日救国的标语。上半夜去,下半夜赶回家。指导员们还和小学校老师王大娇等排练文艺节目,1939年春节期间,在全区各乡巡回演出。《难忘的九一八》《放下你的鞭子》《打回老家去》等节目很受欢迎。演出宣传了"抗日救国""好铁要打钉、好男要当兵",鼓舞了农民群众的爱国抗日热情,为以后的抗日斗争奠定了思想基础。为进一步鼓舞农民发展生产支援抗战,指导员们大力宣传省政府"二五减租文件和太平区区长施伯泉的布告,并在西溪乡各村贯彻实施'二五减租'"。1939年春节前,西溪村农会送田租到大溪等村地主家里后,又把减租的部分稻谷挑回家。农民们很高兴,积极支持指导员的工作。

太平经济实验区西溪据点旧址(李氏宗祠)位于丽水市莲都区雅溪镇西溪村中部,据西溪《李氏宗谱》记载,宗祠建于明嘉靖二十三年(1544),坐西北朝东南,占地约585平方米,建筑由前堂、戏台、正堂和厢房组成,小青瓦阴阳合铺,硬山顶。前堂五开间,进深四柱七檩,梁架为抬梁穿斗混合式,带前双步后单步,明间后单步向天井延伸设戏台,用四柱;正堂面阔五开间,进深四柱九檩,明间梁架为抬梁式,五架抬梁带前双步后单步,后单步设佛龛,供奉李氏先祖。两侧设厢房,一层三间。

太平经济实验区西溪据点旧址(李氏宗祠)正堂(吴志华摄于2008年)

### (六)太平汛电站遗址

1940年,浙江省乡村工业实验所在丽水县太平乡创办太平汛水电站,翌年3月建成。太平汛水电站是浙江历史上兴建的第一座水电站,也是华东地区最早的水电站。太平汛水电站位于丽水县太平乡桐树岗,引太平港径流发电。太平港是瓯江的支流,引小安溪水,电站在河流上砌石作拦河坝。坝高1.5米,经500米长的引水渠,得水头2.89米。太平汛水电站装机14KW,采用的轴流式水轮机由当时的浙江铁工厂生产。发电机由上海永安公司供应。工程于1940年动工,1941年建成发电,1942年日本侵略军入侵时被毁。当时正值抗日战争时期,浙西南成为浙江省的后方基地,太平汛水电站为丽水县太平经济实验区的军工和民用生产提供能源,以支持抗战。新中国成立后重建,2022年再次被拆除。

被拆除前的太平汛电站(吴志华摄于2020年)

## 十七、曳岭经济实验区旧址群

曳岭经济实验区旧址群由老竹畲族镇曳岭脚村蔡氏宗祠、母子康乐园和梁村"渭滨分绪"古民居组成,至2024年,这3处旧址保存较好。

特约曳岭经济建设实验区,是1939年春夏间经省建设厅张锡昌多方努力而创办的。1938年11月,经中共浙江省委同意,在省建设厅担任视察的中共党员张锡昌向国民党浙江省政府提出在曳岭等地建立一批"特约战时经济实验区"目的是"以树新经济制度之基础,达到发动民众,组训民众抗战救国之任务"。曳岭实验区初建时,区行政及乡村建设指导总共只有10人,区长侯家声。为了开展宣平的工作,以利在括苍山一带建立根据地,处属特委曾派汪更金(后叛变)、周春龙、张小如等3个中共党员前去曳岭经济建设实验区担任乡建指导员,并于1939年7月在联成乡(今巨溪乡)李氏宗祠成立了中共宣平特别支部。不久,吸收了蒋婉箴入党。1940年3月,处属特委派丘昔光到曳岭接替汪更金,丘昔光任特支书记兼组织工作,周春龙任宣教工作,张小如任妇女工作,蒋婉箴被派驻梁村据点负责,和当地两个女青年一起,在梁村进行乡建工作。后不久,又吸收了陆之平入党。实验区建立后,由于宣平县长和曳岭区长等顽固派的极力反对,在半年多时间里,工作难以开展。为了提高实验区在民众中的威信,取得建设厅和宣平县政府的支持和信任,1940年3月,实验区调整了据点和办事人员,撤销联成乡办事处,周春龙、张小如到马村开设办事处。

蒋婉箴和吴士英等3人仍留梁村办事处,创办消费合作社。曳坑办事处由丘昔光、陆之平、潘玉珠等人组成,潘玉珠到港口村开办民众夜校,丘昔光到曳岭北侧山脚的老鼠寮村开办民众夜校。实验区办事处和人员调整之后,经过全体人员的共同努力,局面很快得到改变。梁村的消费合作社成立开业,曳坑一村寨农民的土地纠纷问题经乡建员的调解得到合理解决,老鼠寮村办起了民众夜校。民众夜校一开办,远近的青年农民都到夜校读书。实验区以夜校为阵地,向农民讲解抗战的革命道理,激发他们的爱国热忱,提高他们的阶级觉悟。1940年4、5月间,实验区党组织先后吸收了曳坑村的陈火焰、吴中兴、吴舍宝等人为中共党员。不久,曳坑村成立了农村党支部,陈火焰为负责人。随着党组织的发展,为适应斗争形势的需要,1940年4月,处属特委派周源到曳岭,召开实验区内的全体党员会议,宣布撤销原宣平特别支部,改建中共宣平县工作委员会,丘昔光任工委书记兼组织部长,周春龙任宣教部长,张小如任妇女部长。曳岭经济建设实验区还通过宣平县合作事业室主任徐某(党员,原在碧湖区合作金库工作)的关系,向农民发放贷款,发展桐油、茶叶生产。曳岭实验区打开了局面,广大农民被发动了起来,而地主阶级却极为不满。曳坑村的保长陈大汗和地头蛇李等人就反对办夜校,他们害怕农民提高了认识,起来造他们的反。

1940年5月,宣平县长叶某到曳岭实验区视察,丘昔光和侯家声一起向他汇报工作,希望县长对实验区经济建设工作给予支持。叶某非但不予理睬,并且还认为"经济建设实验区是劳民伤财,男女同窝有伤风俗",全体乡建指导员听了十分气愤。丘昔光和侯家声到丽水向张锡昌汇报了情况。张锡昌指出,只要把工作扎根于群众之中,积蓄力量,并尽一切努力做好抗日民族统一战线工作,争取多数,揭露和孤立破坏抗战的顽固派,实验区的经济建设工作就能坚持下去。张锡昌的指导,使丘昔光他们增添了信心。1940年6月,"曳坑事件"发生后,实验区的党员和乡建指导员先后撤离,实验区活动停止。曳岭经济建设实验区存在的时间只有一年左右。经济建设实验区存在的时间仅二年,但它的历史意义和作用却是很大的。实验区的建立,本身就是党面对第二次国共合作的新形势、在抗日民族统一战线方针的指导下、对国民党浙江省政府开展统战工作所取得的一项重大成果。实验区建立以后,党继续贯彻执行抗日民族统一战线的方针政策,积极团结一切力量,参加抗日救亡运动,从而使实验区的各项工作得到了顺利开展,并取得了较大的成就。实验区在党的领导下,大力传播抗日救国思想,唤起了农民群众的抗战爱国热情,使太平、曳岭这些地处偏僻的山区滋长了一股抗战力量,经济、文化也得到了发展,为整个处属地区的抗日救亡运动作出了贡献。

**(一)曳岭经济实验区旧址(蔡氏宗祠)**

曳岭脚村蔡氏宗祠位于莲都区老竹畲族镇曳岭脚村中部,于明万历三十年(1602)重建,坐南朝北,占地680平方米;建筑原有三进,现仅存正堂、前堂及厢房,第三进于1957年被拆毁做晒谷场。夯土地面,小青瓦阴阳合铺,硬山顶。前堂七开间,进深三柱

特约曳岭经济实验区旧址(蔡氏宗祠)俯瞰(楼新建摄于2023年)

六檩，梁架为抬梁穿斗混合式，明间原设大门及戏台，1957年被拆，明间挂匾"蔡氏祠堂"。正堂七开间进深四柱九檩，明间梁架为抬梁式，五架抬梁带前后双步。明间六柱设鼓墩形柱础，柱础浮雕莲花、梅花等图案，蔡氏祠堂原挂匾41块，现仅存"蔡氏祠堂"残匾。原有后堂，后拆建，现在后堂为后期扩建。

## （二）曳岭经济试验区梁村据点（"渭滨分绪"古民居）

曳岭经济试验区梁村据点（"渭滨分绪"古民居）建于清同治癸酉年（1873年），坐南朝北，占地468.6平方米。三合院式。建筑由正厅和左右厢房组成，夯土地面。小青瓦阴阳合铺，勾头滴水，硬山顶。正厅面阔五开间，通面宽23.04米；进深五柱七檩，通进深20.34米；梁架为抬梁穿斗混合式带前下檐单步。左右设厢房，均二层二开间。大门朝北，砖砌门墙上檐挑砖，正面阳刻"渭滨分绪"，背面阳刻"润晖癸酉桂月杨士云题"。牛腿雕刻精美，有凤凰、牡丹等图形，十分精美。

曳岭经济试验区梁村据点（"渭滨分绪"古民居）内景
（张春锋摄于2008年）

## （三）母子康乐园

母子康乐园位于莲都区老竹畲族镇曳岭脚村32号，清末建筑，坐西南朝东北，占地268平方米，长方形平面，前后分两进，建筑由正厅、后厅和前后厢房组成，夯土地面，小青瓦阴阳合铺，硬山顶。正厅三开间，进深五柱七檩，梁架为抬梁穿斗混合式带前下檐双步后下檐单步。后厅三开间，进深四柱六檩，梁架为抬梁穿斗混合式。前后天井四周檐柱均施有牛腿，雕刻形象多样，有牡丹、梅花、人物等，十分精美。母子康乐园是公社化运动时期曾被用作幼儿园，现大门口门额上写着"母子康乐园"的宋体墨字，正厅明间还贴着"爱科学爱护公共财物""爱祖国爱人民爱劳动""让社会主义花朵越开越红"等红色标语。抗战时期，"母子康乐园"曾一度作为曳岭经济实验区的妇女活动的重要场所。

母子康乐园外立面（楼新建摄于2023年）

母子康乐园中堂（张春锋摄于2008年）

## 十八、新民主主义时期基层党支部旧址群

莲都区新民主主义时期基层党支部旧址群由丽新畲族乡马村支部旧址（"云霞焕采"古民居）、老竹畲族镇麻铺村支部旧址（汪陈俊故居）、峰源乡小岭根村支部旧址（王孔贤宅）、紫金街道厦河码头工人支部旧址（观音阁）、雅溪镇洪渡支部旧址（李氏宗祠）、雅溪镇双溪支部旧址（潘荣宗故居）、雅溪镇金竹支部旧址（西堂庙）、雅溪镇雅里支部旧址（李志贞旧居）、太平乡富山头支部旧址（蓝氏宗祠）、仙渡乡仙里党支部旧址（郑庆元故居）组成，至2024年，这10处旧

址保存均一般。

1928年春,陈俊以国民党宣平县党部执委兼农工部长的公开身份到南乡,与郑和斋共商创建南乡党的基层组织。5月,在新屋村建立中共南乡区委,郑和斋为区委书记。下设新屋、老竹、马村3个党支部。1935年5月,中国工农红军挺进师在师长粟裕、政委刘英率领下,到浙西南地区开辟游击根据地。6月,中共党员、红军战士汪陈俊受党组织指派回家乡宣平县梁村乡麻铺村(今属老竹畲族镇)开展党的工作。在麻铺村发展中共党员8名,并建立中共麻铺村支部委员会,书记汪陈俊。党支部下设麻铺、梁村、破桥、弄里4个党小组。1936年春,中国工农红军挺进师第一纵队范连辉(刘彪)中队在峰源乡蔡坑、小岭根、赛坑、下园、库坑、黄坑等村一带活动,发展了一批党员。当年5月和7月先后建立中共蔡坑支部和中共小岭根支部。1941年1月,中共处属特委贯彻"隐蔽精干"政策,实行单线领导。丽水县的太平、城区、西区的区委领导成员先后撤离,组织解体。丽水县党的工作由徐仲植、林艺圃负责。同年4月后,丽水党的工作重心由城镇转入农村。当年秋后,负责人改为特派员。1943年3月,丽水县党的工作由林艺圃全面负责。中共处属特委书记在丽水农村进行隐蔽活动。1944年冬,中共丽水县特派员林艺圃开始在北乡恢复和发展农村党组织。1945年5月,中共处属特委任命陈仿尧为中共丽水县特派员,到北乡接替林艺圃工作,恢复和整顿部分农村党组织,开展丽武宣边区党的工作。林艺圃主要负责丽青松边区党的工作。抗战胜利后,丽水的党组织得到迅速的恢复和发展。丽武宣边区党的工作以太平为中心,向武义、宣平、缙云边区农村发展;丽青松边区党的工作以碧湖为中心,向青田、松阳、云和边区农村发展。1946年冬,建立丽青松边区武工队。县特派员下设4个片特派员和3个片联络员。中共和合片特派员下辖滴水岩、皂树、南源、大路边、芦村、何金富、坑里、张山后8个党支部和鲍店、山头岗2个党小组;中共双溪、西溪片特派员下辖双溪、洪渡、西溪、雅里、金竹5个党支部和岗头、板染、梅树弄3个党小组;中共缙武边片特派员下辖岱后小组和雪峰、黄山2个党支部;中共东乡片特派员下辖杨弄、里佳源、桃花岭3个党支部和黄畈、吴山2个党小组;中共丽宣边片联络员下辖五石弄、后山坪、鸭班、供山、富山头5个党支部;中共白云山脚片联络员下辖丽阳坑、丽阳坑口、五宅底、陈寮4个党支部;中共胡椒坑畲族片联络员下辖胡椒坑、下林2个党支部和周弄党小组。

## (一)马村支部旧址("云霞焕采"古民居)

1928年春,中共宣平县委委员陈俊以国民党宣平县党部执委兼农工部部长的公开身份来到南乡,与郑和斋共商创建中共南乡党的基层组织。郑和斋汇报了工作开展情况。陈俊、郑和斋介绍李定荣、肖政入党,后又发展了数名

马村支部旧址(云霞焕采古民居)(吴学文摄于2008年)

党员。5月,中共南乡区委在新屋村建立,郑和斋为区委书记,肖政、李定荣为委员。下设马村、新屋、老竹3个支部,官永年、郑和斋、肖政分任支部书记。区委成立后,南乡党组织迅速得到发展壮大。其中马村支部有党员10人。南乡区委建立后,先后在马村等村秘密召开党的会议,商讨如何切实完成上级党组织交给的各项工作任务。会后,各支部组织党员利用各种方式宣传党的路线、方针、政策,宣传国内外形势,组织发动广大群众进行土地革命,与封建地主阶级作坚决的斗争。

马村支部旧址(云霞焕采古民居)位于丽新畲族乡马村73号,清代建筑,坐西北朝东南,占地534.6平方米,四合院式,夯土地面,鼓磴形柱础,小青瓦阴阳合铺,勾头滴水,硬山顶。该旧址用材考究,雕刻精美,有一定文物价值。建筑由门厅、厢房、正厅和附屋组成。门厅面阔三开间,进深三柱五檩,梁架为抬梁穿斗混合式带后下檐双步,明间设大门,砖质门框,门额墨书"云霞焕采"四字。正厅面阔五开间,进深三柱五檩,梁架为抬梁穿斗混合式带后下檐双步,明间堂上挂一古匾,上书"顺德堂"字样。左右设厢房,两层三开间,正厅西北侧设附屋。

### （二）麻铺村支部旧址（汪陈俊故居）

1935年7月，中共党员、红军战士汪陈俊奉上级党组织指示，回到家乡麻铺村一带发展组织。他在麻铺、梁村、老竹、破桥、周坦、弄里等地发展了8名党员，成立中共麻铺村支部，汪陈俊任支部书记。麻铺村支部旧址（汪陈俊故居）位于麻铺村中部，二层土木结构，房屋正中现为一通道。

麻铺村支部旧址（汪陈俊故居）（楼新建摄于2023年）

### （三）小岭根村支部旧址（王孔贤宅）

1936年7月，中国工农红军挺进师一纵队吕忠义、杨立才、张德寿和中共丽水青田云和县委陈昌会等到莲都、青田、景宁三县区交界地峰源乡小岭根村发展党员，并于同月建立支部，有党员32人。书记为王孔贤。

小岭根村支部旧址（王孔贤宅）旧影（莲都区档案馆和党史研究中心提供）

### (四)厦河码头工人支部旧址(观音阁)

抗战初期,丽水县委十分重视城区党组织建设,县委成立之初,县委成员大部分集中在城区活动。1938年秋后,县委书记蒋治以新知书店经理的公开身份作掩护,通过书店广交进步青年朋友,培养积极分子,积极而又慎重地在各机关团体、工厂、学校和厦河码头秘密发展中共党员。位于厦河码头的观音阁,成为厦河支部的重要据点。1938年8月,共产党员黄希宪(即黄景之)、金以仁、肖车等人来到厦河村办夜校,一边开展抗日救亡宣传,一边秘密地发展地下党员。厦河

观音阁正殿(吴志华摄)

观音阁前厅(吴志华摄)

村以王亦仁等码头工人为主的12人加入中国共产党,并于1939年初成立中共厦河支部,王亦仁任支部书记。厦河码头工人支部旧址观音阁位于丽水市区紫金大桥西北面,始建明代,清嘉庆十九年重建,2008年重修。坐北朝南,偏西25度,屋面硬山顶。观音阁由大门殿、一戏台,随着城市的发展,戏台建筑已损,砖木结构。正殿面阔三开间,通面阔13.8米,通面深14.1米。以后金柱为界,将室内平分为两部分,前半部分为抬梁式结构,进深为6.2米,脊檐高6.85

米;明间前单步廊,六架用三柱,有牛腿、琴枋承托挑檐檩出檐;次间设山柱,后半部分为楼阁式结构,挑檐用二柱。楼层高3.3米,脊檐高6.5米,后之间以勾连搭相接。两坡顶,青瓦屋面,正脊压脊砖,两端起翘。前出单马头,山墙封护,窗台以上为青砖空斗墙,内墙面白灰粉刷,外墙作清水墙砌法,白灰勾边。

### (五)洪渡支部旧址(李氏宗祠)

1939年下半年,舒田元到洪渡村发展李国佐等5人入党,并建立支部,李国佐任书记。"皖南事变"后,组织停止活动。1945年6月,重新恢复组织,隶属双溪、西溪片特派员领导,到1945年8月,有党员5名。书记李国佐(李老六,1939下半年~1945.8)1947年3月前隶属中共双溪、西溪片特派员,后属中共太平区委领导,有党员5名。书记李国佐(李老六,1945.9—1949.5)。李国佐,即李章土,洪渡人称其为章土老六。李国佐为人好爽,善射击,常用土铳射起飞和奔跑的野兽,几乎百发百中。李国佐宅在李氏宗祠旁,经常在该宗祠召开会议。李氏宗祠位于雅溪镇洪渡村中,建于清嘉庆三年(1798),坐西朝东,占地391.7平方米,建筑中轴线上依次为前堂、戏台、正堂和厢房,小青瓦阴阳合铺,硬山顶。原前堂构架已不存,现存前堂未按原状修复,被改建为水泥浇筑,人字桁架,两坡顶的戏台。正堂面阔五开间,进深四柱七檩,明间梁架为抬梁式,五架抬梁带前后单步,后单步设佛龛,供奉李氏先祖,明间悬挂"世美堂"匾额,正堂原有的壁画已被装修后的石灰覆盖。左右设厢房,均二层三开间。

洪渡支部旧址(李氏宗祠)(吴志华摄于2008年)

### （六）双溪支部旧址（潘荣宗故居）

双溪支部旧址（潘荣宗故居）位于雅溪镇双溪村中部，清代建筑，坐西北朝东南，占地约350平方米，面阔五开间，进深四柱九檩，明间梁架为抬梁式，五架抬梁带前双步后单步，两侧设厢房。1940年1月，根据工作

双溪支部旧址（潘荣宗故居）（吴志华摄于2018年）

的需要，丘昔光调离太平，查铭树（即张之清）接任区委书记，章傅、朱德汝（朱敏）、孔昭锐、舒田元为区委委员。至此，全区的党组织建设有了较大的发展，尤其是上北乡，在西溪、雅里、滴水岩、仙里、皂树、双溪、洪渡等地都先后建立了党支部。1938年12月，中共太平区委书记曾涛介绍潘荣宗加入共产党。随后，潘荣宗在双溪村发展了舒田元、潘永选、潘兰贵3名党员，并先后在黄村、雅庄发展了党员，于1939年春建立了支部。潘荣宗任书记，1941年8月，后由于潘荣宗有公开职业，与区委单线联系，推选舒田元任书记。"皖南事变"后，组织停止活动。1945年5月，重新恢复组织，隶属双溪、西溪片特派员领导，到1945年8月，有党员16名。

### （七）金竹支部旧址（西堂庙）

1939年下半年，金竹村傅宝钱等10位青年农民相继入党，并建立支部。1942年6月，书记傅宝钱在同国民党反动派斗争中遭害，组织解体。1945年7月，重新恢复组织，指定李陈昌任书记，隶属双溪、西溪片特派员领导，到1945年8月，有党员10名。金竹支部以西堂庙和傅宝钱宅为据点，经常在开展地下活动。金竹支部旧址（西堂庙）位于雅溪镇金竹村西南侧，建于清咸丰四年

（1854），坐北朝南，占地219.2平方米，呈长方形平面，建筑从南至北中轴线上依次为照壁、大门和正殿，小青瓦阴阳合铺，硬山顶。正殿面阔三开间，明间设鸳鸯厅，分割为前后两厅，前厅进深三柱七檩，梁架为抬梁式，

金竹支部旧址（西堂庙）（潘贵铭摄于2018年）

五架抬梁带前檐双步；后厅施藻井，藻井下设佛龛，供奉平水大王、李八相、十七相、十四相三兄弟等9尊佛像。明间和西次间佛龛上悬挂"泽沛苍山"和"思敷雨泽"古匾，"泽沛苍山"古匾落上款为"咸丰甲寅年嘉平穀旦"，东次间悬挂民国8年铁钟。

### （八）雅里支部旧址（李志贞旧居）

雅里支部旧址（李志贞旧居）位于雅溪镇雅里村汇后自然村，清代建筑，坐西朝东，占地551.2平方米，四合院式，前后分两进，左右设厢房，夯土地面，鼓墩型柱础，小青瓦阴阳合铺，硬山顶。第一进门厅面阔三开间，进深三柱五檩，梁架为抬梁穿斗混合式带后下檐。第二进正厅面阔七开间，进深五柱五檩，明次间梁架为抬梁穿斗混合式带前下檐双步。左右设厢

雅里支部旧址（李志贞旧居）（吴志华摄于2008年）

74

房,均两层二开间。该古民居格局清晰,雕刻精美,具有一定的历史、艺术和科学价值。宅在"文革"时被征用为食堂,门厅后檐柱四件牛腿被拆除当柴火烧毁。因住房需要且不合理使用,天井水泥硬化,后厢房、正厅局部被改建,后厢房改后作伙房使用。李志贞出身丽水北乡著名的教育世家,自其祖父李文华于清末民初创办雅里小学,李志贞成人后接任雅岭(即雅里)小学校长。李志贞1947年经其堂兄李方仁(任岩泉武工队队长)介绍,在校长任上秘密加入中国共产党,利用学校优势为党组织印制资料,掩护游击区的同志。中华人民共和国成立后,为丽水县第一、二届人民代表,历任莲房小学、凤山区小学、丽水附属小学(今丽水市实验学校)、太平小学、黄畈小学等学校校长。

### (九)富山头支部旧址(蓝氏宗祠)

1945年2月,林艺圃、樊康平发展碧湖小学校长王桂五入党,王桂五又在亲友、同学、同事和当地农民中发展了数名党员。6月,特委增派原缙(云)仙(居)区委书记陈仿尧到丽水,协助林艺圃在丽水北乡、宣平南乡工作。他们在富山头、横坑、上塘畈、弄里等村恢复发展了一批党员。7月,党组织在丽水、宣平边境的富山头、横坑、供山、鸭班、底坑、木杓坑、大铺坑等村发展了一批党员,并建立了富山头、供山、鸭班支部。蓝氏宗祠位于太平乡富山头村中部,清代建筑,坐西北朝东南。占地331.8平方米。建筑由前堂、正堂和左右厢房组成,夯土地面,小青瓦阴阳合铺,硬山顶。前堂五开间,进深三柱七檩,梁架为抬梁穿斗混合式。明间设戏台,用四柱正堂五开间,进深四柱八檩,明、次间梁架均为抬梁式,五架抬梁带前双步后单步。鼓墩形柱础,下设障靠。

富山头支部旧址(蓝氏宗祠)(吴学文摄于2008年)

解放战争时期,富山头蓝氏宗祠是我党重要的基层组织阵地,丽武宣武工队重要活动据点。

### (十)仙里党支部旧址(郑庆元故居)

仙渡乡境内抗战时期成立的早期党支部有 10 个,其中 1939 年成立的有仙里(坑里)、滴水岩、皂树、何金富、张山后党支部。1939 年 4 月,中共太平区委书记曾涛在仙里村介绍青年农民陈天顺加入

仙里党支部旧址(郑庆元故居)外立面(吴志华摄于 2019 年)

共产党,并建立了支部,指定陈天顺任书记。同年 6 至 7 月间相继发展郑庆元、朱留宗、周金桂、周有贞、周有兴等人入党,并改选支部委员会,周金桂任书记。1941 年 1 月"皖南事变"后,组织停止活动。1945 年 6 月,重新恢复组织,指定郑庆元任书记,隶属和合片特派员领导。1945 年 8 月,有党员 18 名。

# 十九、刘祠堂背街区革命旧址遗址群

刘祠堂背为丽水城内唯一一条保存格局最为完整的历史街区,旧为城市"三纵两横"城市街道格局中直街一段。该街区人文底蕴深厚,尤其红色文化资源在整个丽水城最为集中,以黄景之律师事务所(中共浙江省委机关)旧址为核心,周边分布着中共丽水中心县委旧址(崇德小学)、新四军浙江办事处(高井弄口)、丽水县公安局旧址(谭宅)、丽水女子学校旧址(小谭宅)、中共浙江省委机关旧址大众街"兴华广货号"、新知书店丽水分店遗址、会文图书社旧

址(董乐辅故居遗址)、浙江省战时木刻研究社旧址(金逢孙故居)、吴凤飞烈士故居、中共浙江省委机关联络站绅弄织袜工场遗址等,其中黄景之律师事务所(中共浙江省委机关)旧址、新知书店丽水分店遗址、会文图书社旧址(董乐辅故居遗址)、浙江省战时木刻研究社旧址(金逢孙故居)、吴凤飞烈士故居均在刘祠堂背历史街区核心位置,中共浙江省委机关联络站绅弄织袜工场遗址与该街区一步之遥,深厚滋华之红色文化是与刘基文化交相辉映的该街区主题文化,值得深入挖掘和充分展示,实现文商旅深度融合,最终成为丽水城最具文化魅力的特色街区。

### (一)浙江省抗战木刻研究社旧址(金逢孙故居旧址)

浙江省抗战木刻研究社旧址是清末民初民主革命人士何子华(金逢孙外祖父)宅邸,面积约400平方米。金铭新(金逢孙父亲)结婚后就居岳父家,祖孙三代均住此,后来金逢孙从贵州离休回家乡丽水仍居于此。后在中山街购房才搬出,最后在白云小区大洋路环境宽敞的新建房养老,直至去世。一楼三间是新中国成立初的新华书店。

1937年抗日战争全面爆发后,抗战的烽火把浙江的新兴木刻运动推向高潮,一大批木刻家纷纷从上海、香港、日本到浙江,形成了以丽水为中心的浙江新兴木刻运动。金逢孙回到丽水以抗战后援会的名义率先创办了抗日救亡画报《解放漫画》,又与共产党员曾涛等人组织"浙江省美术家协会丽水分会"。1938年4月,浙江省战时美术工作者协会成立。1939年4月,七七版画研究会在丽水成立,由林夫(原中共平阳县委宣传部长)、金逢孙、万湜思、项荒途、陈尔康等人组成。该会以刀代枪,运用木刻美术进行抗日宣传。5月,出版了大部分由林夫创作的《五月纪念木刻集》和陈尔康的《尔康木刻画集》。7月7日,丽水七七版画研究会以浙江省战时美术工作者协会名义举办的七七抗战版画展览会在金华开幕,共展出作品二百余件,后又在丽水、云和、温州等地展出。野夫、潘仁、金逢孙、夏子颐等还合作绘画了一套《抗战门神》,在丽水印刷发行,深受群众欢迎。9月5日,浙江省战时美术工作者协会丽水分会成立,成员有曾涛、金逢孙、叶元珪、潘仁、郑华云、王连奎、吴凤飞、王建明、张月娥等。9月底,浙江省战时木刻研究社正式成立,为第一个全省性的进步木刻团体。孙福熙任社长,金逢孙、万思任副社长。社址初设金华紫岩路1号,后迁丽水城内帝师坊脚45号（即刘祠堂背），同年11月，在金逢孙、郑野夫、万湜思等木刻家的努力下，在丽水创办了浙江省战时木刻研究社第一期函授班，有学员百余人，分布东南和西南各省，为战时木刻培养了一批人才，战时木刻研究社还编印了《战时木刻》半月刊和木刻丛集《旌旗》《号角》《战鼓》《铁骑》等十余种抗日宣传画刊，这些画刊在东南沿海地区影响很大。

木刻是一种新兴的艺术形式，是在鲁迅等人推动下所发展起来的，抗战前在浙江的影响不大，除了上海、杭州等大城市外，这种艺术形式很少为人所熟悉。早在1931年9月，丽水进步画家金逢孙与上海美术专科学校的同学张望、黄新波等在上海组织"MK木刻研究会"，金逢孙任该会理事，负责出版印刷工作。1933年10月16日MK木刻研究会第四次作品展览会在上海开幕，鲁迅参观了展览会，并购买了作品6幅。金逢孙等会见了鲁迅，聆听了鲁迅对展品的评述和对发展新兴木刻的亲切指导。1934年3月14日金逢孙的木刻作品《读

浙江省抗战木刻研究社旧址（金逢孙故居旧址）（吴志华摄于2023年）

报》被鲁迅选中,参加由法国文艺家协会发起主办的"革命的中国之新艺术展览会"。抗战时期,丽水一度成为浙江的文化中心,丽水地区各县抗日救亡文化社团如雨后春笋破土而出,各类文艺活动空前活跃,戏剧、音乐、美术、出版、文学等文化工作,呈现一派生机,一个以抗日救亡为中心的革命文化活动蓬勃兴起。主要的抗战文艺宣传方式有木刻、戏剧、文学等,题材多数反映了当时抗战现实与人民群众的斗争,表现了抗战的主题。而木刻是其中最为普及和受群众欢迎的宣传方式。

　　1940年,由战时木刻研究社师生发起,又在温州举办了抗战木刻、漫画展览会,展出作品1500余件,丽水有500多件作品参展,观众拥挤,引起轰动。5月,全国第六次鲁迅纪念木刻展览会在丽水展出,共展出作品300多幅作品。11月的"木函班"学员木刻展,500多幅优秀学员作品巡回展览。1941年7月7日处属各地举行集会纪念"七七"抗战四周年,处州民教馆举办抗战木刻展览会,展出作品300余件,参观者2000余人。

金家于后门刘祠堂背合影(右一为金逢孙,右二为金铭新)

1938年浙江省战时美术工作者协会丽水分会合影（第二排左三为金逢孙）

## （二）会文图书社旧址（董乐辅故居遗址）

会文图书社旧址（董乐辅故居遗址）现状（吴志华摄于2023年）

丽水会文图书社在刘祠堂背三坊口，与新知书店中间隔郑氏白铁店（1间店面），现为原丽水地区商业百货总公司的三楼砖混结构楼房，面积×××平方米。

　　该书社约创办于清光绪二十八年(1902),会文图书社的创办人为董乐辅[①]的祖父董阳富。董阳富是浙江鄞县乡间董家跳人,家里务农为生。为谋求生计,年轻时经人介绍到上海棋盘街(现河南中路)会文堂书店作学徒。满师后,老板见他为人忠厚老实,愿意把出版的诸子百家、四书五经之类的图书赊批给他,由他挑着书担子到绍兴府(现绍兴市)摆书摊谋生(实际上就是会文堂的推销员),也到过金华府(现金华市)、处州府(现丽水市)等地试着摆书摊,最后在处州府落脚。在处州府开始也是摆书摊,卖的主要是四书五经和古旧小说,也兼卖文具、药品。后赚了一点钱,除养家糊口外,还积攒了一点资本,便在城内三坊口开办书店,把家人接到丽水安下了家。

　　为表示他与上海会文堂的师徒关系,取店名为"会文图书社"。辛亥革命后,各地兴办学校废私塾,学校均采用商务印书馆、中华书局、世界书局出版的教科书。凭着曾在上海"会文堂"学过生意,与上海出版商有些关系,便与商务印书馆、中华书局、世界书局均建立了特约经销关系,还专门挂上一块"商务印书馆特约代理处"的大招牌。处州地区下属十个县,绝大部分中、小学用的教科书、教学仪器、仪表、文具等,都由会文图书社供应。

　　抗战爆发,上海沦为孤岛。1937年12月杭州沦陷,原本在杭州读书的董乐辅辍学在家,看到许多外地来的青年,在书店的店堂里四处看了看,便摇摇头离去。一天,董乐辅与一位外地青年,后来得知该青年就是中共党员殷铁飞[②]。两人攀谈时,殷铁飞建议会文书社卖一些有关抗战的书刊和巴金、茅盾等进步作家的小说,并告之在温州生活书店有这类书。是年底,董乐辅因事去

---

[①] 董乐辅(1921—2016),丽水县城人。1938年初,在中共领导发动的抗日救亡运动影响下,走上了革命道路,1942年1月加入中国共产党。曾先后在地方和部队工作。1952年加入中国人民志愿军归国代表团。1955年后,任中央军委空军预科学校副校长、训练处长,福州军区空军宣传部副部长。1962年4月转业至上海,任上海吴泾热电厂副厂长,1978年转任上海南市发电厂副厂长。1983年初离休。1986年初应邀参加《大江南北》杂志社。

[②] 殷铁飞(1911—1968),原名王豁,又名王朗哉,曾任中共处属特委委员、中共丽水中心县委常委兼组织部长、遂昌县委书记等,新中国成立后曾任衢州专署副专员、中共衢州地委组织部长、中共金华地委副书记。

温州,找到生活书店,进了一批进步的书刊,其中有《两万五千里长征记》《大众哲学》《抗日民族统一战线指南》《毛泽东自传》《从一个人看新世界》《全民抗战》(三月刊)、《群众》(周刊)以及巴金的《家》《春》和茅盾的小说等。这是会文图书社,也是丽水城内第一次公开出售的进步书刊。

后来,董乐辅又先后认识了骆耕漠、张锡昌、邵荃麟、汪海粟等同志,经他们介绍,书店又向武汉生活书店、新知书店陆续进了更多的进步书刊,如《社会科学二十讲》《社会科学教程》《青年自学丛书》《里百丛书》《辩证法入门》《哲学选辑》《列宁主义基础》《西行漫记》以及《共产党宣言》《新华日报》《救亡日报》等。会文图书社先是在店堂里用铺板搭一个摊子,专门卖进步书刊,后来愈来愈多,刚巧隔壁一家白铁铺歇业,我们把它租下来。会文图书社由原来的两间门面,这样便扩大为三间,扩大的一间专门出售进步书刊。

董乐辅一面负责经营这一部分书刊,一面也就贪婪地阅读起来,从中受到革命进步思想的启蒙教育。

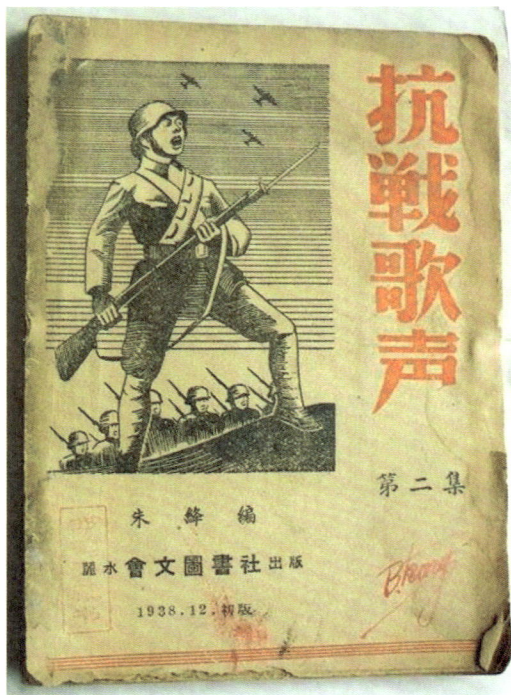

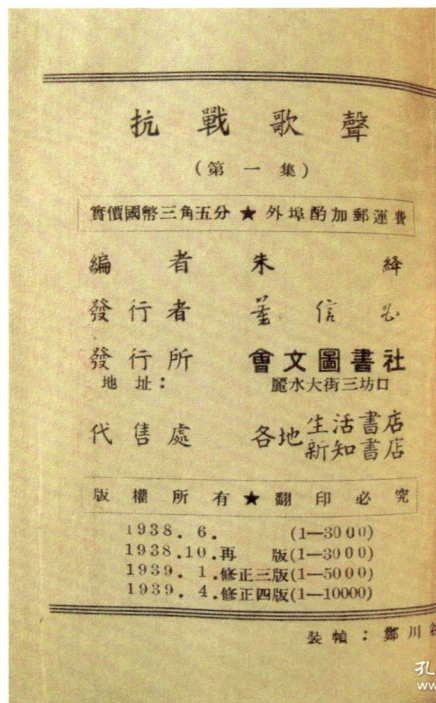

丽水会文图书社出版的《抗战歌声》(丽水市博物馆藏)

1938年春,董乐辅参加浙江省文化界抗敌协会丽水分会筹备会工作,为开展救亡歌咏活动需要,与阙大津[1]、陈沙蒂[2]、朱绛等同志商议,要编印一册抗战歌曲集,后来阙大津、陈沙蒂等先后离开丽水,便由朱绛同志一人进行编选,定名为《抗战歌声》,由会文图书社出版发行。第一集出版后,很受欢迎。朱绛同志继续编了第二集、第三集,朱绛同志离开浙江后,温州胡今虚同志编了第四集,陈沙蒂同志编了第五集,发行量共达10万册。

1938年5月间,会文图书社在碧湖开设分店。当时,碧湖办起了联合中学,浙江省国民政府又在那里办起了战时青年训练团,会文图书社碧湖分店主要向青年学生和训练团的青年学员供应进步书刊。后来新知书店在碧湖开了分店,会文图书社碧湖分社就歇业了。开设时间约两个多月。

会文图书社的进步书刊经常受到丽水国民党县党部抄查、没收。1939年春,董乐辅被党组织派到大港头工作,会文图书社经销的进步书刊则全部盘售给新知书店。会文图书社除继续发行《抗战歌声》外,经销进步书刊的历史便到此结束。

会文图书社除出版《抗战歌声》外,还出版发行了木刻家野夫的《怎样研究木刻》。当时还准备出版邵荃麟同志的《麒麟寨》(剧本),后因邵荃麟同志离开浙江而未能出版。

### (三)新知书店丽水分店遗址

新知书店丽水分店位于现丽水刘祠堂背老街与大众街交叉路口处,旧有店

---

[1] 阙大津(1918—2002),革命音乐家,丽水县水东乡净水村人,又名洛辛,抗战初期,在丽水从事抗战宣传活动,后考入重庆国立音乐学院,"皖南事变"后由周恩来安排参加新四军,并更名为洛辛,创作了大量革命歌曲。新中国成立后,任原南京军区前线歌舞团副团长、解放军艺术学院音乐系主任、总政文工团副政委等职务。

[2] 陈沙蒂:1937年"八·一三"事变后回丽水,参与组织县文化界抗日救亡协会,成立演出队、歌咏队。27年,协助筹办《动员周刊》,发行《时事半月刊》,主编《写·读》丛书、《非常》半月刊。年底,任县政治工作队干事长。1938年,加入中国共产党,任太平经济实验区指导员。1940年,在中共处属特委文化党团主办的《文艺丛刊》任主编。同年5月,入厦门大学攻读外国文学。1944年,毕业后在长汀《民主报》任文艺副刊主编。同年秋,回丽水探亲遭国民党逮捕。出狱后任杭州《正报》编辑科科长、副总编辑兼副刊主编。1949年11月,在中共浙江省第七地委主办的《工农大众》任编辑。1950年调省电台编辑部任文艺组副组长,并当选为杭州戏曲改进协会副主席。1952年调《农民大众报》任文化版主编。1957年调嘉兴筹办《大众报》。1958年被错划为"右派"。1978年平反。1983年病逝。

新知书店丽水分店遗址现状（吴志华摄于2023年）

新知书店店标（周率提供）

面2间,现为原丽水地区商业百货总公司的三楼砖混结构楼房,面积180平方米。

新知书店是三联书店的前身之一,成立于1935年,创办人是钱俊瑞、徐雪寒、华应申等,前身是《中国农村》月刊。为宣传马克思主义和社会科学理论,他们决定创办合作社性质的书店。全面抗战初期,总店从上海迁至武汉,后相继迁至桂林、重庆。曾在桂林、重庆、金华、襄阳、丽水、衡阳、常德、柳州、香港等地开设分店。新知书店丽水分店不仅发行进步书刊,而且是新四军的秘密交通站,还出版进步刊物,在传播进步思想、促进团结抗战中发挥了重要作用。

在丽水开设浙江总店。1938年2月,在丽水浙江旅沪同乡回乡服务团工作的中共党员骆耕漠[1],受浙江省建设厅委派,到武汉办理茶叶出口事宜时,根据中共党员吴毓[2]的指示,与武汉新知书店的徐雪寒商量在浙江开设新知书店的分店事宜,并带着数竹藤箱的进步书刊返回丽水。

---

[1] 骆耕漠（1908—2008年9月12日）,著名经济学家。1908年出生,浙江於潜（今临安）人。1938年加入中国共产党,先后担任中共浙江省委统战工作委员会委员、中共浙江省委文化工作委员会书记以及中共东南局文化工作委员会委员。

[2] 吴毓（1911—1943）,原名吴祖毓,温州市苍南县人。1937年12月,吴毓在经刘英、粟裕介绍,加入了中国共产党。1938年3月任新四军驻浙江办事处主任、省委统战部副部长;1943年12月10日,吴毓深入黄山匪巢,收编黄山土匪头目余汝苟,不幸被土匪暗算,遭枪杀牺牲。

原設上海，係近年出版界之先進者，上海

坑戰發生後，該店為免遭受敵軍逐迫

維護文化事業起見，卽設法移往漢口，近

來鑒於吾浙文化食糧甚感缺乏，乃不惜冒

險，派員來浙設立分店及各地分銷處

該店負責人談：現在一切分店手續已誌辦

就緒，浙江省總分店設在麗水，此外並

及碧湖、途呂、青田、松陽、溫州、慶元

等處設立分銷處，目前業已運到之本外

版書籍，約有四百餘種之多，近日各地向

該店批發及購買者，異常踴躍，且大部份

書籍均在二三日內完全售罄，現正往間總

店繼續配運中。今後吾浙人士，當不復有

文化食糧缺乏之感矣。

新知書店在浙江開設分店

新知書店

1938年3月27日，《动员周刊》第10期刊登出开设新知书店丽水分店的通讯

1938年在丽水时的骆耕漠
（周率提供）

新知书店丽水分店
经理蒋治（吴志华提供）

　　骆耕漠回到丽水后，与中共党员张锡昌一起找吴毓商定，在府前街开设丽水战地书报服务社，出售《浙江潮》《动员周刊》等进步书刊。服务社一开业，购买者异常踊跃。于是，中共组织领导人张贵卿从金华抽调抗战书报供应社负责人顾歧（张伟群）到丽水，任服务社负责人。3月，丽水战地书报服务社扩建为新知书店丽水分店，作为新知书店在浙江的总分店，始设于丽水城丽阳门外北郭桥燧昌火柴公司的仓库（今八一宾馆处）内。之所以设在此处，一是在浙

江省建设厅工作的同志大都住在这里,二是与汽车站相邻,交通方便,全省各地到丽水联系工作的同志可以就近输送书刊。

**新知书店在浙江开设分店。**新知书店原设上海,该店为避免遭受敌军蹂躏并维护文化事业起见,即设法移往汉口,近来鉴于吾浙文化食粮甚感缺乏,乃不避艰险,派员来浙设立分店及各地分销处。据该店负责人谈,现在一切分设手续已经计划就绪,浙江省总分店设在丽水,此外并在丽水城内三坊口,金华四牌坊八七号,及碧湖、遂昌、青田、松阳、温州、庆元等处设立分销处,目前业已运到之本外版书籍,约有四百余种之多,近日各地向该店批发及购买者,异常踊跃。且大部分书籍已在二三日内完全售完,现正在向书店继续配送中。今后吾浙人士,当不复有文化食粮缺乏之感矣。书店开张后,武汉总店派朱执诚到丽水,筹划在金华设立分店。因此,顾歧离开丽水,和朱执诚到金华筹设金华分店。1938年5月26日晨,3架日机狂轰滥炸丽水城,位于北郭桥燧昌火柴公司的仓库的新知书店丽水分店被炸毁,遂迁址三坊口会文图书社隔壁(此处原为新知书店丽水分店分销处)。据"老丽水"熊远龙回忆,新知书店丽水分店所租用店面原为其同学家所开设的郑炎亭花轿店,位于今刘祠堂背与大众街交叉口处。该段街道开设有启明石印局、会文图书社、飞花阁笔庄,是丽水城内的"文化一条街"。20世纪70年代,新知书店丽水分店旧址被拆除,改建为地区商业百货总公司。

1938年7月,新知书店武汉总店安排蒋治[①]任新知书店丽水分店经理,店员有程衡、钟鼎祥等。蒋治居住在仓前横街15号。

**设立支店及合办印刷厂**

为扩大销售渠道,丽水分店积极筹划设立支店与分销处。丽水县碧湖镇聚集了杭嘉湖等地撤退、重组成立的联合初中、联合高中、联合师范,以及新成

---

① 蒋治(1910—1940),又名子谦,化名姜平,建德乌祥村人。1926年,参加中国国民党。1938年春,由骆耕漠联系,参加浙江同乡服务团抵丽水,筹建战时书报服务社(后改新知书店丽水分店),编辑《动员周刊》《合工十日》,接办《浙江潮》《新力》刊物。同年秋,任中共丽水县委书记。受处属特委张贵卿委托,赴青田成立中共青田县工委。1939年3月,组建中共丽水城区区委。1940年5月,决定调新四军驻皖南屯溪物管处工作。由于劳累过度,病情恶化,12月11日,在屯溪病逝,时年31岁。1962年6月,浙江省民政厅追认为革命烈士。

立的政治训练团、第一儿童保育院等单位,因此蒋治到碧湖镇街上寻找店铺,8月10日,和钟鼎祥一起到碧湖设立支店。12月18日,又派中共党员丘昔光任碧湖支店店员。

此外,应在龙泉县政府工作的中共党员杜大公要求,新知书店丽水分店又在通向福建浦城的浙闽边境山城龙泉县城设立支店。即便是交通不便的庆元、泰顺等县,分店、支点的同志也以肩挑的方式,步行百余里,把图书报刊送到读者手里。武汉出版的《大家唱》,丽水出版的《抗战歌声》,成了最受群众欢迎的畅销书。

为及时给读者提供更多的进步书刊,1938年秋,新知书店丽水分店与开设在丽水的生活书店(由中共组织创办和领导)、嵊县群力书店、丽水会文书社(负责人为中共党员董乐辅)合资,在云和县的一座大庙(具体位置不详)里创办了浙江印刷厂,由嵊县群力书店的薛仲三负责筹建,并任经理。印刷设备有对开机、四开机、圆盘机、铸字机、切纸机各一台,铜模一副,职工10余人。在缺乏电力的情况下,靠人力、畜力带动印刷机,排印过《大众政治经济学》等书籍。1939年初,工厂搬迁到丽水,并得到浙江省合作事业促进会的资金支持,更名为浙江省印刷合作社。社址设在丽水城内泰山宫庙内,并在通惠门内租借一幢刚竣工的两层楼房屋作为职工宿舍。

**发行进步书刊。**新知书店丽水分店发行了大量进步书刊,其中有邹韬奋的《萍踪寄语》,有斯诺的《西行漫记》《政治经济学》,还有众多的抗日书刊,甚至还有《共产党宣言》等。

新知书店丽水分店设立后,《动员周刊》的出版发行就全由新知书店丽水分店办理。《动员周刊》是在中共组织领导下,由骆耕漠发起,并与刘端生、张锡昌、汪海粟等人一起筹备,于1938年1月20日在丽水创刊的进步刊物,是浙江最早创办的抗战刊物。社址设在丽水丽阳门外北郭桥燧昌火柴公司仓库,编辑、撰稿、发行人员大部分是中共党员和进步青年,主编先是骆耕漠,后是汪海粟和蒋治,均为中共组织的领导人。该刊一般每周一期,前6期每期发行1500至2000份,之后增至3000份,最多时5000份。发行地区省内以丽水、金华、温州为重点,绍兴、宁波、台州次之,衢州、严州又次之,沦陷区杭州、嘉兴、湖州则通过关系秘密发行;省外则是闽北、赣东、皖南各地和南昌、武汉、重庆、桂林等城市,凡有新知书店和生活书店分支店之地,均有《动员周刊》发行。1938年6月底,受国民党顽固派阻挠,《动员周刊》被迫停刊。出刊约半年,共19期。

进步书刊强烈吸引了进步青年、爱国人士,丽水著名律师黄景之就是其中之一。黄景之居住在花园弄,距书店仅百余米,因此常到该书店购买进步书刊。由此,黄景之接触到蒋治、周源等中共党员,并深受影响。1938年7月,经中共处属特委委员周源介绍,黄景之加入中国共产党,后在中共浙江省委机关迁驻丽水期间,承担省委的交通联络工作,其律师事务所成了省委的重要工作场所。

**屡遭查抄被迫转移**。新知书店丽水分店发行进步书刊,引起国民党顽固派的特别注意,分店的经营活动以及到分店购书、阅书者常被盯梢。1938年9月27日,分店突然接到国民党丽水县党部通知书,要求查封一批进步书籍;10月11日,又被查抄一次。

1939年6月30日10时许,新知书店金华分店突遭第三战区宪兵持金华地方法院封条查封。同时,第三战区也下达了查封新知书店在丽水各地分店支店的命令,只因丽水没有直接执行任务的宪兵,行动慢了一步。于是,新知书店丽水分店获悉情报后,为避免不必要的损失,随即宣布自动停业。然后,中共组织利用上层的统战关系,转移新知书店和生活书店的书刊,在丽水城区消

丽水城区消费合作社书报文具部(周率提供)

费合作社设立书报供给社,向丽水各县和江西上饶继续供应进步书籍。

1939年底至1940年初,新知书店大多数分店支店均被查封,到1941年皖南事变,国内分店只剩下重庆一处。但新知书店除坚持继续以"新知"名义出

书外,还设立了远方书店、实学书局,出版了许多书籍。抗日战争胜利后,总店迁回上海。1947年底又被迫迁到香港。1948年10月与生活书店、读书出版社在香港合并成立三联书店。

### (四)丽水县政工队旧址(吴凤飞烈士故居)

丽水县政工队旧址(吴凤飞烈士故居)在刘祠堂背帝师坊掩宦弄口。1939年9月5日,吴凤飞和曾涛、金逢孙、叶元珪等人参加了浙江省战时美术工作者协会丽水分会成立大会。县民先队的建立和活动"中华民族解放先锋队",简称民先队。1938年8月,中共党员童超被党组织分配到丽水处属特委负责民先工作,建立和发展民先组织。丽水县委青年部长曾涛介绍了董信昌(董乐辅)等一部分中共党员,与童超一起参加民先组织的组建工作。开始,丽水县民先组织以党员为骨干,分别建立了男

吴凤飞烈士故居(吴志华摄于2023年)

女2个民先小组,男组由董信昌负责,女组由丁兰负责。八九月间成立丽水县民先队,吴凤飞跟随董乐辅参加了民先队。1939年春节,董信昌(董乐辅)以县政府政工队大港头区队队长的公开身份在大港头一带开展活动。吴凤飞又参加了大港头刊出的壁报,向民众宣传抗日,还在大港头小学开办民众夜校,以结交朋友。后吴凤飞和董信昌(董乐辅)一起前往皖南参加新四军,最终为革命付出年轻宝贵的生命。

民国初年,吴凤飞父亲吴承煊在此一楼开布店(后堂、二楼为居所),直至1956年公私合营。吴凤飞烈士从出生至离开丽水前往皖南,一直居住于此。后来,吴凤飞父亲吴承煊转给王家(刘祠堂背改建前的房子产权属王哨天博士家)。1963年,王哨天博士于丽水中学高中毕业,1977年恢复高考后考入杭州大学,留学德国,后入加拿大籍,是美国利安德巴赛尔工业聚乙烯催化专家,世界知名化学家。现退休,经常回国讲学。

# 二十、英士大学抗战遗址

英士大学抗战遗址分别在白云街道三岩寺和万象街道处州中学旧址。该遗址原有建筑均已被拆除。

1938年暑期开始筹办工作，办事处设在丽水三岩寺，本部在处州中学，医学院在通惠门，工学院在城西三岩寺。浙江英士大学在炮火中诞生，在艰苦的环境中艰难办学十年，成就卓然，在历史的天空留下精彩的一幕。但是，现在多少人还能记得这所民国时期著名的国立大学呢？1937年抗战全面爆发，黄绍竑临危受命，出任浙江省主席。当他匆匆赶到杭州上任不到一个月，杭州就沦陷了。黄绍竑带领浙江省政府转移至永康方岩办公。第二年，战事局势稍定，黄绍竑觉得大学教育在接近战区的省份，还有继续的必要。于是让省政府发电报给迁到广西宜山的浙江大学竺可桢校长，欢迎他们回来。浙大虽已改为国立，但就他的历史及名义来说，同浙江的关系是不可分的。黄绍竑是竭诚的希望他们回来，可是因为事实的困难，不能实现。校方只答应以后在浙江设一个分校，只办一二两个年级。就是说，分校的学生修毕二年的课程，就要送到本校去。黄绍竑觉得此次战争，为期必定很长，说不定会拖延五年、十年的，若果省境内没有一个大学，省内每年毕业的高中学生就没有升学的机会。这样浙江人才的培养，就要受到极大的影响，虽然那时还可到大后方的各大学去升学，但是在战时交通的困难，汇兑的不便，用费的浩大，又有多少学生可以到大后方去读书呢？于是黄绍竑在省政府提议由省另外创办一个大学。当时也有人曾这样的顾虑：第一，战事结束的久暂，姑不置论，但在动荡的战时环境中，是否可由我们安心去办大学？第二，在人才物质与财力困难，战时是否能创办一个完善的大学？但是我的见解是战事决不能遍及全境，只要尚有一块比较安全的地方，就可以而且应该办理。同时抗战的时期，一定很长，能在战时艰苦的环境中挣扎出来、锻炼起来的学生，一定有很大的成就，所谓"明耻教战"，就是这个意思。至于战时人力、物力、财力的困难，自所不免，但是并非绝对不可能解决的。我们做事，应以需要为前提，决不能因困难而停止。提案通过了，并立即拨款筹备，黄绍竑亲任筹备委员会的主任委员，并亲自起草浙江省立大学筹备委员会章程,获省政府委员会第1027次会议决议通过。

1939年2月,拟订组织大纲草案,浙江省立战时大学筹备委员会开始正式办公。筹备委员会议决定设三个学院即工学院、农学院和医学院。1939年5月,为纪念先烈陈英士先生,浙江省立战时大学改名为浙江省英士大学,实行校务委员会制,分别由谷正纲(浙江省党部主任委员)、阮毅成(浙江省民政厅厅长)、黄祖培(浙江省财政厅厅长)、许绍棣(浙江省教育厅厅长)、伍廷飏(浙江省建设厅厅长)、赵曾珏(浙江省电话局局长)、莫定森(浙江省农业改进所所长)、王佶(浙江省立医药专科学校校长)、黄祝民(浙江省铁工厂总工程师兼厂长)九人为校务委员会委员,指定许绍棣为主任委员。校务委员会办事处设在丽水三岩寺。8月15日,校务委员会推定赵曾珏兼任工学院院长,莫定森兼任农学院院长,王佶兼任医学院院长。1939年10月,录取农工医三学院一年级学生计128名。10月26日,全校各院系学生集中在省立处州中学举行始业教育。之后,10月26日被学校定为校庆日。学校初建时,学校主要依靠省农业改进所浙江铁

国立英士大学校舍遗址
(摄于20世纪50年代,莲都区档案局和党史研究中心提供)

国立英士大学办公楼
(摄于20世纪50年代,莲都区档案局和党史研究中心提供)

工厂、省立医药专科学院等单位的设备、人员进行运转。1940年秋,学校进行第二届招生,共招收一年级新生155人。由于学生人数增加,原处州中学校舍不敷应用,于是决定将一年级新生留在原处州中学,称校本部;二年级学生则在丽水三岩寺、囿山和松阳白龙圳等地另设分院教学。1940年,农学院校址由处州中学迁至松阳县白龙圳省农业改进所,依托该所师资力量办学。校务委员、所长莫定森兼任院长,所内的高级科技人员兼任学院的教授、讲师。1937年8月,黄绍竑在小顺设立浙江铁工厂总厂即一厂,又在大港头、石塘、玉溪三地设立分厂,生产手榴弹、中正式、七七式步枪,机枪等武器。1938年,陈茊民、朱重光、闻诗等一批知名教授流落丽水。英士大学工学院依托浙江铁工厂的技术力量,并以这一批著名理工科教授为基础成立,院址设三岩寺。聘赵曾珏兼任工学院院长。据不完全统计,英士大学前后有师生员工超过2500人,经由英士大学校友会联系的1200多名校友中,具有教授、研究员和高级工程师等职称的近400人。新中国成立后,从英士大学毕业的学生成为祖国建设难得的人才。

# 二十一、战时儿童保育院浙一院旧址群

浙江省第一儿童保育院隶属战时儿童保育会浙江分会。1938年6月在碧湖天妃宫创办临时儿童保育院。9月改名浙江省第一儿童保育院。1939年秋,有难童近千人。1942年5月迁云和县河上村与省第二保育院合并。后迁回丽水县碧湖镇。战时儿童保育院浙一院旧址在碧湖镇有2处,分别是碧湖镇大众街柳里38号"南峰拱秀"古民居和碧湖镇人民街9号古民居。

1938年初,抗日战争激烈,战区不断扩大,无数儿童流离失所,饥寒交迫。中国共产党提倡发起战时儿童保育会,由邓颖超负责操办。保育会的理事多半是中共、民主党派、无党派人士,也包括国民党员组成。为了工作便利、防止特务破坏,请宋美龄做理事长,李德全为副事长。保育会成立后,各省以及香港、南洋等地相继成立了20多个分会,61个保育院,抢救、保育了3万多名难童。这件史无前例的伟业是中华民族大团结的产物,我们的儿童成为沟通环境、种族、宗教和政党方面的分歧的桥梁。"血脉总相连,历史剪不断",1988年5月,年逾八旬的邓颖超致信宋美龄,祖国统一成为邓颖超、宋美龄二人最后心愿。

1937年12月,日寇占领浙北大地时,省委书记刘英即指派学员前往省临时驻地金华参与保育分会筹备工作。通过统战组织,程为昭等人在保育会中站稳脚跟。金华在战争风云中颤动,浙江保育分会不得已往南迁徙到丽水。李家应和陈英华老师负责从金华送难童去碧湖天后宫落脚。他们通过与有关方面联系,调来好几辆大卡车,将来自四面八方的难童一一送上车,向南经永康、缙云、丽水,抵达碧湖。新四军在丽水高进巷设立驻浙办事处,内设统战委员会,专管救亡宣传活动。吴毓为办事处主任。金华保育院与吴毓联系密切。300多名难童先后到保育院,她们称彭惠秀院长为彭妈妈。难童在丽水碧湖有过短暂的平静日子。1938年9月时局危难,分会推选李家应(国民党浙江省政府秘书长李立民的女儿)任浙江保育分院浙一院院长。经分会批准,将临时保育院改为第一战时保育院(永久保育院),院内编制为总务、教育、医务三个部门,时有教职员工80名左右,学生700名左右,收容的全是浙江前线的难童。保育院很早就有地下党组织,最初中共地下党只有严金明、白天、蒋家运、王全美。不久,白、蒋离去,地下党组织发展了李树华、盛杰山、乐加里等入党。国民党特务组织曾提供黑名单让李家应清除这些人,当他看到单上有严金明等人都是保育院工作骨干,很是恼火,一再加以应付、解释和保护。她虽是国民党员,但由于受中共地下党的不断影响,不断倾向进步。

1947年7月的一天,碧湖联师三青团学生20余人,手拿柴棍,闯进保育院,要盛杰山等人出来。李家应闻声赶到,声色俱厉地一顿臭骂,三青团的学生才悻悻地离去。李家应以地下党的工作在客观上起到了保护作用。1941年5月的一天,十多架敌机又来碧湖投弹扫射,当即炸塌炸毁两间病室。为躲避敌机,李家应院长白天带着难童躲进深山老林,晚上返回院里,师生奔波劳顿,处境堪忧。不出一年时间,日寇的铁蹄踏进金华的土地,丽水碧湖相继被敌军占领,保育院又开始了颠沛流离的生活。1945年8月,抗战胜利,李家应积劳成疾,体力虚弱,提出辞职。1947年国民政府给她颁发了"胜利勋章",在第一批名单中仅三位女性一之。1949年,李家应高高兴兴地留在杭州迎接解放军进城,而没有与好友同去台湾。1960年逝世于杭州,终年50岁。

据地下党员严金明回忆,从1938年8月第一保育院成立起,到抗战胜利后的1946年6月,国民党派平阳CC分子吴勃来接管保育院为止。他与李家应同甘共苦一起工作了8个年头,保育院内部的共产党员和在保育院培养发展的,以及在反共高潮中来

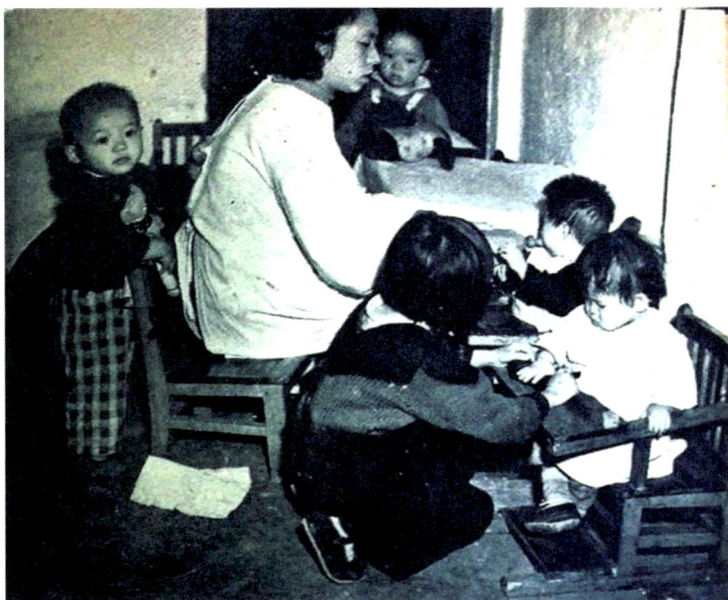

保育员与难童们(摄于抗战时期,周率提供)

院暂时避风的,先后达30多人。李家应对一切革命青年都是爱护和保护的,包括被国民党、三青团指名为共产党的革命青年。对一旦获悉确有被捕危险的保育院教师,她都是暗中通知本人悄悄离去。她没有势利轻重,不卑不亢地周旋在各种人之间,对妇女儿童怀有真情,她有凛然无畏的精神,她对儿童保育事业有贡献。

### (一)碧湖镇大众街柳里"南峰拱秀"古民居

战时儿童保育院浙一院初设于碧湖天后宫(今碧湖小学)旁的碧湖镇大众街柳里38号"南峰拱秀"古民居,当地村民村称其为"乌大门",位于"三槐旧家"里面。大门朝南,青石门框,门楣上写着"南峰拱秀",两扇乌色木质大门。进入乌大门可见为天井,沿着东侧墙砌有花坛,再往里东边有菜园。西侧可见三开间两层的木质老房子,精美木雕窗户,雕梁画栋,保护完整;西侧有杂物间和厨房。目前房产权属碧湖镇居民王建华等4户人所有,占地面积600平方米,住宅面积300平方米左右,中间为正堂,4大间,2小间加厨房。据户主介绍,其远祖为宋代礼部尚书王信,大门口有桅杆桩,"肃静回避"等字样。70年代初,乌大门内设有小学低年段的两个班级教室,后来还办过幼儿园。

"南峰拱秀"古民居大门（蓝鹏飞摄于2024年）

"南峰拱秀"古民居内景（蓝鹏飞摄于2024年）

"南峰拱秀"古民居月梁与牛腿（蓝鹏飞摄于2024年）

### （二）碧湖镇人民街9号古民居

抗战时期,敌军轰炸丽水城乡期间,战时儿童保育院浙一院一度迁移至碧湖镇人民街9号古民居。该古民居大门朝北,北高南低,沿人民街宽12米,进深15米,面积约180平方米。目前无人居住,属碧湖镇居民私人住宅。

采桑村村民李爱指认战时保育院旧址人民街9号古民居（赵丽珍摄于2024年）

战时保育院旧址人民街9号东北角全景图（赵丽珍摄于2024年）

第二章 重要革命事件遗址

# 一、黄桂芬护国反袁斗争遗址（曳岭佛堂）

曳岭佛堂,位于曳岭山巅的曳岭古道旁。一度废弃倒塌,近年重建。这里曾经是2016年曳岭南乡影响重大的革命事件——黄桂芬护国反袁攻处州的起始地。

曳岭远眺（楼新建摄于2023年）

黄桂芬(1874—1930),又名传标,字香斋,乳名雷声,丽水曳岭横岗村(今属太平乡)人。他为人耿直,待人至诚,性侠义刚烈,无畏暴强。幼年就学于宣平县城,后在丽水谭献先生处读书,于1891年考取文科秀才。清光绪二十年(1894)中日甲午战争失败后,黄桂芬常以"国家多难,士不诿责"自勉,受义和团反帝爱国斗争影响,于光绪二十八年(1902)加入处州会党双龙会,并为骨干,后加入光复会。他与革命党人碧湖阙麟书、青田夏次岩交往甚密,积极投入革命活动。1911年10月5日处州宣布光复,任军政分府哨官(排长)。

1913年,反对袁世凯专制独裁统治的"二次革命"失败,处州的重要革命党人均遭逮捕或杀害,形势严峻。黄桂芬奔波沪、杭等地,谋求挽救革命。次年,革命党人密聚杭州,商议发动各地武装反袁,黄桂芬应约参加会议,承担回丽水组织武装的任务。回丽后以曳岭为据点,联络浅田村陈春、梁村梁全青、巨溪村林云岳、双溪村舒春玉等人,秘密发展组织,筹措武器。又与碧湖李春贤等发展的大港头、碧湖反袁武装力量取得联系,相约伺机联合起事。

1915年12月,蔡锷在云南组织护国军,首举义旗反袁,斗争迅速遍及全国。黄桂芬、李春贤在丽水的活动也渐趋公开,黄桂芬在曳岭、雅溪召集的义勇已达千余人,李春贤在碧湖、大港头一带也召集了义勇800余人,他们以鸟枪、大刀、梭镖、土炮为武器,积极准备反袁。1916年初,夏次岩在杭积极准备反袁倒朱(朱瑞,浙江都督),密函黄桂芬,待杭州宣布独立后,丽水迅速行动。并商定进攻丽水城的具体日期。桂芬即联络李春贤所率武装力量,届时同时进攻丽水城。3月15日,黄桂芬以讨袁军总司令名义,召集义勇千余人,在曳岭佛堂聚众集会,举义旗反袁。并任命黄传芳(桂芬堂弟,《黄氏族谱》记为黄传厚)为总指挥,以红、黄、蓝、白、黑五色旗中书一大"黄"字为旗帜。攻城义勇均系白布条,上书姓名,并盖有红色双龙方印作为标记。会上,黄桂芬说明进攻丽水县城是杭州革命党人的主张,进攻县城的时机已经成熟,接着宣布起义事项,并鼓励大家奋勇向前,不要后退。当晚黄桂芬率领千余义勇,扛着兵器向处州城进发。李春贤等也率领大港头、碧湖等地800余反袁武装按约向府城进发。

曳岭佛堂俯瞰(楼新建摄于2023年)

16日晨,黄桂芬所率义勇到达府城通惠门外,声势浩大,准备攻城,城内官员异常恐慌,紧闭城门死守。知事李赞唐慌忙委派代表出城与义军协商,事未成。义军在西山背架土炮攻城,首发击中耶稣堂屋顶,接着破城冲入大街,占领天妃宫,杀入仓前街。守城巡防队在梅山上结集,管带吕建标居高临下,见义军枪械落后,队伍不整,便以密集炮火发起反击。因义勇缺乏正规训练,且多徒手,队伍遂乱,旋即败退。李春贤所率义勇到达城郊时,见桂芬之师已溃,亦不战而退,丽水一场反袁武装斗争至此告终。

事后,官府以"明目张胆,聚谋叛乱"罪名四乡缉拿义勇,黄桂芬只得遣散队伍,逃亡他乡。官兵追到横岗,烧毁房屋十余间,黄桂芬全部财产化为灰烬,全村黄氏族人外出逃难,田地荒尽。官兵将黄桂芬的父亲黄光水抓捕入狱。黄光水受尽酷刑。后经族人黄传涛(清蓝翎五品衔,时任浙江省法政学校及财政科科员),多方营救,才得出狱。黄桂芬避走他乡长达十余年之久,直至袁世凯死后才回故里。于1930年病逝,终年五十七岁。

# 二、浙南红军攻打处州城战斗遗址群

浙南红军攻打处州城战斗遗址群由万象街道的处州城行春门和紫金街道的括瓯古道(祝村——瀑泉段)及祝村佛堂。至2024年,处州城行春门经丽水市政府斥资重建,括瓯古道(祝村——瀑泉段)及祝村佛堂保存一般。

1930年1月,中央派金贯真以特派员身份巡视浙南。3月9日,由中央军委派到浙南领导武装斗争的胡公冕在永嘉、仙居、缙云三县边界的永嘉县黄皮寺,召集仙居、黄岩、平阳、乐清、青田、缙云、永康、永嘉等八县的400多名红军进行整编,成立浙南红军游击总指挥部,胡公冕任总指挥,刘蜚雄任参谋长,王国桢、李振声负责政治工作,金国祥负责经济工作。总指挥部所属红军编为三个支队、一个直属队,下辖41个分队。章华等人领导的青田、缙云红军游击队编入该总指挥部。数日间,部队发展到800余人。浙南红军游击总指挥部的成立,使浙江南部地区原来分散的红军游击队有了统一的指挥,革命武装斗争出现了新的局面。

3月17日,中共永嘉中心县委召开第三次扩大会议,决定浙南红军攻打丽水城。丽水城是旧处州府城,攻克丽水城可造成较大的政治影响。"因为那边反动势力比较薄弱些""在军事上可与浙东武装群众集合,有造成赤色浙江的能;在政治上能摇动全省政局;在党务上能加紧各地暴动。"攻城前,总指挥部派员潜入城内侦察,了解到城内大衙门驻有省保安队五六十人,府前驻有丽水县警察局警察三四十人。总指挥部决定实施夜间突袭,定于3月19日3时潜入城内,分头包抄省保安队和警察局,以枪声为号,两地同时开火,速战速决,以期全歼城内守敌。

3月18日,胡公冕率红军400余人,从缙云、永嘉边界出发,奔袭丽水。部队途经青田县旦头山时,青田籍中共党员季正奎带领红军游击队百余人加入攻城队伍。部队经青田县海溪,由海溪红军担任向导,翻过根山岭,再经青田县舒桥,冒雨经丽水县祝村抵达水东。适值瓯江江水暴涨,不能涉水过江,只得寻找船只渡江。由于只找到一艘渡船,所以仅一部分红军渡过江。渡过江的红军抵达丽水城厦河门城墙脚下时,已是19日拂晓5时许,比原作战计划延迟两个小时。红军翻越城墙,打开城门,按计划分两路攻击守军驻地。丽水县警察局警察遭到红军突然袭击,慌乱逃散。红军初战告捷,缴获机枪两挺、步枪30多支。住在警察局隔壁的丽水县县长赖绍周听到枪声后慌忙越墙逃跑。进攻大衙省保安队的红军因为不熟悉路径,一时找不到攻击目标,延误了时机,省保安队听到警察局方向的枪声后慌忙逃离。由于红军事前未侦察到城隍庙还驻有丽水县保安团数十人和南明门(大水门)城楼上还驻有盐警分队10余人,此时这两股国民党军与省保安队、警察队汇集一起向红军反扑,红军只得与国民党军展开巷战。因天下雨,红军的主要武器火药枪被淋湿、打不响。在巷战三小时、取胜无望的情况下,红军只得边打边往厦河门方向撤退。预先埋伏在厦河门外掩护部队撤退的十名红军,被敌发觉而遭袭击,其中九人牺牲,一人负伤后在群众帮助下脱险归队。攻打丽水城之战,红军牺牲分队长以下数十人,其中包括青田县平溪、乌泥塘、外金等村的红军。红军退到丽水县祝村休息,受到当地群众热情接待。群众为红军烧菜做饭、编草鞋、抬伤员,红军则一一支付费用。22日,红军退到青田县海溪,当地红军游击队负责人蒋公祥领导的红军游击队发动数千群众欢迎浙南红军。胡公冕、王国桢在正教寺召开群众大会,宣传共产党和红军的政治主张,并烧毁土地陈报册籍,受到群众拥护。胡公冕等指挥部负责人会见季正奎、蒋公祥等,布置了海溪地区的革命斗争。红军攻打丽水城,惊动了浙江省政府。省保安第四团甘清池部从温州赶到海溪"追剿"。23日,在当地红军游击队和群众帮助下,浙南红军在海溪附近击溃省保安队。

浙南红军攻打丽水城失利有多方面原因。首先是受党内"左"倾冒险主义错误的指导,红军在刚组建各方面条件尚不具备的情况下,就急于攻打反动势力比较集中的中心城市,使红军一开始就处于敌强我弱的劣势下。客观原因是江水暴涨,缺少渡船,致使红军无法全部过江入城参加战斗。浙南红军游击总指挥部攻打处州府城的战斗虽然失利,但其政治影响比较大。受浙南红军攻打丽水城的鼓舞,丽水等县许多贫苦农民秘密串连,寻找红军队伍,准备参加革命。其中,丽水县和合乡(今属仙渡乡)富村农民富德标、双乐乡(今属太平乡)长乐村农民朱生民等人,结伴到武义就近参加红军,后受武义红军派遣,返回家乡组建红军。

### (一)浙南红军攻打处州城战斗遗址(行春门)

处州府城墙位于丽水市区,现存望京门段、行春门段、南明门段、括苍门段,四段城墙。始建于元至元二十七年(1290)。明嘉靖四十二年(1563年)知县张大韶修之,明清两代多次重修加筑。现仅存南明门及瓮城,南明门东段城墙,万象山南麓城墙,丽阳门49米砖砌城墙,以及泄水闸口、护城河遗址、城濠、行春门段等古城墙相关遗址和遗存,沿江古城墙有的被埋在地下。处州府城墙采用斜方格形块

行春门俯瞰(熊富华摄于2019年)

石砌筑。2012年,丽水市政府对行春门遗址进行考古挖掘,后按原先规制重建行春门门楼。1930年3月,浙南红军攻打处州城都是从行春门攻入和退出。

**(二)浙南红军攻打处州城战斗遗址括瓯古道(祝村–瀑泉段)及祝村佛堂**

括瓯古道(祝村–瀑泉段)是唐宋以降,处州城通往青田温州的重要通道,现祝村至瀑泉段保存较好。1930年,浙南红军攻打处州城,往返均通过括瓯古道(祝村–瀑泉段)。

古道遗址尚存,沿线的古建筑主要有祝村驿站(佛堂)、沿线凉亭3座。

祝村驿站(佛堂)位于丽水市祝村行政村大坑自然村7号,坐南朝北,屋面硬山顶,阴阳合瓦。整体格局面阔三开间,泥木结构单层建筑,由门厅、天井、正殿、厢房组成。通面阔24.7米,进深22米,占地面积544平方米。双开木质大门,两侧弓形马头墙。正殿四柱七檩带前双步,抬穿混合式梁架,月梁、牛腿卷云纹。天井由块石砌成,周围杂草丛生。鼓型础,夯土墙,块石墙基。佛堂原有佛塑像,"文化大革命"破"四旧"时被破坏,后期在正殿的南面墙上绘有佛像图。现佛堂有一人居住,主要堆放一些木箱等杂物。

祝村佛堂(吴志华摄于2022年)

括瓯古道祝村段（吴志华摄于2022年）

# 三、和合起义旧址群

　　和合起义旧址群由和合起义遗址（普慈寺）、和合起义遗址（普济桥）、和合起义旧址（和合古道）、和合起义旧址（杨坑邱氏宗祠）、和合起义旧址（鲍店禹王庙）、和合起义旧址（圣母庙）组成，至2024年，其中和合起义遗址（普济桥）、和合起义旧址（和合古道）经政府斥资或民间筹资重修，其他旧址遗址保存一般。

　　1929年，浙西南地区发生大灾荒，反动政府苛捐杂税有增无减，出现饿殍遍野，十室九空的惨状。1930年3月，中国工农红军第十三军攻打丽水城的消息传遍了丽水各地，受红十三军影响，浙西南各县相继爆发了20余处农民武装暴动，其中丽水北乡和宣平南乡地区的农民起义是这一时期影响最大、分布最为集中的武装暴动。和合起义，因发生在和合乡（今仙渡乡）而命名，该起义遗址由普慈寺遗址、普济桥、和合古道、邱氏宗祠、杨坑圣母庙、鲍店禹王庙等旧址遗址组成。

　　1930年8月底,和合一带的100多名青壮年农民在富德标带领下聚集在何宅村普慈寺,建立革命武装。为筹措必要的活动经费,他们采取了革命行动,向地主征收谷子和猪肉,还向半岭村地主何某家收缴了30多块银圆。起义队伍连夜用红布制作了红旗和红袖套,正式打出红军旗号。富德标宣布,红军的任务是打土豪、斗地主,进行土地革命,并规定红军一切行动听从指挥,一切缴获不得擅自私分,不许欺侮普通百姓。红军以大刀、鸟枪等作为武器,鸟枪不够就到地主家去搜缴或到其他猎户家中借用。

　　在普慈寺住了两三天后,队伍转至杨坑村,进驻邱家祠堂。接着到滴水岩村缴获地主家财物,宣传发动群众,鼓动青壮年参加红军。他们还向江西铺村地主家摊派大米、猪肉,并从里朱村地主家收缴了珍珠等部分值钱的财物。

　　红军在杨坑村的活动使周边村庄的豪绅地主非常害怕,他们生怕自己的利益受到损害,于是急忙招来反动势力对付红军。9月初,处于丽水、缙云交界的吴岭村团练头子叶陈春、叶见介等自知凭借自身的力量无法与红军抗衡,就暗中派员到缙云县城引来一个排的国民党省保安队,沿山路翻越青桐岭偷袭驻扎在杨坑村的红军。红军虽在青桐岭头庙屋派有岗哨,但因哨兵麻痹轻敌,睡着了,省保安队从庙旁道路经过也没有发现。突如其来的敌情使红军猝不及防,被动应战,后撤至丽缙交界的大姆山。红军在大姆山与全副武装的国民党省保安队展开激烈的战斗。在敌强我弱的情况下,富德标一方面指挥红军战士占据有利地形,用岩石擂击,用柴棍甩打,使省防军无法靠近射击,另一方面派人到雅梅乡(现属雅溪镇)里东村与李明丁联系,请他带队增援。李明丁率领的一支100余人的农民武装,是新近暴动建立的,正在鲍店村进行整训。李明丁曾经受过专门的军事训练。他接到派兵增援的要求后,立即率队前往大姆山。大姆山一仗连续打了6个多小时,省防军尽管武器精良,训练有素,但在两支红军队伍顽强抗击下,始终没有得到多大便宜,他们怕再打下去于己不利,只好发令收兵。他们将抓获的红军战士邱勋等捆绑起来,押至杨坑邱家祠堂进行审讯。邱勋始终一言不发,敌人就将他杀害了,并放火烧毁了邱家祠堂。敌人还将红军战士朱水清(杨石弄村人)用柴绳穿住锁骨,押至缙云杀害;把朱三拐、陈彩连(大路边村人)的人头砍下,带至丽水城,悬挂在城门上示众。大姆山战斗结束后,李明丁带领红军队伍坚持在鲍店一带活动,富德标则离开北乡，前往丽水、青田边界的舒桥，参加了青田县农民刘碎进、陈树森等人发动的丽水、青田边界地区500余贫苦农民的武装暴动。叶碎进任总指挥，下辖5个大队，每个大队都有一面红色军旗。舒桥暴动后，任第一大队大队长的富德标率领100余人的队伍到黄村、和垟、池岭一带活动。

### （一）和合起义遗址（普慈寺）

普慈寺位于仙渡乡何金富村，始建于三国吴赤乌元年（238），为丽水市境内历史最为悠久的寺庙。民国初年，里人在此筹建学堂，为北乡最早的近代学堂之一。1930年8月，富村村民富德标和皂树村民陈其昌等组织和合乡穷苦农民在普慈寺中央殿聚会，揭竿起义，史称"和合起义"（又称"和合暴动"）。1947年，中共丽水县委在岱后村建立。张之清曾趁观音庙会活动的机会到普慈寺宣讲革命道理。普慈寺的观音庙会历史悠久，节目内容丰富，群众参与广泛。2009年6月，普慈寺庙会被丽水市政府批准列入第三批非物质文化遗产名录。普慈寺建筑于80年代被拆重新建仙渡中学校舍，今仅存千年古井一口。

拆除前的和合起义遗址（普慈寺）（吴志华提供）

### (二)和合起义遗址(普济桥)

普济桥又称红军桥,位于仙渡乡何金富村,系八字撑木平梁廊桥,该桥建于1928年,即和合起义前2年。该桥东西走向,全长22.1米,桥宽3.2米,净跨13.7米,矢高5米,普济桥由八字撑木平梁架和廊屋组成。八字撑木平梁架纵平梁下设八字形撑架,斜撑用三根二组,顶部为二根一组,八字拱东、西端接点处按横向枋木,下端斜撑至两侧桥台上壁,使八字撑架连成一体,结点圆木与平梁靠拢,帮助平梁传递桥面荷载,平梁为五根三组,两侧桥台块石砌筑。廊屋七间,东侧设桥亭一间,面阔三间,明间为通道,两次间架设长木板凳,供行人休憩。四柱五檩,梁架为抬梁穿斗混合式,屋面施方椽,小青瓦阴阳合铺,两坡顶。普济桥较完整地保存了浙南、闽北八字拱廊桥的建造风格,对研究中国古代桥梁史具有一定的借鉴作用,又是和合起义旧址,具有一定的历史、艺术、科学和革命纪念价值。

2019年丽水学院组织学生到何金富村研学留影于普济桥(学通社提供)

修葺前的和合起义旧址（普济桥）（吴志华摄于2008年）

### （三）和合起义旧址（和合古道）

和合起义旧址（和合古道何金富至葛畈段）保存尚好，是1930年和合起义红军往来通道。2019年对路面和驳坎进行修复，沿线布置了红色雕塑、凉亭等。该旧址连接整个红色桃花小镇景区，是小镇核心区的景观通道和历史文化古道。

和合起义旧址（和合古道）何金富段（吴志华摄于2022年）

### （四）和合起义旧址（杨坑邱氏宗祠）

杨坑村邱氏宗祠约建于清末民初，坐北朝南，占地333.2平方米，四合院式，夯土地面，鼓墩型柱础，小青瓦合铺，硬山顶。建筑由前堂、戏台、厢房和正堂组成。前堂面阔三开间，进深四柱七檩，明间梁架为抬梁式，五架抬梁带前后单步，戏台设明间。正堂面阔五开间，明、次间进深四柱七檩，梁架为抬梁式，五架抬梁带前后单步，梢间三柱七檩，梁架为抬梁穿斗混合式。左右设厢房，均为两层二开间。邱氏宗祠是和合起义队伍的重要驻地和部分红军战士的遇难地。

和合起义旧址（杨坑邱氏宗祠）外立面（吴志华摄于2008年）

### （五）和合起义旧址（鲍店禹王庙）

禹王庙是和合起义李明丁支援队伍的驻地，位于仙渡乡鲍店村，民国建筑，坐东朝西，占地79.54平方米，呈"一"字形平面，夯土地面，小青瓦阴阳合铺，硬山顶。正堂面阔三开间，明间进深三柱五檩，梁架为抬梁式，五架抬梁带后单步，后单步设佛龛，供奉三夫人等13尊佛像，后墙及两侧画有佛像。

在禹王庙俯瞰鲍店村（吴学文摄于2018年）

禹王庙远眺（吴学文摄于2008年）

### （六）和合起义旧址（圣母庙）

圣母庙是和合起义红军队伍驻扎地之一,位于仙渡乡芦村村杨坑自然村,离村1.5公里的山坳里,清至民国建筑,坐西朝东,占地176.9平方米,由前殿和正殿组成,夯土地面,鼓墩型柱础,小青瓦合铺,硬山顶。前殿面阔三开间,进深四柱七檩,梁架为抬梁式,五架抬梁带前后单步。正殿面阔三开间,进深四柱七檩,梁架为抬梁式,五架抬梁带前后单步,后单步设佛龛,供奉三夫人等10尊佛像。

和合起义旧址（圣母庙）（吴志华摄于2008年）

## 四、皂坑惨案旧址

皂坑惨案旧址（金氏宗祠）位于黄村乡皂坑村村口,是富德标率领舒桥起义部队在此部分红军遇难的地方。至2024年,该旧址保存较好。

1930年9月上旬,大姆山战斗结束后,富德标带队伍到舒桥参加了青田县农民刘碎进、陈树森等人发动的丽水、青田边界地区500余名贫苦农民的武装暴动。刘碎进任总指挥,下辖5个大队,每个大队都有一面红色军旗。舒桥暴动后,任第一大队长的富德标率领100余人的队伍到黄村、和垟、池岭一带活动。在和垟村,起义队伍没收了杀害过红军战士的某地主的财物。而后在下郑、黄村、金鸟各村住宿。红军所到之处,一些青壮年农民纷纷拿起鸟枪、柴刀、棍棒参加红军队伍。几天时间里就有池岭、下郑、油竹坑、大岭坑等村几十人参加红军。9月9日,红军到达丽水、缙云交界的皂坑村活动,夜宿金氏祠堂。红军的到来以及红军力量的迅速壮大,使邻近的豪绅地主深感恐惧,他们怕自己的利益受损,于是就暗中密谋对付红军的办法。严溪村地主陈耀文等在探知红军装备简陋、武器落后等情况后,即召集各村团练(地主武装),并以"不打红军罚二块大洋,每打死一个红军赏五块大洋"的赏罚办法,胁迫邻村16岁至60岁男性村民200余人,自备武器,由严溪人陈理中带路,连夜包围皂坑祠堂,偷袭红军。翌日拂晓,夜宿皂坑祠堂的红军战士正准备吃早餐,一名在交通要道——皂坑水口站岗的红军哨兵紧急报告驻地已被包围、另一步哨已被打死的消息。突如其来的敌情使红军被动应战,损失惨重。全队有80多人牺牲,从村后山突围出去的只有20多人。

11日中午,准备到严鸟一带"清剿"红军的国民党省防军一个排四五十人在彭头过渡后往黄村方向行进,生怕受到红军的埋伏。后密探赶来报告,夜宿皂坑的红军已被严鸟地主武装打败,他们就大摇大摆沿大路到达金鸟村,并按照叛变投敌的黄村人吴某提供的红军名册,挨家挨户进行搜捕。一些被捕红军战士被五花大绑地吊在金鸟村蔡氏祠堂,被严鸟乡乡长陈元(陈耀文之子)用柴棍进行毒打,2人被当场活活打死,另外吊在严溪祠堂桥亭的4名红军战士也被陈元打死。省防军将剩余少数红军战士抓至丽水关押审讯,还将杀害的22位红军战士头颅割下,悬于丽水城府前街示众。皂坑惨案发生后,突围

金氏宗祠(吴志华摄于2016年)

出来的富德标在丽缙边界甩脱了敌人的追击,经缙云杜村返回北乡和合。

皂坑惨案旧址(金氏宗祠)为清代建筑,坐东朝西,占地717.6平方米,四合院式,前后两进,左右设厢房,小青瓦阴阳合铺,硬山顶。第一进前堂面阔五开间,进深四柱十一檩,明、次间梁架为抬梁式,五架抬梁带前后双步;梢间梁架为抬梁穿斗混合式;明间设戏台,高1.4米,面宽4.4米,进深6.7米。第二进正堂面阔五开间,进深四柱九檩,明、次间梁架为抬梁式,五架抬梁带前双步后单步。一、二进间左右设厢房均三开间。

# 五、清和起义旧址

清和起义旧址(陈氏宗祠)位丽新畲族乡畎岸村中部,是1930年章德财等人率领清和民众揭竿起义的地方。新中国成立后,陈氏宗祠的大门、前厅、戏台等被拆除畎岸小学。2018年,丽新畲族乡在此斥资建设丽新畲族乡贤馆,陈氏宗祠正堂成为乡贤馆的组成部分。

畎岸街景(摄于20世纪90年代)

113

中共宣平县委成立后,在曾志达等人的领导下,在群众中积极宣传革命主张,发展党员,建立党支部,并筹划建立革命队伍,举行武装暴动。1930年8月底,南营红军的章德财(清和乡,今畎岸村人)和金华砖(宣平县上兰村人)等到清和的畎岸、马村、白岸口等地组织青壮年农民举行暴动起义。在章德财等人领导下,清和一带的贫苦农民奋起响应,有四五十人参加队伍。他们带着梭镖、长枪、大刀等武器,到地主家征粮派款,收缴器械,并到民愤极大的畎岸村大地主陈继均(人称太上老君)家,声讨他残酷剥削、压榨贫苦农民的罪行,并决定处罚2000枚银圆。红军离开陈家后,陈继均立即与其子密谋对付红军的办法,商定以重金贿赂驻丽水的国民党省防军,叫他们派兵对付红军。天刚破晓,其子即赶到丽水城。得到好处的省防军随即派出一个排,连夜到达畎岸,天亮转向马村,越过宣平溪,袭击红军。面对省防军的突然袭击,章德财等人只得带领突围出来的一部分红军转向三岩寺。一些未来得及突围的红军战士不幸被捕。江丁兴、何细亭被俘后,分别在畎岸的水碓后和马村的水碓下遭枪杀。敌人还将他们的头颅割下,悬挂于丽水城门上示众。省防军撤回丽水城后,陈继均又拿出120块银圆"草鞋钱"相奉送。

据正堂明间脊檩墨书题记,陈氏宗祠建于清嘉庆十二年(1807),坐北朝南,占地339.2平方米,长方形平面,小青瓦阴阳合铺,硬山顶。建筑仅存正堂

清和起义旧址(陈氏宗祠)(张春锋摄于2008年)

一座,正堂面阔七开间,进深四柱七檩,明间梁架为抬梁式,五架抬梁带前后单步。明间六根柱子用材粗犷,鼓墩形柱础。梁架、牛腿、雀替等雕刻精美,有牡丹、狮子、人物、祥云、兰花、向日葵等图案,十分精细。明间墙壁上有一条石,上面阳刻"陈氏宗祠",西次间挂匾额书"有勇方知,中华民国四月赠陈德高,浙江都督蒋尊"。新中国成立后,该祠堂作公产,一度作为畎岸小学校舍。

# 六、雅梅起义旧址(鹤山道院遗址)

雅梅起义旧址(鹤山道院遗址)位于雅溪镇西溪村北侧,是1930年朱宝福等人发动雅梅起义的起始地和驻扎地。2015年,西溪村群众集资在原址重建道院前殿和正殿,但道院的山门尚存,整体格局较为完整。

雅梅起义始发地西溪村(吴志华摄于2020年)

1930年9月初,朱宝福、朱石玄清领导雅梅乡50余名青壮年农民在雅梅道院宣布起义,建立红军。起义前,西溪村里曾来过两名穿便衣带武器的人,与朱宝福、朱石玄清等秘密联系,宣传革命的道理,号召广大贫苦农民团结起来,与豪绅地主做坚决斗争。在这两人的启发下,朱宝福、朱石玄清即分头行动,积极筹划有关起义的各项准备工作。他们在起义时,别上红袖章,并将红底黑字、书有"红军"两字的三角红军旗悬挂起来。朱宝福、朱石玄清等领导人则在身上横挂阔边的红布条。起义后,队伍分成若干分队分赴长乐、泄下、莲房、库头、麻舍等地秘密联络,招募扩充人员。仅两天时间,就有100多人参加,其中,仅泄下一个村就有高品德、张田宝等30余人参加,队伍很快发展到150余人。朱宝福、朱石玄清等人将队伍集中在西溪道院整训了10多天。集训期间,一方面对红军战士在组织纪律、思想作风等方面提出要求,另一方面则对斗争的方式方法、策略原则等问题做出具体规定。军旗在道院上空引人注目地飘扬,一支支有组织的红军小分队在村子进进出出,往日那些威风八面、作威作福的豪绅地主、保长、保队副们吓得躲进自家屋内,不敢外出。恶霸地主李某、徐某、朱某等人以往在村民面前不可一世,如今在红军面前却装出一副老实相,主动将大米等货物送到红军驻地。红军战士还到雅梅一带的殷富人家征派粮款,对一些不法地主进行打击,收缴他们家中的财物。箬坑村地主张某拒不执行,红军立即采取革命行动,将他押至红军驻地拘留两天,并处罚300块银圆,等他如数缴清后方予放回。之后,朱宝福、朱石玄清等打算带队伍与武义红军会合,攻打武义城内的敌军。不料他们的动向被武义县小妃村的地主发觉,狡猾的地主一方面派人冒充武义方面的红军,与之周旋,并以招待吃中饭为名,将红军队伍一分为二,带至两个相隔五华里的李村和武林畈村,另一方面差遣人员立即赶到武义城,领来几十名全副武装的省防军,企图一举消灭红军。因红军被骗至两地用餐,对敌人的企图未能及时识破,所以在国民党省防军与地主武装联合向李村、武林畈村包抄袭击时,红军只得被动还击。激战约一个多小时,红军虽打死打伤部分敌人,但队伍很快被打散了,受到了重大的伤亡。高品德、周江民、张陈宝等人在战斗中被捕,后在武义县城惨遭杀害。朱宝福、朱石玄清等领导人突围后到外县暂时隐蔽,后回乡参加三岩寺战斗。

雅梅起义旧址(鹤山道院遗址)位于雅溪镇西溪村北侧。鹤山道院又名鹤山禅院,初建于北宋至道,清咸丰年间(995—1003),由李宗义、李瑞翼捐资重建,李道珺捐资塑玄武上帝像于一堂。清咸丰时(1851—1861)和尚莲芬大师改道院为禅院。原鹤山道院的禅院横堂塑玄武上帝雨师,上首三官佛、马赵将军。下首塑李七、李八、李九相、刘伯温元帅。上轩八洞神仙,下轩十四夫人。禅院前堂为胡公堂,楼屋三间,楼上塑观音大士,佛道文化融合的一个民间信仰场所。遗址分布面积约2000平方米,鹤山道院原有房屋12间,楼屋3间,厢房5间。现存主体建筑遗址、义地碑一块,现存山门为民国时期的建筑。近年,西溪村民捐资对鹤山道院进行重建。

雅梅起义旧址(鹤山道院遗址)山门(吴志华摄于2020年)

雅梅起义旧址(鹤山道院遗址)前殿(吴志华摄于2020年)

# 七、泄川起义活动旧址(库川朱氏宗祠)

泄川起义活动旧址(库川朱氏宗祠)位于雅溪镇库川村中部,是泄川起义队伍的活动地和驻扎地之一。该旧址始建于元代,至明清以来,历有修茸,近年朱氏族人又集资重修,现为稽勾古道展陈馆和库川非遗展示馆。

1930年春,吕思堂在永康堂里坑组织了一支红军队伍。次年9月,永康中心县委任命吕思堂为司令,并派党员去吕部工作,队伍发展到800余人,活动在永康西北部及东阳、义乌、缙云、武义四县的部分地区。

1930年初,泄川雪峰村李春元参加了在武义黄坛岗一带活动的红军吕思堂部,并根据红军的指示,回家乡组织青壮年农民进行暴动。李春元回村后,立即秘密联络雪峰及其邻村的30余位青年,与他们共商暴动事宜。

1930年秋,李春元在雪峰王氏宗祠宣布起义,队伍归属永康县吕思堂部领导。起义后,队伍在李春元的率领下,在丽(水)、武(义)交界处泄川一带活动,并在雅梅的箬坑、泄川的岱后、库川等村驻扎。他们向青篷岭村地主派收大米和猪肉,还从董弄村和武义县的地主家收缴了部分猎枪。

队伍的革命行动,引起了这一带豪绅地主的恐惧和不安,他们在背地里串通一气,密谋对付红军的办法。9月11日夜,一支由豪绅地主出资纠合的反动武装保卫团,突袭了红军驻地。红军战士在猝不及防的情况下,凭借手中的鸟枪、大刀、梭镖等武器,与装备精良的地主武装展开英勇的搏斗。双方交战半个多小时,红军终因准备不足、武器简陋、力量悬殊而失败。凶残的敌人将被俘的红军负责人李春元押至上金竹村杀害。李凡会、李金利等被绑赴缙云看守所关押半年,受尽酷刑,最终惨遭杀害。其他红军战士,有的被当场打死,有的逃离丽水到建德等地隐蔽。红军队伍被打散后,他们的家属也惨遭迫害,家中财物被洗劫一空。只有少数红军战士突围出来,找到武义红军部队后,投入了新的战斗。

泄川起义活动旧址(库川朱氏宗祠)位始建于元至正二年(1342),明万历五年(1577)重修,坐西朝东,占地637.4平方米,呈长方形平面,前后三进,左右设前后厢房,小青瓦阴阳合铺,硬山顶。第一进前堂面阔五开间,进深四柱五檩,明间设戏台,用四柱。第二进正堂面阔三开间,进深四柱七檩,明间梁架为抬梁式,五架抬梁带前后双步。明间悬挂"石金同操"古匾,上款为"仁和举人丽水县教谕闽帏同考官";下款为"康熙二十六年礼丙本学已故生员朱士升增广生员生珍贤李氏立"。第三进后堂面阔五开间,进深四柱七檩。一、二进间、及其设前厢房,两层二开间;二、三进间设后厢房二开间。据库头《朱氏宗谱》民国丙戌年(1946)版卷一记载:祠堂始建于元至正二年(1342),于明万历五年(1577)重修。朱氏宗祠规模较大,雕刻精美,且是雅梅一起的具有一定的历史、艺术和科学价值。

泄川起义活动旧址(库川朱氏宗祠)大门(潘贵铭摄于2015年)

泄川起义活动旧址(库川朱氏宗祠)正厅(潘贵铭摄于2015年)

# 八、南营红军活动战斗遗址群

南营红军活动战斗遗址由南营红军攻打曳岭区公所旧址、南营红军活动遗址(西畈学堂)、三岩寺南营红军战斗遗址组成。至2024年,曳岭区公所旧址、南营红军活动遗址(西畈学堂)、三岩寺南营红军战斗遗址均保存较好。

巨溪三岩寺远眺(潘贵铭摄于2015年)

中共宣平县委成立后,在曾志达等人的领导下,在群众中积极宣传革命主张,发展党员,建立党支部,并筹划建立革命队伍,举行武装暴动。1930年6月至8月间,建立了参加人数达2000余人的农民武装革命队伍,并把部队番号定为"中国工农红军第十三军浙西第三纵队",下属北、西、南、东四个红军营。其中南营红军以潘成波为总指挥,朱生民、姜云龙为副总指挥,涂八弟为党代表,潘瑞年为书记(文书),涂财富为副书记。人数有400多人,各种土枪150余支,土炮6门。在巨溪一带活动,选择三岩寺为革命据点。

1930年9月3日,南营红军攻打下设在曳岭脚村的国民党曳岭区区署,红军在曳岭脚张贴标语布告,号召穷人联合一致,参加工农革命。红军召开千余人参加的群众大会,开仓济贫,将地主家的衣服、银圆分发给穷人。南营红军首次出击,旗开得胜,威震四方,群众纷纷前来参加红军。红军离开时,村头村尾都是欢送的群众。南营红军在老鼠窝村开会决定,潘成波率一部在曳岭上活动,朱生民率一部在曳岭下活动。潘部驻扎张达山时,遭省保安队和地方保卫团进攻,突围到曳坑、三岩寺。红军牺牲3人,潘成波身负重伤。国民党和地主劣绅非常痛恨红军,想方设法欲置红军于死地。1930年9月上中旬,连日阴雨,国民党经派特务多次侦察,认定在这个时间段进攻红军对他们比较有利,并决定采取同时袭击三岩寺和西畈学堂的战术,使两地红军难以相互支援。因为红军虽然人多,但武器少且落后,都是些土枪、土炮,多日阴雨天,火药必然受潮,没有战斗力。

1930年9月15日凌晨,天仍然在下雨,国民党驻丽水的省保安队两个排约60人,带着机枪等先进武器,在丽新畲族乡畎岸村地主陈依廉等人带领下,身穿长衫,头戴草帽,化装成老百姓的模样,分两路悄悄向巨溪进发。一路经太平乡至西畈学堂,一路经老竹畲族镇周坦村至三岩寺。当时,两地红军的人数都在100人左右。当日下午,两个阵地的战斗相继打响。在西畈学堂,面对突然而至的敌人,红军毫无准备,战士们在朱生民的指挥下,只得用土枪、土炮还击一阵后,往刘岗岭背后撤退。在当时的战斗中虽然只牺牲了3名战士,但队伍被打散。朱生民突围出来后,当天夜晚在上陈村被捕,第二天被押往丽水城,9月12日被枪杀在大水门。

在三岩寺,虽然在马腰峰处设有流动步哨,但由于几天来的阴雨天气,使得高山迷雾茫茫,视线很差,红军哨兵直到国民党省防军摸到身边才发现敌情,还未来得及向总部报告就牺牲了。洞内红军听到枪声,料定有敌情,但为时已晚,敌人很快就逼近了胡公庙,唯一可以撤退的路线已被敌人占领。敌我双方在洞口附近地带展开了激烈的交火。敌人凭借机枪等先进武器,占据有利地形,向红军猛烈扫射。而红军虽然人多,但土枪、土铳等武器毕竟落后,很快就被困在了庙中。想要向敌人发射土炮,但由于土炮受潮,引信迟迟不燃,炮弹闷在炮筒内发射不出。百余名红军战士的生命面临严重危险,眼看着敌人步步逼近,总指挥潘成波果断命令:自己带领30余名战士作掩护,其余人员冲出寺庙突围。为了掩护战友突围,英勇的红军战士在用土枪、土铳向敌人还击的同时,有的还义无反顾地冲向逼近的敌人,与之开展白刃战、肉搏战,紧紧抱住敌人滚落悬崖同归于尽。红军的英勇行为震惊了敌人,使他们不敢贸然前进。突围的红军抢在这宝贵的时间内,纷纷从天师峰的悬崖峭壁上攀着岩石、古藤滑下山崖，多人摔死、摔成重伤。双方僵持一会后，敌人向红军发起了新一轮的猛攻。红军堆放在洞内的土火药被击中燃烧爆炸起来，浓浓的硝烟立即弥漫了整个洞穴。英勇的潘成波和30名红军战士，为掩护战友们的突围，与敌人战斗到最后的一刻，全部牺牲。凶残的敌人冲进洞后，先用刺刀逐一刺扎红军战士的尸体，随后放火将寺庙烧成了灰烬。

当晚，国民党省防军以"胜利者"的姿态开进三岩寺附近的梁村，参加当地地主专门为他们摆设的"庆功宴"。席间，他们谋划着如何继续对付红军的办法，决定由地主出资2000银圆购买枪支弹药，国民党省防军具体帮助，建立地方武装，进一步追捕突围失散的红军战士。在地主武装拉网式的搜捕下，先后有100多名红军战士被捕，有的被枪杀，有的被关押。但是，英勇的红军战士是吓不倒、杀不绝的。突围出来的100多名红军战士，抱着对革命必胜的坚定信念，很快就集结在了一起，在副总指挥姜云龙的率领下，前往武义与其他红军队伍会合，重新投入人民的解放事业中。

### （一）南营红军攻打曳岭区公所旧址

南营红军攻打曳岭区公所旧址为蔡氏聚居地，也是民国时期曳岭区区署的所在地。南营红军建立后，经常在各个村庄活动，四处出击，打土豪，分浮财，收缴地主武器。1930年9月3日，根据群众的强烈要求，南营红军指挥潘成波率部举行曳岭暴动，冲进设在曳岭脚的国民党曳岭区公所，区长出逃。红军砸毁区公所牌子，烧毁区公所房子和所有档案、粮册、办公用具，敲毁关押老百姓的牢房。红军的行动得到群众的广泛支持。

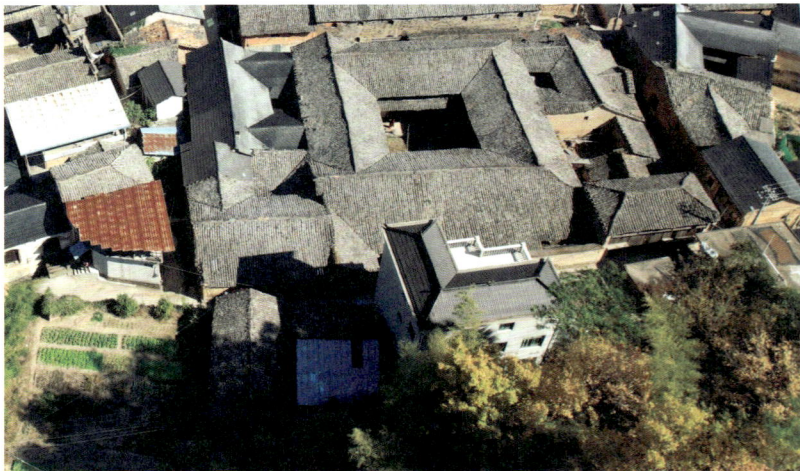

南营红军攻打曳岭区公所旧址俯瞰（楼新建摄于2023年）

南营红军攻打曳岭区公所旧址西立面(楼新建摄于2023年)

### (二)南营红军活动遗址(西畈学堂)

西畈村章氏宗祠民国时期是西畈小学堂,位于太平乡西畈村中部,清代建筑,坐北朝南,占地313.6平方米。建筑由正堂、前堂和厢房组成,小青瓦阴阳合铺,硬山顶。前厅面阔五开间,进深三柱五檩,明间梁架为抬梁穿斗混合式,明次间被改建成戏台。正堂面阔五开间,进深四柱八檩,明间梁架为抬梁式,五架抬梁带前双步后单步,左右设厢房,均二层三开间。正堂梁枋等雕刻精美。1930年,南营红军曾驻扎于此。

### (三)三岩寺南营红军战斗遗址

三岩寺红军革命斗争遗址位于莲都区太平乡西畈村三岩寺胡公洞中。由三岩寺胡公洞及其内胡公庙和三岩寺红军烈士纪念碑等三部分组成。胡公庙为洞内柱架结构的山村庙宇结构,现已倒毁,仅留残墙及柱础。原前殿骨一楼阁,正殿后面为低矮的洞穴,可

南营红军活动遗址(西畈学堂)内景
(吴学文摄于2009年)

以贮藏物资。洞口(即头门)向西,只有一条狭窄的小路通往山下,离开该洞约500米是穿心洞背。天师楼孤峰独立,山路曲折,地形险要异常,实为易守难攻之地。胡公洞为天然岩洞,洞口向西,位于主峰天师楼的东南面,洞深6米,洞高3米,洞内建有胡公庙,原正殿有胡公神像。

巨溪三岩寺红军洞洞口(黄建兵摄于2023年)

## 九、中国工农红军挺进师活动旧址群

中国工农红军挺进师活动旧址由岭头挺进师驻扎旧址(周氏宗祠)、岭头粟裕留宿处旧址(周必森宅)、半岭挺进师活动旧址(何宅)、泄下挺进师活动旧址(观音桥等)、岱后挺进师活动旧址(本保庙)、庞山挺进师活动旧址(李氏宗祠)组成。至2024年,岭头粟裕留宿处旧址(周必森宅)经修复展陈,作为粟裕在莲都区的重要旧址进行对外开放,其他旧址保存一般。

挺进师师长粟裕　　　　挺进师政委刘英　　　　挺进师政治部主任黄富武
　　　　　　　　　　　　　　　　　　　　　　　　　（北乡革命纪念馆提供）

中国工农红军挺进师是以抗日先遣队在江西怀玉山战斗的突围部队（包括领导机关人员、后勤人员和 1 个迫击炮连、1 个重机枪连）为基础组建的一支 500 余人的队伍，编为 3 个支队和 1 个师直属队，有重机枪 4 挺、轻机枪 8 挺、长短枪 445 支。1935 年 2 月初，根据中央的指示电和闽浙赣省委的决定，粟裕任师长，刘英任政治委员，王蕴瑞任参谋长，黄富武任政治部主任，姚阿宝任政治特派员，刘达云任供给部长，谢文清任没收委员会主任，张友昆任卫生部长，宗孟平任组织科长兼地方工作科长，王维信任宣传科长。1935 年 3 月，中国工农红军挺进师在师长粟裕、政委刘英的率领下，到达浙西南地区，开辟游击根据地。1935 年 5 月，在粟裕、刘英、黄富武等人率领下，红军挺进师先后多次转战丽水县山区一带。挺进师入浙以来，在闽浙边境往返作战，兜了几个圈子后，粟裕、刘英率部转入浙西南、浙南地区宣传、组织、武装群众，创建基层党组织，开展土地革命斗争，在遂昌、松阳、龙泉边先后创建了玉岩、王村口、住溪等苏维埃政权及一批大小不等的游击根据地、游击支点。组织了两次反"围剿"斗争。

在三年艰苦卓绝的游击战争中，挺进师的足迹遍布丽水的广大乡村。1935 年 6 月，红军挺进师 160 余人在黄富武率领下，从松阳县白岩、燕田方向经石仓源到金村，先后到达丽水、云和边界的桑岭根、金山下、朱村、小岗山等地活动。红军所到之处打土豪、分浮财，深受群众的拥护和欢迎，有的群众还参与收缴地主家的粮食、衣物等行动。在对地主采取革命措施的过程中,广大村民认清了挺进师是为穷苦人打天下的革命队伍,因此一些青年积极分子冒着生命危险为部队护送伤员、购置急需物资等。朱村乡(今属云和县)竹子坪村的郑章根等人还报名参加了红军挺进师,被编入第五纵队(以浙西南当地人为主)。7月,黄富武率领挺进师160余人由丽水县、宣平县边境的箬坑村转至岱后、泄下和莲房等地驻扎。每到一处,红军都张贴标语、宣传武装革命、打击土豪劣绅和开展游击战争。他们由丽水、宣平边境的箬坑村转至泄下村驻扎。

6月至8月,挺进师一部,数次到峰源的赛坑、小岭根等村住宿,走访农户,了解群众疾苦,张贴标语,鼓舞大家斗志。为帮助群众摆脱困境,树立红军在村民中的威望,一纵队大力开展了打土豪、分浮财的革命活动。7月,红军战士汪陈俊受党指派回到家乡南乡麻铺村。他在麻铺、梁村、老竹、破桥、周坦、弄里等地发展了8名党员,建立中共麻铺村党支部,汪陈俊任支部书记,邹平阳任支委,下设四个党小组。其中,汪陈俊兼任麻铺小组组长,刘万旺(细客婆)任弄里小组组长,邹平阳兼任破桥小组组长,梁光贤任梁村小组组长。同时建立麻铺红军游击大队,向群众宣传武装革命和红军挺进师,组织开展抗租斗争。8月,配合黄富武部队在南乡开展活动。

1935年8月1日前后,挺进师攻打城镇十余处。挺进师曾有百余人经过大港头,占领过本县碧湖镇,击毙反动路警三四人,并在丽云区金村、朱村和北乡泄下、岱后村一带活动。1936年6月下旬,粟裕师长率部百余人,从浙南出发,过龙泉、遂昌,经丽水县碧湖、北乡岭头村、陈寮、银场、坑口、冷水、黄村,去缙云、仙居一带活动。破截了银场至坑口段丽杭电讯线路,沿途镇压伪乡保长两人、警察一人,在坑口打了汽车,两个月后返回浙南途中,又在丽水城郊沙溪村袭击军车,缴获一批军用地图和信件报刊等,有利于了解敌军兵力、布防等情况。

**(一)岭头挺进师驻扎旧址(周氏宗祠)**

周氏祠堂位于仙渡乡岭头村中部,为粟裕率领的红军挺进师部队驻扎处。1935年6月21日,粟裕率领中国工农红军挺进师100多人到达碧湖镇,在镇内开了晚饭,而后在墙上书写革命标语,随即向北乡挺进。红军夜行百余里,经太平过冯坑源、枫树岭头、木后、百步顺到梅田,于第二天上午到达岭头村。为了不增加村民负担,红军是自带干粮。饭后即到村民家中访贫问苦,了解民情,并为村民挑水、劈柴、扫地,使村民深为感动,还张贴了"红军是老百姓的子弟兵,是为老百姓打天下的"标语口号,从此深入人心,广为传颂。红军挺进师到岭头村以后,白天到半岭村地主何某某家里拿来粮食、衣服等财物,然后,把全村村民集中到下屋的底堂屋,发动群众,宣传革命道理,并把拿来的粮食和衣服等财物分给岭头村民。

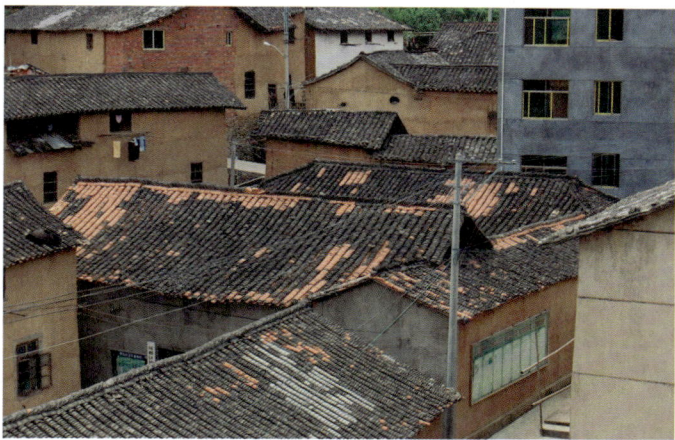

岭头挺进师驻扎旧址(周氏宗祠)俯瞰
(吴志华摄于2010年)

岭头挺进师驻扎旧址(周氏宗祠)内景
(吴志华摄于2010年)

粟裕当晚住岭头村民周必森家,其他红军驻扎下屋、周氏祠堂及周边地方,有些红军还睡在与太公山(土名叫大凹门)相连的路上。红军挺进师第二天早上凌晨出发,由岭头村周根祥带路,过陈寮山(现为白云森林公园),到陈寮、再到彭头黄村、直到青田交界,才回来,给2块白洋当路费。

据村民周锦涛介绍,当年红军挺进师在岭头村时,他已6岁,见过粟裕将军,跟照片上的人差不多。他家里住在岭头村下屋的角里,现被修建广场了。何翠红的家叫上屋,上下屋相隔是一条农村的石头路,不到50米。有许多红军就住在他家里,也在他家里烧饭。他本人端起一碗蕃茄丝饭过去,红军炊事员一看到,就把他的一碗饭倒掉,换了一碗白米饭给他,还把火腿肉整锅烧起,盛了一大碗给他吃。

周氏祠堂为清代建筑,坐南朝北,占地375.6平方米,四合院式,建筑由北至南依次为前堂、厢房和正堂组成,鼓墩形柱础,小青瓦阴阳合铺,硬山顶。前堂面阔三开间,进深三柱九檩,明、次间梁架为抬梁穿斗混合式,五架抬梁,明间设戏台;正堂面阔五开间,进深四柱七檩,明间梁架为抬梁式,五架抬梁带前后单步,后单步设佛龛。左右设厢房,均两层二开间周氏宗祠雕刻精美,具有一定历史、艺术、科学和革命纪念价值。

### (二)岭头粟裕留宿处旧址(周必森宅)

粟裕留宿处为仙渡乡岭头村周必森宅,清末民国建筑,坐西北朝东南,占地350平方米左右,三合院式,建筑由厢房和正厅组成,小青瓦阴阳合铺,硬山顶,两层泥木结构。正厅面阔五开间,进深五柱七檩,明、次间梁架为抬梁穿斗混合式。左右设厢房,均两层二开间。周必森宅为西边半幢。粟裕留宿的是二楼北边房间,窗门对住太公山,粟裕将军留宿的木床留存至今。该民居还保存着当年红军用过的小石磨和石臼。2023年,该遗址开辟成粟裕将军留宿处旧址展示。

岭头粟裕留宿处旧址(周必森宅)内景(吴志华摄于2019年)

粟裕睡过的木板床（吴志华摄于2019年）

岭头粟裕留宿处旧址（周必森宅）布展后外景（吴志华摄于2023年）

### （三）半岭挺进师活动旧址（何宅）

红军挺进师到岭头村以后，白天到半岭村地主何某某家里拿来粮食、衣服等财物，然后，把全村村民集中到下屋的底堂屋，发动群众，宣传革命道理，并把拿来的粮食和衣服等财物分给岭头村民。何宅位于仙渡乡半岭村58号，据屋主人介绍，该宅建于1922年，坐东朝西，占地475.02平方米，四合院式，分前后两进，左右设厢房，屋顶均硬山造。第一进门楼三开间，两柱六檩，后檐柱施牛腿，置挑廊。第二进正厅三开间带二弄，五柱十一檩，明间梁架为抬梁穿斗混合式带双步前后廊，设中柱。一、二进间左右设厢房，均两层二开间。该宅曾是粟裕领导的挺进师活动地点。

半岭挺进师活动旧址(何宅)外景(吴学文摄于2008年)

### (四)泄下挺进师活动旧址(观音桥等)

1935年7月，黄富武领导的中国工农红军挺进师部队一进泄下村，就在周、张两姓祠堂上刷写"工人、农民联合起来!""打倒土豪劣绅!""消灭封建剥削制度!"等大幅标语。晚上在祠堂召开群众大会，向村民宣传革命道理。翌日下午，又在村民周会全家召开贫苦农民代表座谈会，使农民们了解1930年泄下一带武装暴动情况及失败的原因。泄下村曾经有几十人参加过1930年的农民暴动，有良好的群众基础。这次红军正规部队的到来，使村民非常兴奋。他们纷纷主动将粮食、蔬菜、柴爿送到村长张土元家集中，然后一起送到红军驻地。

泄下村俯瞰(潘贵铭摄于2018年)

泄下观音桥（潘贵铭摄于2018年）

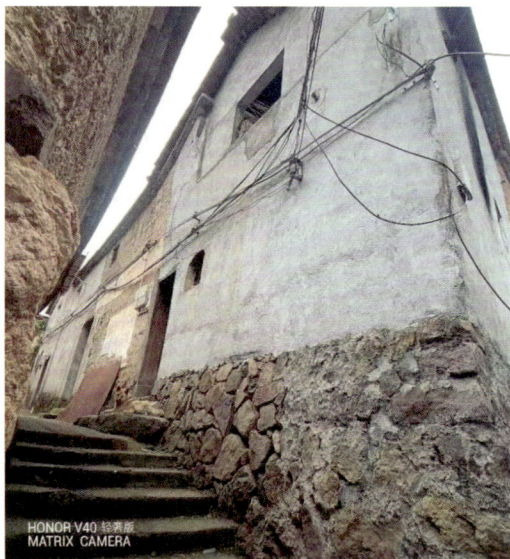

中国工农红军挺进师活动旧址张土元宅
（高明摄于2024年）

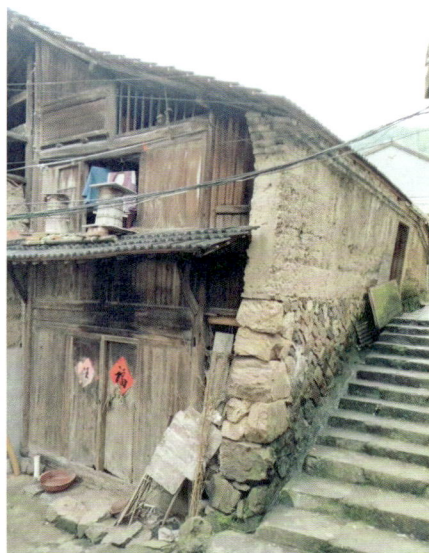

中国工农红军挺进师活动旧址周会金宅
（高明摄于2024年）

泄下挺进师活动旧址除了观音桥,还有张氏、周氏宗祠以及周会全、张土元宅等等。张氏宗祠现已改建成村大会堂,周氏宗祠后改建成供销社,现为泄下村老年协会办公活动地。泄下村建村历史悠久,距今近1000年,新民主主义革命时期为党的事业做出重要贡献。该村村子狭长,南北有6华里,民宅沿小溪而建,主要是土木结构的丽水北乡地方特色民居。该村分上半村、下半村和外住窝(音译),人口主要集中下半村。泄下村现有户籍人口600多人,高峰时曾有800多人。全村以汉族为主,少数畲族。以高、张、周三姓为主,部分外来姓。

**(五)岱后挺进师活动旧址(本保庙)**

岱后挺进师活动旧址(本保庙),又称本境殿、显灵庙,位于雅溪镇岱后村口,1935年8月,中国工农红军挺进师在政治部主任黄富武率领下开进岱后村,在此召开群众大会,宣传革命道理。

1935年,粟裕和黄富武率领的中国工农红军挺进师从江西挺进浙江,从龙泉遂昌到丽水武义缙云三县边界的岱后村宣传革命。一到岱后他们就在墙头刷写"打土豪分田地""反对国民党"和"红军是穷人的队伍"等标语。上百人的队伍居住在十八间走马楼(即朱太故居"沛国旧家"古民居)里。有的打理安排床铺,有的为村民挑水扫地。有的还通知大家到本境殿(即灵显庙)去开会,政治部主任黄富武亲自到会,给村民介绍红军是老百姓自己的军队,在井冈山打土豪分田地百姓过上了好日子。黄主任讲完后,两个红军战士在门口给参加开会的人每人一块花边银圆。村民们大多数是穷苦的农民,一拿到银圆就双手按在胸口,激动地说:"红军真好,红军真好"。回到家里给家人看,不停地说:"红军给我花边银圆,红军给我花边银圆,沉甸甸的真货!"第二天红军大部队向缙云方向去了。村民热情欢送:"你们要再来!"过后不久,有几个老妇到鸡窝里去拿鸡蛋,见鸡蛋没有了,却发现几个铜板。还有一个老妇发现原来鸡窝里有三个鸡蛋都不见了,却看到一块花边银圆。

岱后挺进师活动旧址(本保庙)为清代建筑,坐东朝西,占地100.4平方米,呈"一"字形平面,鼓墩型柱础,小青瓦阴阳合铺,硬山顶。岱后本保庙面阔三开间,进深四柱七檩,明间梁架为抬梁式,五架抬梁带前后单步;次间五柱七檩,梁架为抬梁穿斗混合式。明次间后单步设佛龛,供奉五谷神等九尊神像。岱后本保庙规模不大,但雕刻精美,具有一定的历史、艺术和科学价值。

80年代的岱后本保庙(莲都区档案馆和党史研究中心提供)

岱后本保庙现状(潘贵铭摄于2018年)

### (六)庞山挺进师活动旧址(李氏宗祠)

挺进师活动旧址(李氏宗祠)位于峰源乡庞山村。1935年6月至8月间,挺进师一纵队十几人或几十人,几次到峰源的赛坑、小岭根等村住宿,走访农户了解群众疾苦,张贴标语鼓舞大家斗志。其中在庞山村祠堂和李玉如屋外墙刷写的"打土豪,分田地!""欢迎庞山群众自觉起来参加土地革命!"等标语格外引人注目。峰源一带苛捐杂税繁多,拉兵抽丁频繁,催粮讨款不断,广大农民群众被逼得"日难度三餐,夜难求一宿"。为帮助群众摆脱困境,树立红军在村民中的威望,一纵队大力开展打土豪、分浮财的革命活动。陈村的豪绅地主历来巧取豪夺、敲诈勒索聚敛钱财,民愤较大,红军决定将他作为惩处对象,将收缴的钱财、衣物、粮食全部分给贫苦农民,将田契、账册等当众焚毁。群众亲眼看见了红军的举动,感到有权有势的豪绅地主也没有什么可怕的。这次行动后,群众主动与挺进师接触、联系的逐渐增多了。

李氏宗祠为清代建筑,坐西南朝东北,占地301.7平方米,四合院式,夯土地面,青瓦泥墙,悬山顶。建筑由前堂、厢房、正堂组成。前堂面阔五开间,进深二柱七檩,明间梁架为抬梁式,五架抬梁,明间设戏台,用四柱。上设简单藻井,戏台后设大门,大门两侧各开一门。厢房两层楼,均二开间,进深二柱三檩。正堂面阔五开间,进深四柱七檩,明间梁架为抬梁式,五架抬梁带前后单步。明间后单步设神龛,供奉祖宗像。堂内牛腿雕刻花草,较简洁。

庞山挺进师活动旧址(李氏宗祠)(吴志华摄于2008年)

# 十、大港头周恩来视察旧址

1939年4月,周恩来丽水视察铁工厂,至2024年,保存完好的遗迹只有大港头车站旧址。

大港头周恩来视察旧址(大港头车站)(吴志华摄于2018年)

1939年3月,中共中央革命军事委员会副主席、中共中央南方局书记周恩来,受中共中央书记处委托,以国民政府军事委员会政治部副部长身份,从重庆到东南抗日前哨视察。周恩来名义上是应黄绍竑之邀"到浙江看看",实际上肩负着两项使命:一是到皖南新四军军部传达党的六届六中全会精神,贯彻向敌后发展的指示,确定新四军的作战方针;二是到浙江视察抗战,指导闽、浙、赣三省党的工作,贯彻党的六届六中全会精神,巩固和发展浙江抗日民族统一战线。

周恩来于3月17日抵达金华,18日听取了国民党有关地方当局的汇报。19日,经兰溪、建德、淳安、分水前往浙西行署所在地天目山,会晤了浙江省政府主席黄绍竑,双方商谈了团结抗战的有关问题,并达成了口头协议。28日,周恩来到达故乡绍兴,向故乡人民讲解国内外形势,勉励他们同日本侵略者斗争到底。4月1日,周恩来回到金华。4月2日上午,在黄绍竑的陪同下,周恩来乘专车从金华出发,经丽水城,从桃山过渡,乘车到大港头,在大港头车站休息后,于下午抵达云和县小顺镇。3日上午,身着黄色军装的周恩来,在黄绍竑、伍廷飏、张锡昌和浙江省铁工厂厂长黄祝民的陪同下,视察了小顺的浙江省铁工厂。

浙江省铁工厂是黄绍竑创办的军工企业。厂部设在云和县小顺镇,先后下设三个分厂,小顺铁工厂为第一分厂,丽水县大港头铁工厂为第二分厂,分别制造步枪及轻机枪,大港头附近的玉溪铁工厂为第三分厂,专事炸药、手榴弹、枪榴弹等弹药原料的生产。浙江省铁工厂的创办和发展,增加了黄绍竑地方军事实力。又因为浙江省铁工位于云和县小顺的浙江省铁工厂厂是中国东南部最大的军工企业,所以铁工厂也为东南沿海军民抗战提供了许多武器弹药。周恩来仔细观看了工厂车间,查看了工人宿舍和食堂。他见食堂饭桶里的米饭又黄又粗,随即用勺子盛起饭又闻又看,发现饭有霉味、饭中有砂粒,当场向厂长提出意见,要求厂方改善工人生活。周恩来应邀在厂礼堂向全厂职工发表演讲,他开门见山地提出抗战依靠谁的问题。周恩来指出:要取得抗战胜利,必须发动全民族的力量,千千万万农民走出村庄,千千万万工人走出工厂,千千万万学生走出课堂,到抗日的前线去;抗战要依靠工人阶级,那种"工"字出头就"入土"的说法,是不符合历史唯物主义关于劳动创造世界的观点的,是一种谬论,道理很简单,农民不种田,工人不做工,人类就不能生存,社会就不能进步。周恩来赞誉工人说,工人两字合起来就是"天"字,工人阶级是顶天立地、创造世界的,谁也没有像工人这样伟大,工人是引擎,是发动机。周恩来充分肯定工人们从各地的生产建设战线来到丽水山区,为抗日而制造武器,为国家而努力劳动。周恩来还指出:抗战胜利要依靠工人阶级,抗战胜利后国家建设也要依靠工人阶级;工人是最有志气的;现在办起这样大的工厂,轻机枪也试制成功了,制造出了武器,支援前线,打击敌人,这就是对抗日救国的很大贡献;军人在前方抗日杀敌,工人在后方生产武器,都是为了一个目标,就是抗日救国,都担负了伟大神圣的职责;武器是杀人的工具,因为日军侵略中国,屠杀中国人民,人民手里没有武器,就要被杀死,人民手里有了武器,抗日才能胜利。周恩来鼓励工人:只要工人团结一致,努力生产,抗战必胜、建国必成的目标就一定能达到;工人阶级是先进阶级,要起模范带头作用,带动农民,带动社会各阶层,树立抗战必胜的信心;工人、农民、各阶层人民团结起来,一致抗日,坚持到底,最后的胜利一定属于中国人民;中国的前途是光明的、远大的,日本帝国主义必败,抗战必胜! 周恩来近两个小时的演讲,内容深入浅出,鼓舞人心,受到工人群众的热烈欢迎,不时被阵阵掌声所打断,周恩来离开小顺,驱车到省政府所在地永康县方岩。周恩来此次丽水之行,还不顾旅途劳顿,利用饭后睡前间隙时间,分别邀请建设厅、浙江铁工厂的职员、工人进行个别谈话,了解情况、宣传抗战、鼓励团结合作。黄绍站邀请周恩来视察浙江铁工厂,目的是向中共表明他在浙江抗战的决心和实力。周恩来应邀视察,增强了黄绍兹的抗战信心,推动了浙江铁工厂的发展。同年10月,浙江铁工厂在丽水县大港头附近的坛头嘴建造了第二分厂厂房,在第二分厂原址新建第四分厂,制造农工生产机械和本厂机器设备。身兼国民政府重要职务的中共领导人周恩来,亲临丽水视察抗战,是他东南之行、开展统一战线工作的一项重要活动,对丽水军民是一个极大的鼓舞,进一步推动了丽水的抗日民族统一战线和抗日救亡工作。

　　浙江省档案馆馆藏有一份珍贵的《中共中委周恩来来浙经过》报告,用近6000字的篇幅,详细记录了周恩来于1939年3月17日至4月6日由皖南来浙江,在浙江金华、天目山、绍兴、丽水等地停留、视察与活动的过程。这份报告由当时的国民党浙江省党部调查统计室撰写、编印,收录在《浙江省党派调查月报》民国二十八年三月号中。周恩来每天去了哪些地方,见过哪些人,有哪些人在场,从几点几分开始,到几点几分结束,内容有些什么,这份报告对他此次浙江行的观察和记录之细致,实为罕见。现辑录《浙江档案》1998年第3期18—2页《中共中委周恩来来浙经过》1939年4月2—3日丽水之行,全文如下:

　　二日,上午八时,黄主席至旅行社,偕周至军管区干部教导队训话毕,周、黄相偕分乘省府一号及三十七号小包车出中山门,过渡,正值十时,同行者为主席之副官及卫兵两名。上午十二时许抵丽,下榻建设厅,旋同赴伍厅长公馆午餐,下午一时许,黄主席偕周及伍厅长、张锡昌(伍之私人秘书,中共龙遂县

委)及马弁六人,分乘两小包车行抵桃山溪口,乘轮过渡,改乘预派迎接之十八号车赴大港头,略事休憩,即赴小顺铁工厂视察。晚饭后,分召该厂职员个别谈话,言词尚无不妥。旋即就寝。三日,上午九时,该厂举行纪念周,黄、周二人演说,每人均历一时许。周言词大致谓:"抗战期间,浙省尚有如此铁工厂,实堪告慰"等语。午后一时许,周、伍、张乘三十七号车先于二时三十分抵城,当赴建厅休息。黄主席于四时半始返丽城。当周车抵建厅后,伍厅长先后介绍建厅秘书兼调整处主任陈仲明、暨电话局长兼手工业指导所长赵曾珏与周谈话,系叙述工作情况。八时许,黄为主持次晨国民公约公务员宣誓大会,乘一号车至方岩,周则乘三十七号车于十一时许返金。仍宿旅行社。

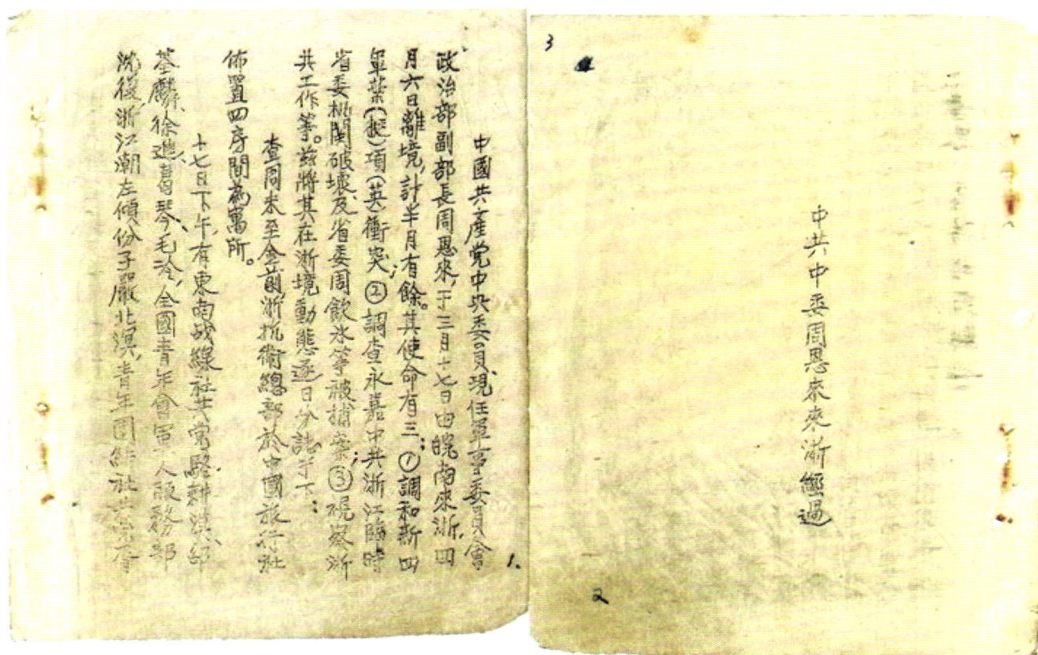

《周恩来来浙经过》(浙江省档案馆藏)

## 十一、国共团结抗日宣示旧址(康福寺)

1938年,国共团结抗日宣示旧址在大港头镇大港头村的康福寺,位于古堰画乡景区的核心区。

粟裕驻军演讲旧址大港头康福寺（原古堰画乡管委会提供）

红军挺进师的前身是红军北上抗日先遣队，为红七军团和红十军团组成，原先统率的是著名红军将领寻淮洲和方志敏。挺进师除了原先的军团骨干外，多数是闽浙边界地区的知识分子和工农子弟兵。

中国工农红军挺进师是以抗日先遣队在江西怀玉山战斗的突围部队（包括领导机关人员、后勤人员和1个迫击炮连、1个重机枪连）为基础组建的一支500余人的队伍，编为3个支队和1个师直属队，有重机枪4挺、轻机枪8挺、长短枪445支。1935年2月初，根据中央的指示电和闽浙赣省委的决定，粟裕任师长，刘英任政治委员，王蕴瑞任参谋长，黄富武任政治部主任，姚阿宝任政治特派员,刘达云任供给部长,谢文清任没收委员会主任,张友昆任卫生部长,宗孟平任组织科长兼地方工作科长,王维信任宣传科长。

1935年3月,中国工农红军挺进师在师长粟裕、政委刘英的率领下,到达浙西南地区,开辟游击根据地。1935年5月,在粟裕、刘英、黄富武等人率领下,红军挺进师先后多次转战丽水县山区一带。7月,红军战士汪陈俊受党组织指派回到家乡南乡麻铺村。他在麻铺、梁村、老竹、破桥、周坦、弄里等地发展了8名党员,建立中共麻铺村党支部,汪陈俊任支部书记,邹平阳任支委,下设四个党小组。同时建立麻铺红军游击大队,向群众宣传武装革命和红军挺进师,组织开展抗租斗争。8月,配合黄富武部队在南乡开展活动。

1935年8月1日前后,粟裕率领挺进师攻打城镇十余处。挺进师率部百余人经过大港头与国民党反动当局周旋,并转战在丽云区金村、朱村和北乡泄下、岱后村一带活动。粟裕还率部占领过碧湖镇警察所,击毙反动路警三四人。

1936年6月下旬,粟裕师长率部百余人,从浙南出发,过龙泉、遂昌,经丽水县碧湖、北乡岭头村、陈寮、银场、坑口、冷水、黄村,去缙云、仙居一带活动。破截了银场至坑口段丽杭电讯线路,沿途镇压伪乡保长两人、警察一人,在坑口打了汽车,两个月后返回浙南途中,又在丽水城郊沙溪村袭击军车,缴获一批军用地图和信件报刊等,有利于了解敌军兵力、布防等情况。

1938年3月20日,粟裕率红军五百余人从平阳到达大港头,国民党省主席黄绍竑从碧湖前往大港头慰问。部队集合在大港头渡口旁的康福寺前的空地上,500多人的队伍装备杂乱,不少人拿着大刀、长矛,有的还是赤手空拳,也没有制式军装,但一个个精神抖擞,士气高昂。粟裕首先致欢迎词:"在我们伟大的中华民族久远的历史上,凡是团结的、统一的都能有效地抵御外侮。今天,面对日本帝国主义的侵略,我们的国家和民族濒临着亡国灭种的危险。'国共联合,团结抗日',适合世界之潮流,合乎民众之需要。我们要为国共两党的团结抗日,为加强民族统一战线,为增进四万万五千万同胞的大团结,为驱逐日寇、光复中华而努力奋斗。"

粟裕请黄绍竑讲话。黄绍竑说:"孙中山先生创建了中国国民党,历尽艰辛,无数先烈前赴后继,国共首次合作,孙先生领导推翻帝制,建立民国,为国家民族做出巨大贡献。纵观全局,合则对国家有利,分则必伤民族元气。展望未来,应天下为公,以国家民族利益为最高准则,让我们依时顺势,负起历史责任,以中华民族大义和整个国家之根本利益出发,共建祖国抗敌大业,乃千秋功业。我们必将打败日本侵略者,将其驱逐出国。预祝大家开赴前线旗开得胜,为国家、为黎民多立战功!"

粟裕和全场指战员一起振臂高呼:"坚持抗战到底!""打倒日本帝国主义!""中华民族解放万岁!"演讲结束,黄绍竑再三勉慰战士们,并拨付5万发子弹、1000套军装及军需用品。部队扎营于大港头及河边一带,后粟裕率部北上加入新四军。

# 十二、皂树夜校刘英演讲旧址

樊氏祠堂位于仙渡乡皂树村三官殿自然村,是1940年时任浙江省委书记刘英演讲处旧址。2023年,仙渡乡政府斥资将该旧址布置为农民夜校展陈馆对外开放。这也是丽水市境内第一个新民主主义革命时期的农民夜校专题馆。

夜校刘英演讲旧址樊氏祠堂(吴学文摄于2008年)

刘英（1905—1942），江西省瑞金人。1938年9月，刘英任中共浙江省委书记。1939年3月，中共浙江省委机关从温州迁到丽水，刘英以丽水城大众街"兴华百货号"老板身份为掩护，化名王志远，以花园弄黄景之律师事务所为省委机关重要办公聚会场所，秘密开展党的工作。

1940年6月一天夜里，省委书记刘英，在丽水中心县委书记傅振军和太平区委书记张之清等陪同下，下乡了解民众教育和群众抗日救国思想动向。他们秘密来到皂树村樊氏祠堂视察农民夜校，见到夜校墙壁上的八个大字和"哭竹生笋"的敬师堂，连声称好。在祠堂里，刘英为夜校的20多个农民讲演了当时的国际国内革命形势。刘英在黑板上首先认真写"工人、农民"，并向大家讲解字意：工人农民各取后一字，就是"人民"，我们的人民就是由工人、农民组成的；工人的"工"字，上面一横是天，下面一横是地，中间一横是我们的工人就是顶天立地的无产阶级革命者；农民的农字，上面是个"曲"，农民在田间地头劳作是很快乐的事情，下面是个"辰"，意思是时间，我们的农民原本要过幸福的好日子，但是现在遭受"三座大山"压迫，农民的日子举步维艰。所以，我们要起来革命，争取人民解放，过上富足的好日子。

刘英接下来向夜校的群众讲述了只有共产党才能抗日救国的道理。接着，他还亲自指挥学员教唱《义勇军进行曲》，傅振军拿出袋子里的口琴来伴奏，学员们跟唱几遍后，刘英书记热情鼓励大家"唱得好，唱得好"，一时祠堂内发出激昂的歌声。直到深夜，刘英才和村民们依依不舍地分手，连夜沿梅田古道向大港头方向赶路。部分村民送刘英一行很长一段路才返回。

樊氏家祠位于仙渡乡皂树村三官殿自然村，为当时浙江省委书记刘英演讲处旧址。该家祠建于民国二十年（1931），坐北朝南，占地264.8平方米，四合院式，建筑从南向北依次是前堂、厢房和正堂，小青瓦阴阳合铺，硬山顶。前堂面阔三开间。正堂面阔五开间，进深四柱七檩，明间梁架为抬梁式，五架抬梁带前双步、后单步；次、梢间梁架均为抬梁穿斗混合式带前后单步。左右设厢房，均两层二间。落成后，该家祠被樊氏族人开辟为小学堂。抗战时期，太平经济试验区葛渡据点将该小学开辟为农民夜校，开展革命活动。

# 十三、丽水抗战遗址群

丽水抗战遗址群由丽水飞机场遗址、好溪堰日军投毒处遗址、西溪观音桥抗日旧址、梅田百步峋歼灭日军处、皂树战壕等组成。至2024年,丽水飞机场遗址已被建设成为两湖公园(暂命名),好溪堰日军投毒处遗址的青林村被整体拆迁,西溪观音桥抗日旧址、梅田百步峋歼灭日军处、皂树战壕等遗址保存一般。

盘踞浙江的日军于1942年5月间发动"浙赣战役",分由萧山、富阳、绍兴、宁波等地出动,窜至嵊县、新昌、诸暨、东阳、义乌、浦江、永康等县,于5月29日占据了浙中重镇金华。6月,又继续西犯衢州、江山和江西省的玉山、上饶,与盘踞在赣东北的日军会合,打通了浙赣线,占据了浙赣铁路全线的广大地。接着,日军又分路窜向浙西南与浙南。6月23日,在金华、武义等县的日军东郊、大定部混成支队步骑5000余,从武义县边境的乌门岭窜入丽水县北乡的岩蒙圩、潘村、洪渡、小安、太平等地。24日,日军飞机整天轮番轰炸丽水城厢内外,当天午后丽水沦陷。日军窜入丽水县城后,为了长期盘踞丽水,奴役丽水人民,25日侵丽日军头目平贺太郎利用外来和当地的汉奸,策划组织丽水县临时维持会,协助日军进行统治。他们分股盘踞在城郊的白云山、三岩寺、洞溪寺、溪口、吕步坑、路湾、苏埠、港口以及厦河等处,然后分股流窜各乡,淫掠烧杀,无恶不作。并强拉百姓数千名,集中到城内,称为"难民",在泰山宫、文敦街、酱园街、太平坊4处建立"难民所",驱使他们为其做苦役,女性则供其泄欲。7月上旬,日军齐木一部自丽水向青田窜犯,11日陷温州,与由海面登陆的日军会合。7月20日,日军步骑700余人,配山炮8门,由苏埠、港口经西乡畈各村,胁迫高溪西面的岚山头、南坑口、巷坑一带。21日,浙保纵队一部于港口与日军展开激烈战斗,日军自白桥入九龙,窜据碧湖。23日晨,国军浙保纵队一部突入碧湖镇,日军以飞机掩护,增援反扑。国军苦战到下午3时,终于迫使日军后撤。8月1日,苏埠、港口的日军经碧湖的郎奇、山根、蒲塘、岚山头、苍坑等村向松阳裕溪窜扰,2日窜至松阳,与由龙游窜来的日军会合。8月

15日,盘踞温州的一股日军自海面撤走,另一股经青田撤至丽水。17日,盘踞丽水城的日军西出苏埠、港口、石牛,再次窜入碧湖镇,并流窜松阳县境。23日,日军撤回丽水,后分股陆续向武义、金华方向撤走。25日,国军暂编三十二师一团沿丽浦公路进击至丽水西北郊。26日,据城日军到处纵火,烧毁专署、县府及许多民房、寺庙。强拉民夫几百人挑运他们掠夺的物资,押去缙云。27日夜日军撤离,向北而去。28日晨,国军暂编三十二师一团进克丽水县城。丽水县城第一次沦陷,共65天。

1944年5月,粤汉、湘桂战事相继发生。盘踞浙江境内的日军,再次向浙西南、浙南进行军事窜犯。8月间,踞金华、武义日军内田七十师团及六十师团黎冈支队8000多名,夹杂汪伪军3000多名,在飞机的掩护下,分三路向丽水窜犯。其左路由武义县的清溪口经夏嘉畈、双港桥,窜入丽水北乡的鲍店、坑里、葛渡、沿桃花岭至却金馆、银场、岩泉,于8月25日夜抵近城郊。其时,城内的居民都逃出城外。奉命守丽水城的是国军新编二十一师,二十一师部署六三团守在城内,六一团、六二团驻营大溪南岸策应。六三团集三个营兵力于城内,以丽阳门为主防点,自东至厦河门,自西至左渠门布防,凭城作障,拆除城南大溪浮桥,背水而战。26日,日机一架在小括苍山、桃山、溪口、丽阳门车站上空盘旋,投弹扫射。傍晚,日军自东北郊直插城沿,还强拉乡民,迫他们走在前头,日军很快向丽阳门正面防线发起攻击。晚10时,日军突破厦河门与虎啸门之间的缺口,营长陈希临阵脱逃。其时,有汉奸便衣窜至万象山团指挥所,团指挥所被占,团营失去联系。各营、连面对强敌,各自为战。城西郊日军在占据万象山、小括苍山高地之后,以猛烈的火力封锁小水门溪滩。守军没有向城的东、西、北方向突围,团长彭存儒想渡过大溪隔水再战,但只有100余人泅江残还。守城将士血战到午夜,弹尽援绝,自团长彭孝儒以下官兵一千余全部阵亡。27日凌晨3时,丽水城再次沦陷。中路日军由武义的青峰岭窜入丽水北乡的库头。右路日军由武义的乌门岭窜入北乡的长乐、莲房,在洪渡村与中路日军会合。8月26日,两路日军经过小安、太平、山前、白前、武村,占据了苏埠、港口,一股窜入城内,一股分窜至石牛、九龙、水阁、白峰、南明山、大门楼、厦河等地,并在水阁的望军山高地上架设重炮以作防卫。9月上旬,国军新编二十一师六二团在石牛、沙溪、水阁、九龙一带袭击日军。12日,国军暂编三十三师三团、浙保一团进入北乡长乐,在葛渡与日军遭遇战,歼灭敌人几十人。国军三十二集团军第一突击支队一部由松阳进入丽水,在周坦击溃日军阻击,向城郊进击。国军七十九师一部,在县城西北扫除了日军的多处据点。13日,日军将囤积于大水门码头的食盐抛沉大溪。14日,踞城日军大部沿太平港经葛渡分向武义、缙云撤退。15日,国军新编二十一师六二团自南郊攻城,16日早晨,攻占大水门城楼,另部从小水门突破入城,日军残部逃出虎啸门向缙云方向溃窜,8时克复丽水城。丽水县城第二次沦陷,共20天。

　　日本侵略者在丽水的暴行主要是轰炸、烧、杀、抢、奸淫、投放细菌等。日军在1937年底占据杭州之后,即不断派出飞机对丽水进行疯狂轰炸。自1937年7月至1945年7月,先后空袭丽水达365次之多,占空袭浙江总数的31.5%,投弹1620枚,占在浙江投弹总数的9.26%强。1938年2月6日(正月初七),日军飞机第一次轰炸丽水,投弹6枚,均落在丽水飞机场,炸死海潮村农民1人。此后,日军飞机接连不断地空袭丽水,每次空袭都有人被炸死。空袭时,最少是两架飞机,一般都在四五架以上,最多的有四五十架。不论白天黑夜,天晴下雨,日军飞机都来轰炸。日军飞机除用机枪低空扫射外,还投下炸弹、燃烧弹等。被炸成的弹坑,有的深达6公尺,面宽(直径)10余公尺。1939年8月25日,日机11架,投弹54枚,城内自府前向东延至岩泉门,南至四牌楼,西至太平坊,被烧毁的房屋总计达2411间。1940年9月18日,桃山中国植物油料厂机房、仓库被炸,388955公担桐油被焚毁,火光冲天,久久不息。在日军两次流窜丽水之前,都有大批日机先到丽水空袭,有时接连三四天大轰炸。房屋被炸起火,烈焰腾空,整个天际都成为火海。被炸毙的横尸遍地,有的骨肉分离,有的身首异处,惨不忍睹。1942年4月23日,日机8架,投弹8枚,焚烧房屋2282间,伤亡121人,其中槐花树下邮电局防空壕被震塌,有80多人被闷死在防空壕里。同年3月26日(农历),白塔头附近一家姓吴的三代被炸死11人,酱园弄口张姓一家被炸死7人。是年,中国茶叶公司仓库被炸,35103箱茶叶被烧光。1943年2月25日至2月27日,日机连续轰炸城区,共40架次,投弹80枚,1000余间房屋被烧毁。城内的繁华地段,如三坊口、四牌楼、府前、仓前等处的房屋,被炸后重建,建成后又被炸毁,有的竟达3次之多。日军在临溃逃时,纵火烧毁了城内府前大街闹市区的大片房屋和许多建筑雄伟的古老庙宇。据不完全统计,抗战八年间,丽水城被日机炸毁的房屋达7000多间。日军在流窜碧湖时,烧毁了机关、学校和民房300多间,离城四五十里的十八都、磁埠一带民房尽被日军烧光。城郊青林村,全村200余户,被日军烧得只剩下2间房子,灾及800多人。九里村只有五六十户,被烧房屋有50余间,社后村整个村被烧光,灾及62户。关下全村被烧60多户,只剩下4户。雅溪小安村被烧了321间,灾及133户。水东黄泥墩有50多户房屋被烧。此外,还有酒精厂、樟脑厂、皮革厂、火柴厂、茶叶公司、桐油公司、东南兵工署制造厂等等也都被烧毁。据统计,日军侵华期间,丽水城区被烧房屋11380间,占城区房屋总数的76%,乡村被烧房屋13030间。日军流窜丽水期间,到处疯狂地屠杀丽水的百姓,其杀戮手段的残忍,令人发指。日军两次从丽水溃逃时,从城郊的溪口到路湾(距城约5华里),从水南至吕步坑,从丽阳门外到馆头(距城约40华里),道路两旁及凉亭中、水沟内,积尸累累,有的血肉模糊,有的肢体残缺。城内万象山、囿山、菱山等处和一些池塘、水井、厕所、阴沟以及不少住房里,几乎都有尸体。据统计,日军第一次撤退后,仅在城区范围内就掩埋男女尸骸590多具。日军第二次撤退后,掩埋男女尸骸484具,失踪男女183人。日军不仅屠杀城内的居民,也屠杀乡下的百姓。北乡一带被杀害的有130人,仅小安村被杀害的就有38人,其中妇女20多人。他们有的被枪杀,有的被活活打死,有的被浸在水里淹死,有的妇女遭强奸后被杀。日本侵略军以杀人作乐,惨无人道。村民奎法伯的两耳被日军用铁丝穿通,吊在树上,肚皮被破开,肚肠被拉出,一直到被折磨致死。西溪村傅采甫年近70岁的老母亲,被日军装到棺材里活活闷死。60多岁的宋国祥被日军拉到溪里浸死。天宁寺农民邱老九被日军拉出肚肠牵来牵去,活活被牵死。丽水南乡、西乡等地的百姓也同样惨遭日军的残暴杀害。据统计,丽水城乡被日军枪杀、刀刺、剖腹、淹杀致死的共有2579人,其中女性714人。日军流窜丽水期间,妇女深受其害。只要落到日军手里,不管是少女、妇女,还是老妇,都难免受其污辱。西溪村有个少女年仅16岁,当日军窜扰时,她躲避在山上被搜出,有10多个日军士兵排队将她轮奸。这个少女阴部破裂,血流不止,日军就用冷水冲洗,继续轮奸。莲房村民李春荣的妻子被日军拖去强奸,他在树林中听到妻子惊呼惨叫,冲出林子与敌人拼命,结果被活活打死。水东后弄村有个少女被10来个日军士兵拉住轮奸,她的母亲冲向前去抢救,结果被日军从山岩上踢下活活跌死。黄泥墩村的孕妇被日军奸污后,还将她的肚皮剖开,挖出肚肠和婴儿。日军在奸污老太婆后,还用玻璃插其阴道,或割去乳房。在青林村,日军用暴力脱去妇女的衣服,强迫她们赤身裸体在溪滩上跑步以取乐。日军的暴行,一言难尽。据统计,被日军奸污的妇女有2000余人。日军窜踞丽水期间,差不多每天都分窜四乡劫抢物资。日军所到之处,不仅粮食、工业品、商品、军用物资被抢一空,而且连牛、羊、猪、犬、鸡、鸭、鹅等家畜家禽也不放过,真是鸡犬不留,无一幸免。据统计,被日军劫掠和烧毁的粮食共计101930市担(每担50公斤),被屠宰的耕牛、肥猪4994头,鸡、鸭、衣服等物无可统计。日军第一次流窜丽水时,正是立秋时节,老百姓纷纷逃到山中,城郊一带正在扬花的大片水稻被日军割去当马料,幸能留下的部分,又因收割误期,谷粒脱落地面,等日军溃退后,都发芽长成了秧苗。城郊平原几乎颗粒无收。据统计,日军侵丽期间,丽水损失粮食45450石,工业产品9453余万元(法币)、其他物资65779余万元(法币),总值159109万元(法币)。日军除了烧、杀、抢、奸淫妇女之外,还进行过惨绝人寰的细菌战,撒播细菌,企图灭绝中国人民。日军第二次流窜丽水溃退时,在丽水城乡到处丢撒带有疫菌的饼干和带有疫蚤的物品。日军溃退后不久,丽水即发生鼠疫。城内太平坊73岁的李长清首先染鼠疫而死。接着宋衙基28号一家5口在一个星期内先后染鼠疫而死。很快,鼠疫从城内流传到乡村。丽东陈寮村仅100来户人家,一月内染鼠病而死10多人。城郊天宁寺村因染鼠疫而死的有60多人。其中,梁章源一家8口,死了7人,只留下一个年幼的孩子,胡起仁一家4口全部死亡。王文才夫妻俩同时染病而死。邱有青一家4人全部死亡。水东村民死于鼠疫的有70多人,樟树子一家9人死了6人。碧湖保定村5天内因染鼠疫而死的有17人,张道宝一家6人全部死亡。据《东南日报》报道,浙江在抗战8年中,因患鼠疫而死的共有3000多人,其中,丽水患鼠疫的有947人,死亡608人。日本侵略者在丽水犯下的滔天罪行,罄竹难书。丽水人民永远不会忘记。

日本侵略者的烧、杀、抢、奸淫等强盗行径,极大地激起了丽水城乡人民的无比愤恨。为了保卫家园,打击侵略者,他们在党组织的领导下举起枪杆与敌人做斗争,或自发地聚集在一起,以柴刀、木棍、锄头为武器,利用各种有利的时机,痛歼日本侵略者。1942年6月,北乡中共党员刘智明、陈天顺、周益新等人就在仙渡一带发动100多人,组成抗日自卫队,英勇地参加抗击日军的斗争。他们熟悉北乡的地形地貌,利用自制的武器,狠狠地打击流窜至北乡的日本侵略者。1942年7月,日军从武义乌门岭侵犯丽水,有十几个日军骑兵牵着十几匹马经过岩蒙村。农民李根金等人发现后,立即选择了有利地形,在陡峭的山崖上准备好许多大石块,等日军骑兵从山下经过时,他们一齐将大石块推下山岩。大石飞滚砸下,日军骑兵当场有8个被砸死。同月的一天,西溪村民李显明等10来人在村口山上发现桥下畈有10来个日军士兵向潘村方向走去,只有后面两个日军士兵有枪,其余都没有武器。李显明等商议,决定先将后面有枪的两个日本兵干掉,夺到枪之后再去消灭前面的日本兵。于是,李林彩、李金发暗藏了柴刀,悄悄地摸到了他们的背后,结果被发现了。日本兵回转身来,举起枪来对准他们,并要搜抄他们的衣袋。就在这时,李显明等人迅速地从路旁跃出,冲到他们面前,大喊一声:"冲啊!"那两个拿枪的日本兵一时吓得惊慌失措,还来不及开枪,李林彩、李金发早已抽出柴刀,狠狠地朝他们的脑袋砍去,他们来不及喊一声就被砍死了。李显明等人缴获了敌人的两支枪,一齐追上前去,用枪托、柴刀、石头,又砍又劈,10个日本兵被全部消灭了。同月,有5个日军士兵从飞机场到河村进行掳掠,河村农民管金土看见后,立刻跑到磨石磁村与沈德金、沈德元、王连升、刘五麻、城里她等人商讨灭敌的计策。当敌人从河村走出时,突然喊声四起,人们将敌人包围起来。日本兵见状丢了东西慌忙逃命,被村民们用石块砸倒在河里,有2个被河水淹死,其他几个企图逃过河去的也被村民全部打死。1942年7月21日,日军从武义窜入北乡鸭班村。其时正遇上山洪暴发,溪水猛涨,敌人只得在鸭班村宿营。六七天后,洪水退去,日军向丽水方向进犯,有38个日军官兵掉队。鸭班村的青壮年农民就一直跟踪在他们后头,准备寻找机会消灭他们。可是一直跟到小安村,仍然没有机会下手。于是,他们就与小安村农民商量,一起消灭这股日军。他们拿锄头、木棍、柴刀,抄近路,在日军必经的长濑玉山庙等险要处守候,拦击敌人。当日军前面的人马过了大黄岭,首尾不能呼应时,村民们迅速地从山林、田野里冲出来,向敌人猛打猛劈。日军猝不及防,当场被打死20多个,缴获了10多支步枪。其余10多人向竹舟方向逃窜,竹舟村的青年农民徐友元、林光成等人立即追上去。等敌人逃到险要的李山背后时,徐友元等大声喊叫,附近二三十个青壮年闻声火速包抄过来。他们冲上山头,与日本士兵展开肉搏,结果又消灭了11个敌人。还有几个逃到竹舟桥头,也被李仁进、徐友元、刘大种、刘进等人用锄头打死。这次战斗,共消灭了日本侵略者38人,缴获了十多支枪和一批军用品。不久,小安村民听说又有大批日军要过境,为了更有效地消灭敌人,他们巧妙地将村口拆毁的木桥照旧架起来,把桥中间的几根木头锯断。用小木接上,上面用泥土人从河村走出时,突然喊声四起,人们将故人包围起来。日本兵见状丢了东西慌忙逃命,被村民们用石块砸倒在河里,有2个被河水淹死,其他几个企图逃过河去的也被村民全部打死。1942年7月21日,日军从武义窜入北乡鸭班村。其时正遇上山洪暴发,溪水猛涨,敌人只得在鸭班村宿营。六七天后,洪水退去,日军向丽水方向进犯,有38个日军官兵掉队。鸭班村的青壮年农民就一直跟踪在他们后头,准备寻找机会消灭他们。可是一直跟到小安村,仍然没有机会下手。于是,他们就与小安村农民商量,一起消灭这股日军。他们拿锄头、木棍、柴刀,抄近路,在日军必经的长濑玉山庙等险要处守候,拦击敌人。当日军前面的人马过了大黄岭,首尾不能呼应时,村民们迅速地从山林、田野里冲出来,向敌人猛打猛劈。日军猝不及防,当场被打死20多个,缴获了10多支步枪。其余10多人向竹舟方向逃窜,竹舟村的青年农民徐友元、林光成等人立即追上去。等敌人逃到险要的李山背后时,徐友元等大声喊叫,附近二三十个青壮年闻声火速包抄过来。他们冲上山头,与日本士兵展开肉搏,结果又消灭了11个敌人。还有几个逃到竹舟桥头,也被李仁进、徐友元、刘大种、刘进等人用锄头打死。这次战斗,共消灭了日本侵略者38人,缴获了十多支枪和一批军用品。不久,小安村民听说又有大批日军要过境,为了更有效地消灭敌人,他们巧妙地将村口拆毁的木桥照旧架起来,把桥中间的几根木头锯断。用小木接上,上面用泥土猛打过去,几下子就打死了5个敌人。其余的几个鬼子拔腿就逃,结果也被他们追上消灭了。被夺去的货物又被他们全部夺了回来。同年9月的一天,一批日军从丽水溃退,途经梅田时,也遭到了梅田村民的痛击。梅田有一条山岭叫百步峭,山高岭峻,一边是百丈深壑,一边是丛莽密林,地势非常险要。村民周她儿等人就利用这一有利地势,先将道路破坏,然后埋伏在山顶上,并准备了许多大石块。当多个日本士兵牵着10多匹马上百步峭时,周她儿等人立刻将石块从山上滚下。顿时,砸得日军人仰马翻,当场砸死日军士兵6人,马10多匹。当窜据在碧湖的日军向保定方向移动,企图渡江进犯大港头时,大港头铁工厂的工人,在厂党组织的领导下,拿起他们自己制造的枪支狠狠地射击日军,逼使流窜的日军狼狈地逃回碧湖。岩泉的青林村、水东的黄泥墩、富岭的下仓、洪渡等地,都有群众自发聚集在一起,消灭日本侵略者。

(一)丽水飞机场遗址

1934年9月28日,开工建设丽水飞机场,至12月26日完工,占地970亩;并且先后两次扩建丽水飞机场,第一次扩建时间为1938年4月开工至7月完工,占地245亩;第二次扩筑隐蔽道二条,1939年8月开工,10月完工,占地60亩。三次共占地1275亩。

机场完工后,正值抗战全面展开,浙江省教育厅、建设厅和其附属机构等先后迁来丽水,再加上许多在丽水新建立的公司、工厂、学校等,丽水成了浙江全省的政治、经济、文化中心和全国东南水陆交通枢纽之一。尤其飞机场,引起了日寇极大关注,使丽水成了日寇在中国实行大轰炸的目标。8年中丽水县被日寇飞机炸毁的房屋7000余间,炸死上千人。

丽水机场在抗战中发挥过重要作用,先后起降过苏联、盟军和中国空军的飞机。1938年5月19日下午3时30分,1103号1104号两架马丁重型轰炸机,满载"纸弹"(抗战宣传品)从汉口起飞,在丽水机场降落,经仔细地检修,加上副油箱。20日深夜,中国空军徐焕升和佟彦博分别带领队员苏先华、雷天春、刘荣光、陈光斗驾机起飞。航行了近2个小时,到达日本九州、长崎福岗上空散发传单,沿途散发了100多万份传单和小册子并完成侦查任务后安全回到丽水机场加足汽油再飞回武汉。这是抗战期间我国本土对日本本土进行的第一次远程军事行动。

1942年,日军占领丽水,为防止丽水飞机场再次对日本本土造成威胁,日军对机场进行有计划大规模的破坏,根据日军绘制的《丽水飞机场破坏作业要图》和《昭和十七、八年之支那派遣军》记载:日军侵占丽水后,派70师奈良支队经缙云专程来丽水,负责破坏飞机场。8月26日,70师团和小菌江旅团共同完成了机场的破坏作业。作业标准为挖壕沟11299立方米,壕沟深0.5米,上面宽3/1米,长度4265米。以机场为中心,方圆1.5公里之内的机场设施、有利于敌军的民房、树木、桥梁全部破坏。参加作业的人员仅第70师团就用了工兵274名,步兵377名,苦力3492名,共计4143名。

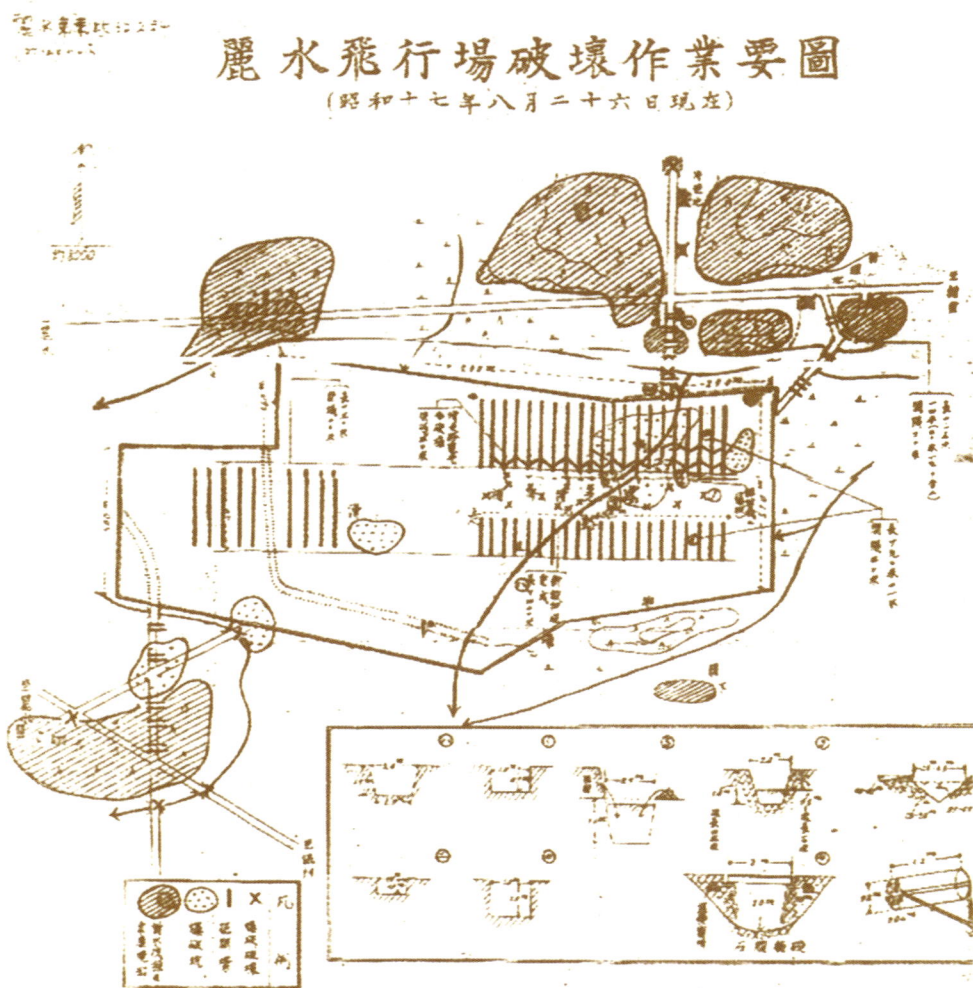

日军破坏丽水机场方案(周率提供)

民国36年(1947)2月23日,丽水县县长侯轩明报告省府,要求批准将该机场复垦还农。以百亩筑蓄水池,借以蓄纳好溪堰过剩之水供灌溉防旱。其余1100亩仍开垦为田,以500亩充好溪堰基金,300亩充通济堰基金,300亩充县立简易师范基金。同年5月14日,浙江省政府主席沈鸿烈训令:"该机场系

丽水飞机场遗址两湖公园俯瞰（"丽水网"提供）

全国机场存废案中核定保留在案"不准垦复。

1952年11月，中国人民解放军华东空军司令部派蒋植青等3人前来勘察后决定，原机场向外扩展到长2500米、宽2000米。在扩修前，准予农民耕种，但不准建造任何新的建筑物。

1962年后，附近各人民公社生产队将机场内跑道以外部分开垦种植。1964年9月14日，中国人民解放军7350部队与丽水县人民委员会签订《旧机场代管协议书》。明确规定："机场原有面积988500平方米（约1484亩），产权属中国人民解放军7350部队所有，仍借给丽水城关公社、丽阳公社、岩泉公社、专区农场等单位使用，并委托丽水县人委代为看管保护，维持机场现状。"1966年，修复临时跑道，第13航空大队派来4架"运5"飞机，从8月下旬到10月上旬，每天从该机场轮番飞往缙云林区喷药治虫，每架次治虫200亩，共防治20多万亩。

随着丽水城市的快速发展，当年的空军丽水旧机场已被城市建设包围，成为丽水市区城市脏、乱、差的集中区。2008年11月26日,南京军区空军前来丽水实地勘查机场拟选地址,并就丽水机场建设及旧机场易址等与丽水市委、市政府商谈,综合各种因素考虑,达成《丽水机场建设备忘录》。通过旧机场易址,把原来的旧机场置换出一片新的土地,建设一座全新的军民两用机场。同时,置换出来的空军丽水旧机场区块也将建成具有美化城市、完善功能、引导旅游的特殊区域,将成为丽水打造生态旅游城市的一张新名片。如今,抗日战争时期极为重要的反法西斯战争遗址已建成两湖"公园(规划建设暂用名),新命名的城市道路"老机场路"和已建成的"和平路"皆与公园相连接。如能以"和平公园"命名,可以赋予新时代革命老区特质的公园主题打造和更多人文历史底蕴,激发丽水社会各界的爱国热情,教育后代勿忘国耻,珍爱和平,奋发图强,弘扬践行浙西南革命精神,将公园建成为爱国主义教育阵地和展示丽水儿女英勇抗击外来侵略历史的宣传窗口。

**(二)好溪堰日军投毒处遗址**

1942年浙赣战役中,日军第一次流窜丽水。驻住在机场附近的日寇,每天都要到青林村和附近村庄奸淫掳掠并常在村中烧饭吃,杀害了村中64位村民,30多位妇女惨遭强奸和轮奸,甚至把村中一七旬老妇也群奸而亡。7月28日(农历六月十六日),20多名骑马的鬼子手提汽油喷在各家房子上,然后用一种在墙上一擦便会起火的东西点燃,除了留下王增其家两间矮屋外,全村300多户1314间房屋,顷刻化为灰烬。周围的社后、关下等村落也遭同样的浩劫。

青林村有个小伙叫陈朝昌,他家的房子也被鬼子烧毁,只得逃到附近的沈岸村避难。8月23日(农历七月十二日,也就是日军撤退前四天),他带着13岁弟弟陈细种沿着好溪堰,渡过好溪水,急着想回家看看。走着走着,忽然,他发现有一群穿白大褂的日本兵沿公路向马头山脚走去,于是便躲在溪滩边一块大石后观看。只见鬼子们走到马头山麓时,有个日本兵将手中拿的好几包东西扔到坑口潭(好溪堰入口处),随即溅起一阵水花。鬼子走后,他哥俩悄悄走近想看个究竟。只见坑口潭以及好溪堰渠的水面上浮起很多翻白的鱼。他的弟弟下水捡了一条大军鱼,兴高采烈地回家煮食。没想到,过两天,弟弟便生起一种怪病,不治身亡。日军离开丽水之后,这种病便在村里竟然暴发性蔓延开来。原来,日寇撤退后,村民回到村中,在废墟上搭建临时屋棚。由于天气炎热,村民们常取渠水解渴,并和往常一样到好溪渠里汲水烧饭,洗衣洗菜。过了几天,村中发生一种怕冷、发烧、腹痛腹泻,严重时谵妄、昏迷,最后便血而死的瘟疫病状。染上这种病的人死得很快,从9月初发生,到10月间一个多月时间,便有50人被感染死亡。这就是《井本日记》中记载的日军于浙赣战役中在丽水撒布伤寒菌的事实。

在这次投菌事件后,好溪堰流域陆陆续续有村民细菌感染,仅青林村就有52人染病去世,其中黄培树一家6口全部罹难。另外青林村还有10人因感染炭疽病死亡。在好溪下游的芦埠村,因饮用被污染的溪水,也有50多人患上伤寒病死亡。此外,社后、关下等村庄也有多人感染伤寒病先后死亡。

日军投毒处青林村的好溪堰渠(潘贵铭摄于2012年)

### (三)西溪观音桥抗日旧址

西溪观音桥抗日旧址位于莲都区雅溪镇西溪村村口,为古时稽勾古道必经之地。

1942年7月,日军经过西溪一带,因山高路陡,沿路丢下不少半死不活的马匹。这天,西溪村民李林彩、李金发等八人商约到潘村去割马肉吃。天下着雨,8个人穿上蓑衣,带上柴刀就出发了。当他们走到村口观音桥上时,看到下面田畈里有十多个鬼子慢吞吞地向潘村方向走去,身上并无武器。大家就说:"我们每人带有柴刀,跑去砍死他们。"正在谈论中,又发现隔一段路还有两个背枪的鬼子。大家猜想前面几个无枪的大概是病员,后面两个有枪的是护送的。大家商量好,先将后面两个有枪的鬼子干掉,夺了枪再去对付前面的10多个鬼子。李林彩、李金发二人说:"我两人上前去,你们6人分两批从路下两侧爬过去,抄到两个鬼子的前面,然后从两侧包围上去。"这样决定后,就开始分头行动。林彩和金发两人就快步向两个鬼子走去。将要走近时,鬼子发觉背后有人,旋即回转身把枪对准林彩俩人。俩人即做哀求状。两个鬼子见状 没有开枪,却来搜他俩身上的衣袋。这时其他6人已从两侧包抄过来,6人一齐叫着:"杀呀! 缴枪呀!"当两个鬼子回转身时,李林彩、李金发就趁其不

西溪观音桥(吴志华摄于2019年)

备,手持柴刀猛力朝两个鬼子砍去。砍死了两个鬼子夺了枪,将鬼子的尸体推入河里。夺了枪,大家胆子更壮了,就追上去用枪柄、柴刀、石块对着个鬼子乱敲乱打,当即将他们敲死12人,还有两个逃到坑沟里。林彩、金发俩人赶到坑边叫鬼子爬上来,鬼子不上来,俩人就用大石块滚下去,把两个鬼子压死在坑沟里。接着,大家一齐动手,把16个鬼子尸体拖到路旁的凉。亭边,挖了一个深穴,将尸体丢下去埋了,没有被敌人发觉。这次8个人共消灭了16个鬼子,尤其是李林彩、李金发英勇过人,每人杀死了三四个鬼子。

西溪观音桥旁的西溪抗日纪念碑(吴志华摄于2019年)

### (四)梅田百步峭歼灭日军处

1944年9月的一天,一批日军从丽水溃退,途经梅田时,也遭到村民的痛击,史称"百步峭的无声阻击"。日寇抢足了粮,又向金华方向流窜了。其中有一批鬼子从银场经坑里向缙云方向溜。这样,梅田岭头附近的百步峭,就成了鬼子必经之路。这里山高岭峻,一边是百丈深壑,一边是丛莽密林,地势十分险要。鬼子马队爬到梅田岭头，往往人困马乏，总要在梅田岭头过夜。日寇把村子糟蹋得不成样子，老百姓在山上避祸，无家可归，人人对日寇恨之入骨。村中曾有人在鲍店一带找过中国共产党，但没联系上。回来后，有的商议先夺日本鬼子的枪支，准备与日本鬼子大干一仗。有一天，周娟儿等五六个年轻人，发现日本鬼子把枪架在天井睡觉，就提议进村摸枪。但经大家商讨，认为有枪没子弹也不管用，再说，进村夺枪，一旦出事，鬼子烧了村子，损失更大。后来，大家商定到路上去收拾日本鬼子。年轻人说干就干。一天中午，几个人瞒着老人说："敲野狗去！"果然，拿了木棍、锄头、柴刀就去了。老人们还真以为年轻人嘴馋。可是晚上他们扛回来的却是一腿马肉，叫大家煮起来让全村人吃。原来，他们凭着路熟地不生，埋伏在路边的丛莽里，专等过路而赶不上队伍的日本鬼子和掉队的马匹。当掉队鬼子走到埋伏圈时，小伙子们跳将出来，几个棒喝就把掉队的鬼子敲死，并把驮马逼下悬崖。然后，人们立即转移，等到天黑，再到崖下，用柴刀砍下马腿背回去。后来，这个村的老百姓就常找机会进行这种阻击活动，他们还把这种活动叫作"打野狗"。每次出击，也无须过多准备，就像平日猎人们去狩猎一样，说走就走，一般不会空手回来，主要收获是一大条一大条的马腿。后来，群众性的阻击活动也越来越有经验。"高山滚石"，就是非常壮观而又十分解恨的打法。1944年古历八月二十日，天气比较闷热，一批搞破路的青年，发现日本人的马队来了，就立即返回百步峭岭头，布好滚石。那天下午点心边，一支马队十四五匹马，10多个鬼子果然一拐一拐，气喘吁吁地来了。等鬼子全部闯进滚石区，"正面礌石"一滚动，数以百计的"侧面礌石"也铺天盖地地飞滚起来。青年们动作迅捷，每当石头启动时，放滚石的人们也已经撤得无影无踪了。那些极少数侥幸未砸死的鬼子，当惊魂初定，想起放枪时，山上早已什么动静也没有了。闹得鬼子弄不明白是怎么回事，只好气得咿里哇啦，乱叫乱嚷，一瘸一拐地狼狈逃窜。那天老百姓等天煞黑时，到现场察看，一点共砸死了鬼子的马12匹，日本鬼子6个。第二天，还拾得受伤的跛腿马一匹。从此，梅田岭头人民勇武善斗的事迹便广为传颂，大振人心。

百步峤远眺（吴学文摄于2013年）

梅田村村民周理东在百步峤向笔者介绍当时抗日事迹（仙渡乡政府提供）

### (五)皂树战壕遗址群

1944年8月,日军流窜至丽水,国民党在皂树、葛渡等地布置防点,阻击日军。至今皂树柴枫、水碓坑岗、陈弄凹、八队后山岗等地还有多处保存完好的战壕遗址。其中柴枫战壕长度80米左右,含4个机枪口,宽0.8米左右,深1米左右;水碓坑岗战壕长10多米,宽1米左右,深1米左右;陈弄凹战壕长100米左右,宽1米多,深1米多;八队后山岗战壕长50米左右。

皂树战壕遗址(樊永林摄于2019年)

# 十四、里东抢盐运动旧址

李氏宗祠位于雅溪镇里东村南侧,据里东村《李氏宗谱》记载,宗祠建于清乾隆五十二年(1787),是1944年里东抢盐运动旧址。

抗战期间,英雄的丽水城乡人民除了顽强地抗击日本侵略者,消灭敌人之外,还进行了"抢运"食盐斗争。抗战时期,丽水是浙盐运销屯存的主要地区。1942年日军逼近浙南时,国民党采用两个办法把食盐囤积于水。其一是浙东未沦陷前采用抢运，其二是浙东沦陷后采用"偷运"。温属各盐场及黄岩盐场的食盐全部从温州运至青田温溪，再用瓯江木帆船运到丽水。运到丽水的食盐，有的转运云和、龙泉及福建浦城等地供销，有的运往遂昌、龙游以及江西等地供销。日军流窜丽水时，国民党政府只顾逃遁，大量的人民生活必需品食盐，落到日本侵略者手里，广大人民群众无不痛心至极。因此，人们产生了从敌人手里夺回食盐的想法，并很快地就展开了"抢运"食盐的斗争。在党的组织下，丽水的南乡、西乡和云和、龙泉、松阳、遂昌的群众，纷纷结队到丽水"抢运"食盐。丽水的东乡、北乡，特别是北乡人民还组织了运盐队，投入"抢运"食盐斗争。北乡的岭东、雅里、上陈一带的群众，召集了三五百人，成群结队，浩浩荡荡地走几十里路到丽水城郊的桃山溪口运盐。

日军畏惧不敢出兵阻拦，只得从遥远的溪南吕步坑用机枪扫射。英勇的北乡人民毫不畏惧，冒着敌人的弹雨，冲向盐包。岭东一带的人民共"抢运"过3次，每次都有几百人，每次都冒生命危险"抢运"到大量食盐。仙里、太平、下土夭、竹舟一带以及碧湖、南乡、东乡一带的人民，也都组织了队伍"抢运"食盐。不幸落到敌人手里，他们也是宁死不屈，决不投降。有一次，北乡的赵献堂、冯定良、冯保定等人被日军抓去，冯保定知道落入日本侵略者的魔掌就难以生还，跳

溪口盐仓的石砝码(吴志华提供)

井自杀了。冯定良被敌人拉去枪毙，因未中要害，晚上醒来爬出通惠门外，托人告诉家属，被救回了家。赵献堂则寻机逃出了魔窟，回到了家乡。类似这样的情形还有许多。所有这一切都显示了丽水人民坚决抗敌的决心和英勇不屈的英雄气概。

里东一带的人民共"抢运"过3次，每次都有几百人，每次都冒生命危险"抢运"到大量食盐。运回里东后，大家聚集在李氏宗祠按户分盐。李氏宗祠坐东南朝西北，占地965平方米，呈长方形平面，前后共三进，左右设前、后厢

房,小青瓦阴阳合铺,硬山顶。第一进前堂五开间,进深四柱五檩,明间梁架为抬梁式,五架抬梁带前后单步;明间设戏台,用四柱。第二进正堂面阔七开间,进深四柱七檩,明间梁架为抬梁式,五架抬梁带前双步后单步。一、二进间设前厢房,均两层三开间。第三进后堂面阔七开间,后堂及后厢房均于2007年重建。

里东抢盐运动旧址(李氏宗祠)外立面(吴志华摄于2015年)

里东抢盐运动旧址(李氏宗祠)内景(吴志华摄于2015年)

# 十五、张之清滴水岩开展农民运动旧址

滴水岩外花厅位于该村中部,是1939年前后张之清担任葛渡据点指导员时,在滴水岩开展农民运动旧址。近年,该民居门楼被拆除。

滴水岩村俯瞰(楼新建摄于2024年)

1938年6月,张之清任太平特约经济实验区葛渡据点指导员、中共太平区委书记,创办《太平周报》,向群众宣传抗日。他在滴水岩、双溪、雅里、金竹、西溪、皂树、仙里等村发展党员,建立地下党组织。他还帮助农民办起了滴水岩村开荒合作社,而且还在滴水岩办识字班,教唱抗战歌曲,受到群众拥护和推崇。

丽水县太平经济实验区针对田租太重的状况,从1939年春开始,张之清倡议在全区范围开展"二五减租"。区署张贴《浙江省二五减租暂行办法》,通令全区一体实行;召开保长会议,要求各保推行;在各个主要村庄召开群众大会,号召大家有钱出钱,有力出力,合理负担,地主、富农要依照法令换订新租约,不准多收租或撤佃。在春荒时节,农民无粮度日,而滴水岩等地地主囤粮居奇,引起民怨。中共太平区委书记张之清,即以实验区葛渡据点乡村建设指导员身份,到滴水岩村发动群众与囤粮居奇的地主做斗争,迫使地主开仓平果。

1939年的暑期,处州简师进步学生、滴水岩人陈波把抗战的思想观念和革命歌曲以及一些进步书籍带回到滴水岩村,在回乡度暑假的同学中间传播,深受青少年学生的喜爱。于是,陈波把这些学生召集一起,发动成立了滴水岩暑期青年读书会。张之清得知农村青年学生陈波办了暑期青年读书会,很是高兴,就写信鼓励以陈波为首的暑期班学生。张之清把写好的信托人带到滴水岩村地下党支部书记陈协通家里,并嘱咐陈协通交给陈波,随同这封信,还带来《新哲学大纲》等一些进步书籍资料,信封上写着"青年读书会启"。信的正文是从右到左竖写,一手漂亮的毛笔行草,看信的内容就知道是一气呵成,字里行间透露出党组织对青年学生的充分肯定和殷切期望。1940年秋,国民党右派掀起反共高潮,丽水处在严重的白色恐怖中,中共地下党组织紧急转移,太平区委的施伯泉撤离到萧山,张之清撤离到青田。滴水岩青年读书会就没有再办。但是,读书会传播的抗战思想却在老百姓中间被点燃。

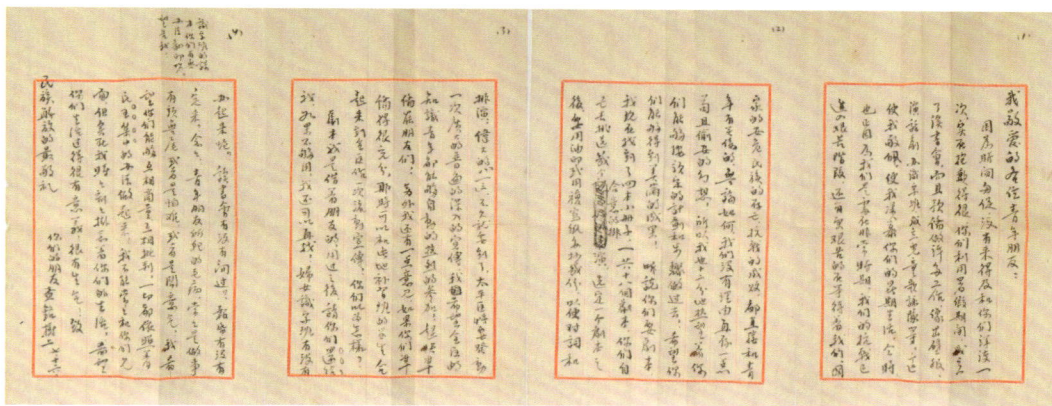

张之清给滴水岩暑期班学生手札(1939年)(三级革命文物)(丽水市博物馆藏)

张之清滴水岩农民运动旧址外花厅为清代建筑,坐南朝北,占地864.35平方米,四合院式,建筑由厢房和正厅组成,小青瓦阴阳合铺。正厅面阔五开间,进深五柱七檩,明间梁架为抬梁穿斗混合式带前下檐单步。前厅于20世纪70年代倒塌后重建,大门幸存,为石库门,水磨砖砌,门额阳刻"濂溪后裔"四字,两侧有精美砖雕为鲤鱼跃龙门,檐口施两层挑转。左右设厢房,均为两层二开间。

张之清滴水岩农民运动旧址外花厅外立面（吴志华摄于2009年）

# 十六、浙江化工厂遗址

　　浙江化工厂遗址位于碧湖镇堰头村堰障角地方，新中国成立后被开垦成梯田。2008年，堰头一带群众集资在该遗址上兴建了何澹丞相纪念馆。

　　1938年，在中共抗日民族统一战线推动下，在周恩来支持鼓励下，国民党浙江省政府主席黄绍竑，在丽水大港头创建浙江铁工厂。浙江省铁工厂成立后，因缺乏制作武器弹药的化工原料，而使大量制作出来的武器无法正常使用。1939年4月，周恩来以国民政府军事委员会政治部副部长的身份，抵达丽水。一路陪同的黄绍竑，将困难情况告诉了周恩来，周恩来当即提出了合作创办化工厂的建议，并推荐了化工厂专家薛济明。薛济明为温州瑞安人，留美化学博士。临危受命担任浙江省化学工厂厂长后，即着手操办化工厂筹备事宜。

1940年,浙江省化工厂在碧湖镇堰头村建成,有烧矿炉8座,硝石炉1座,除尘室1间,铅室2间,提浓室2间。主要为浙江省铁工厂提供制造子弹和炮弹、炸药的化工原料,使弹药源源不断地投入到抗日战场。该厂曾派人到遂昌岭头尖开采黄铁矿制取硫酸。兴盛时期,浙江省化工厂有数百名工人同时开工,规模可见一斑。后因浙江省铁厂大部分生产武器设备迁往福建南平,为其生产弹药原料的浙江省化工厂也完成了其历史使命。

现仅存化工厂遗址和化工厂奠基碑1座。前些年,堰头一带群众在化工厂遗址上建起了何澹丞相纪念馆。

浙江省化学工厂遗址远眺(潘贵铭摄于2016年)

浙江省化学工厂遗址上的何澹丞相纪念馆(潘贵铭摄于2016年)

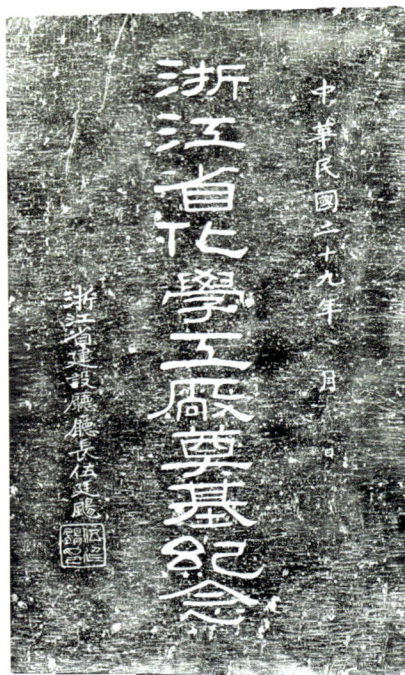

浙江省化学工厂奠基纪念碑拓片（吴志华拓制并摄于2012年）

# 十七、游击队（武工队）战斗活动旧址群

丽水游击队（武工队）战斗活动旧址有松坑圩"三抗"斗争旧址（"化洽薰弦"古民居）、游击队攻打曳岭区署碉堡遗址、丽武宣武工队开仓放粮旧址等。至2024年，松坑圩"三抗"斗争旧址（"化洽薰弦"古民居）、丽武宣武工队开仓放粮旧址、游击队攻打曳岭区署碉堡遗址保存较好，丽武宣武工队开仓放粮旧址还被开辟成老竹畲族镇畲族馆对外开放。

1945年8月15日，日本宣布无条件投降，中国人民取得了抗日战争的最后胜利。第二次世界大战结束后，国际形势的发展以及美苏对华政策对中国政局造成了巨大的影响。面对战后初期极其复杂的国际国内形势，中共中央制定了"争取和平民主、反对内战独裁"的基本方针。为了避免内战，国共两党举行了重庆谈判，中国共产党及时提出了"和平、民主、团结"的方针，主张团结一切爱国力量，把中国建设成为独立、民主、富强的新国家。但是，蒋介石在完成发动全面内战的准备后,于1946年6月26日,悍然撕毁政协决议和一切停战协议,向解放区发起进攻,挑起了全国规模的内战。自此,中国共产党领导全国人民进行了伟大的解放战争。在这一时期,中共丽水党组织在中共处属特委的领导下,深入发动群众,开展抗丁、抗粮、抗税斗争,整顿、发展党组织,发展革命武装力量,开展游击战争,恢复老区,开辟新区,扩大革命根据地,直到丽水解放。根据中共处属特委的指示,林艺圃等人积极筹集经费、购买枪支、收集散落在民间的武装弹药、物色人员,为组建武装做准备。1946年冬,在青田的吴畲建立了丽青松武工队,队长金存(女当),队员金常玉、金存庭、金饭坯、叶金标、王德元等,有短枪1支、步枪2支。武工队成立以后,以"开辟地区,建立武装活动据点,收缴枪支,为今后扩大武装斗争进行准备"为主要任务。不久,青田东山、祯旺、章村和丽水港和(大港头)、松平(联合)、南溪(沙溪)、碧湖、高溪、九龙(平原)、沈青(陈村)、多武(张村街)等乡的游击活动区初步建成。这些乡的吴畲、陈须、破西寮、云尖、下田、河边、东坑、大坑、松坑圩、水磨爿、下概头、道士(田本)、砧头、章庄、胡椒坑、雷公山、张村街等地,成为游击活动区的坚固据点。1947年5月,丽武宣武工队(丽水县武工队)在丽水北乡大姆山成立,先后参加的队员有李新民、曹增有、朱陈法、谷明月、叶进南等,武器只有1支土造的小手枪和1把马刀。随着党组织的恢复和发展,一些贫雇农先后参加了武工队。但是由于敌我力量悬殊,武工队只能在夜间秘密活动,甚至整天都隐蔽在山林草铺里。新入伍的同志过不惯这种生活,便产生了离队思想,做思想政治工作成了武工队的主要任务。武工队决定吸收一些年青有知识的地方党员入伍,培养善于做思想政治工作、文化工作的政工干部。这样,朱太、周一平、李桂生、李方仁、李瑛、李介甫等一批党的骨干先后参加了武工队,他们还带动了一大批党员、群众入伍,壮大了武工队的力量。活动在丽水县边区的游击队(武工队)先后两次有力反击国民党反动派的"清剿"。

### (一)松坑圩"三抗"斗争旧址("化洽薰弦"古民居)

随着根据地武装斗争的蓬勃发展,群众的抗丁、抗粮、抗税斗争也广泛地开展起来。1948年11月,保定乡(今属碧湖镇)大坑、鲤鱼头支部和松平乡(今属碧湖镇)大济支部、大济畲族民兵小分队联合行动,打开国民党丽水县政府设在松平乡松坑圩村的粮仓,将3万多斤粮食发给当地农民。1949年2月靖居区党组织发动黄瓜田、叶修后、裕溪一带群众,将国民党松阳县政府运往丽水的3船粮谷截留,全部发给当地群众。

松坑圩"三抗"斗争旧址的"化洽薰弦"古民居位于南明山街道松坑圩行政村中央自然村9–11号,清代建筑,坐南朝北,偏东3度,硬山顶,阴阳合瓦。建筑由门屋、正楼、厢房、天井组成,整体格局为七开间两层楼,砖木结构。通面阔24.9米,进深31米,占地面积约772平方米。中轴上辟抱框石质双开木大门,水磨砖砌墙体,门楣上匾额墨书"化洽薰弦"字样。穿斗式梁架,明间六柱九檩,天井块石拼砌,四周条石阶沿,东西各设两厢房,建筑雕刻精美,花草纹窗棂,裙摆,牛腿、月梁、平梁为动物纹,柱础较大,下有方形覆盘,夯土墙,块石墙基。

松坑圩"三抗"斗争旧址"化洽薰弦"古民居外立面(吴学文摄于2009年)

松坑圩"三抗"斗争旧址"化洽薰弦"古民居内景(吴学文摄于2009年)

### （二）游击队攻打曳岭区署碉堡旧址

游击队攻打曳岭区署碉堡旧址在曳岭脚村的曳岭区署后山上，派有驻兵20余人，以碉堡和战壕为据点，控制共产党活动。1948年12月底，共产党员郑智浩对国民党曳岭区署作了侦察。根据侦察得到的情况，1949年1月28日夜，张之清等率领80多名游击队员，兵分三路袭击曳岭区署：一路去国民党曳岭区长妍妇家抓捕区长，一并俘虏区署职员；一路攻打固守碉堡的顽敌，捣毁敌碉堡。

游击队攻打曳岭区署碉堡旧址（楼新建摄于2023年）

### （三）丽武宣武工队开仓放粮旧址

1948年12月底，曳岭区武工队的李介甫和党员郑智浩（公开身份是国民党崇义乡乡长）对国民党曳岭区署作了侦察。根据侦察得到的情况，1949年1月28日夜，张之清、陈仿尧、周一平率领80多名游击队员，兵分三路袭击曳岭区署。这次战斗共打死敌士兵1名，打伤敌队长1名，俘虏敌士兵10多名，缴获长短枪10多支及一批子弹、手榴弹。攻占区署，拔除敌据点，游击队大获全胜。这一天正是农历三十大年夜，游击队连夜在老竹村打开曳岭区粮食仓库，将10多万斤稻谷分给老竹、梁村等地的贫苦农民。崇义、永丰（今均属老竹畲族镇）等乡七八百名农民提灯笼，举火把，浩浩荡荡涌到老竹挑粮。他们欢天喜地,齐声赞扬共产党游击队。次日大年初一,群众自发到村口为游击队送行。

　　该旧址在老竹村中,新中国成立后,改建成崇义乡粮仓,近年改造成老竹畲族博物馆。

丽武宣武工队开仓放粮旧址俯瞰(楼新建摄于2023年)

丽武宣武工队开仓放粮旧址老竹畲族文化馆展厅(吴志华摄于2023年)

# 十八、抗暴自救军小山阻击战遗址

抗暴自救军小山阻击战遗址位于大港头镇小山村。至2024年,该遗址保存一般。

1947年8月,为武装反抗国民党反动派发动内战,中共浙东工委和中共处属特委决定,以处属特委武装部队为基础,成立浙江壮丁抗暴自救军第三总队(简称抗暴自救军),开展武装斗争。总队部和第二大队在傅振军、宣恩金等率领下,转战浙西南,8月28日进入丽水县北乡境内。8月30日,傅振军带领的自救军第三总队在丽青松武工队配合下,袭击碧湖警察所。在胡椒坑村党员蓝章祖等人带领下,翻山越岭,摸黑夜行,到达碧湖时,警察已闻风而逃。游击队缴获步枪3支,旋即向大港头进发。侦察组在南山渡口俘虏了碧湖区警长。当夜,又袭击了大港头兵工厂,缴获了步枪60多支,机枪1挺,电台1部及若干弹药。厂警卫逃走。游击队砸毁电话,砍断电线杆,烧毁一座公路桥,切断敌人的电讯及交通联络。游击队将一时无法带走的20多支枪支,秘密地存放在河边村党支书胡永进、党员叶开兴家中。8月31日,游击队在小山村外阻击尾随追剿而来的国民党浙江省保安队第二团。激战两小时,毙伤敌人10余人,打垮了敌

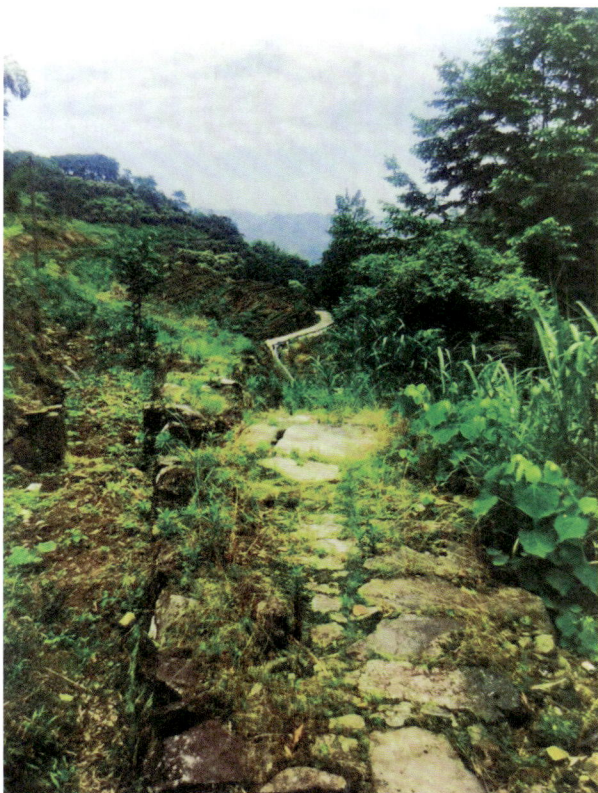

抗暴自救军小山阻击战遗址(大港头镇政府提供)

171

人的进攻。自救军第三总队中队长李设木在战斗中牺牲。敌军溃逃后,自救军第三总队即向云和转移。丽青松武工队队长金存姁等4人在以后返回丽青松地区寻找林艺圃时,与敌遭遇,不幸被俘。金存始是青田吴畲人,贫农出身,1940年入党,对党忠心耿耿。他被敌人押往丽水城大水门外枪决时,面不改色,昂首挺胸,高呼:"打倒国民党反动派!""共产党万岁!"

抗暴自救军小山阻击战遗址现保存一般。

# 十九、丽水起义旧址群

丽水起义旧址群有浙东人民解放军第六支队等梁村会师旧址(梁氏宗祠)、丽水起义旧址(龙子庙)、浙东六支队与丽水县起义部队老竹会师旧址(新屋邸)、千人劳军大会旧址(马公庙)等。至2024年,丽水起义旧址群保存较好。

1949年初,中国人民解放军已取得了三大战役的伟大胜利,百万雄师饮马长江,即将挥师南下,解放全中国。国民党反动统治已摇摇欲坠,但仍在做垂死挣扎。此时,浙西南革命根据地不断扩大,游击队很活跃,已从秘密活动转向半公开或公开活动,处州专员公署和各县政府都处于革命武装的包围之中。在这种大好形势之下,为了进一步扩大影响,给国民党反动派一个沉重的打击,党决定利用有利条件和时机,策动丽水、松阳两县自卫队武装起义。为抵抗解放大军南下,丽水国民党专署在1949年春节期间召开了应变会议,七县县长均兼县自卫队总队长参加会议。丽水县县长张慕槎和松阳县县长祝更生均早年倾向革命,分别与浙东党组织有单线联系。松阳县县长祝更生是鲁迅先生好友曹靖华的外甥,曹靖华和革命家廖梦醒等人都引导过他。张慕槎担任过国民革命军第十九路军副总指挥蔡廷锴的秘书,在张慕槎出任丽水县长之前,中共浙东临委、中共浙东纵队第一支队政委周芝山同他已有联系。张慕槎一到丽水,中共浙东临委就将他的关系转到卜明、应飞处。在会议期间他们密商回去后各自准备,届时共举义旗。担任丽水县自卫队副总队长的胡允孚是张慕槎过去共事的同事,他与浙南特委书记龙跃保持着秘密联系。在完全保密的情况下,两县遵照党的指示,积极地做着起义的准备工作。首先,整顿武装力量,他们以加强保卫地方治安为由,扩编县自卫队。丽水、松阳两县原先各县只有一个中队,扩充后为二个中队。其次,掌握财粮,向地方筹款筹粮,为自卫队起义后备用。最后,增加枪支弹药及被服、电信器材等军用品的储备。两县经过数次向省要求,都增拨了一批武器。同时,他们自办修械所(班),整修原有武器。丽水县公安局内有一抗战时期军队遗留的武器库,库存着一批步枪。丽水县自卫队通过各种办法,将其分批运出,掌握到自己手中。并且佯攻松丽边境的中共游击队,取得了国民党县党部的信任,认为他们"进剿有功",这样,就更好地起到掩护起义的作用。在起义条件渐趋成熟之后,为保证两县自卫队起义成功,在永(康)、武(义)、缙(云)、丽(水)一带边境活动的浙东人民解放军第六支队,接受浙东临委的指示,到丽水、松阳接应两县起义。起义前夕,路南地区党的特派员、六支队政治委员卜明,副特派员、六支队队长应飞一方面秘密指派吕东明、黄文理分别至丽水、松阳联系,另一方面,为起义所需,培训了一批党的干部,并赶制出夏衣1000套。1949年3月11日,卜明、应飞率六支队从义乌日夜兼程驰抵曳岭区,由曳岭区武工队队员做向导,到达松阳边境的梁村,与丽青松武工队会合。确定丽青松武工队王桂五和叶春协助六支队策应起义,丽青松武工队转移到板桥村,由陈史英、吴奉等人准备接应起义后的后勤工作和监视敌人的动向。12日,松阳县长祝更生获悉前往,向党汇报了松阳起义的准备情况。党指示条件已成熟,可以立即举行武装起义。黄昏时分,六支队包围了松阳县城,控制了城外的制高点。祝更生派人控制了交通要道和邮电机构,破坏了通往龙游、丽水的公路、桥梁。接着集合了全体自卫队、武装警察队以及县属各机关职工。在会上,祝更生痛斥国民党蒋介石祸国殃民的滔天罪行,号召大家在中国共产党和毛主席的领导下,坚决举起义旗参加革命,打倒蒋介石,解放全中国。祝更生的讲话得到了大多数人的热烈拥护,群情激昂,高呼:"拥护共产党!""拥护毛主席!"纷纷加入起义队伍。起义部队共计320多人,随即包围了在松阳训练的国民党征兵部队,将其100余人全部缴械。接着砸开了监狱,将被长期监禁老红军老徐等10余人释放。午夜,起义武装迎接六支队进入松阳县城。3月13日晨,召开了群众大会,党代表卜明在会上向全县人民庄严宣告松阳解放,中共松宣遂工作委员会③和松阳县人民政府成立,与此同时,浙东第五行政区署(即金华、丽水地区)宣布建立。卜明兼任专员,祝更生任副专员兼松阳县县长,林艺任工委书记,王桂五任副县长。松阳县人民政府下设江南、靖居、碧湖、河间、三都五区。遵照党的指示,起义武装与原在松阳、丽水边境活动的林艺圃、王桂五武工队合并,编为松宣遂人民游击支队,林艺圃为政治委员,祝更生为支队长,王桂五任政治部主任,参谋长郑金发(郑塔)。松阳解放后,六支队速派吕东明前往丽水,联络起义之事。此时,丽水县县长张慕槎因母丧已回诸暨,临行前将行政事务交给县政府主任秘书屠泽民,将军事交给胡允孚。胡允孚、屠泽民当机立断,立即执行党的指示。丽水县自卫队经扩编后,一部分为招募而来的民兵,也有部分是国民党老兵,整体素质较差,战斗力不强,正在集训提高之中,所以不能够对付驻扎在丽水的国民党独立二营。因此,党决定起义后将武装拉出来,由张之清领导的浙南人民解放军第三支队二大队在曳岭地区接应。3月14日夜10时,县自卫队在碧湖镇龙子庙宣布起义。起义武装及县政府部分职员共300余人即刻开赴曳岭游击区。15日拂晓,起义队伍在吷岸与二大队胜利会合。丽水起义部队改编为丽缙永武人民游击支队,张之清任政治委员,胡永孚任支队长,政治部主任陈仿尧,参谋长潘和海。两县自卫队起义之时所携的武器大大改善了游击队的装备,计有轻机枪12挺,步枪500余支,手榴弹5000多枚,子弹5万余发,另有数台电台、电话机等军用设备。松阳、丽水两县自卫队起义后,祝更生、张慕槎发表起义通电:"为率部起义,参加(中国)人民解放军,通电各界同胞,国民党全体官兵暨各县(县)长公鉴:……更生、慕槎饱经忧患,忝膺百里,实不忍我松阳、丽水之亲爱同胞,憔悴呻吟于亡秦虐政之下,更不忍我两县自卫团队,为虎作伥,重苦于民,因此于本月十三日毅然决然,相率二县文武同志,联袂起义,参加浙东人民解放军,并积极扩大行动。现松阳已全部解放,丽水只剩孤城,浙西南各县闻风响应者正接踵而来。今解放大军,渡江南进,解放全国,迫在目前矣。祈望我旧时军政长官,同寅同学,深切猛醒,大彻大悟,一致及时行动,为配合南下大军,加速我浙全省及全国解放之到来,缩短战争时间,为人民减一份痛苦,为国家多保留一分元气。"3月15日,两支人民游击支队在丽、松、宣三县交界的吷岸、马村、老竹一带胜利会师。在马村,卜明代表党组织召开了劳军大会,游击队武装力量及群众、学生等1500余人参加了大会。大会声势浩大,实为空前。消息传出,处州各县及永康、武义等县行政机构中的人员纷纷准备逃逸。3月25日,中共浙东临委致电祝贺两县自卫队起义成功,肯定两县自卫队起义深为全浙人民欢迎,并希望继续努力,在中国共产党领导下,克服一切旧军队的残余不良作风,进一步学习人民解放军的优良传统,发扬民主,与当地人民革命武装携手共进,为配合大军彻底解放全浙与全国而战。丽水、松阳两县自卫队起义,犹如一把利刀刺入敌人的心脏,给国民党反动派以沉重的打击,并且从根本上动摇了他们在浙西南的反动统治。敌我力量从此发生了明显的变化,革命武装力量由弱变强,浙西南的革命武装斗争更加蓬勃发展。

## (一)浙东人民解放军第六支队等梁村会师旧址(梁氏宗祠)

浙东人民解放军第六支队等梁村会师旧址(梁氏宗祠)位于老竹畲族镇梁村中部。1949年3月10日,中共路南特派员卜明、副特派员应飞遵照中共浙东临委指示,率浙东人民解放军第六支队到丽水、松阳接应两县县长起义。在宣平县曳岭区梁村,与林艺圃率领的丽(水)青(田)松(阳)武工队会合,部队驻扎在梁氏宗祠、梁氏新屋等处。林艺圃指派王桂五率部协助浙东六支队策应起义,指

梁村俯瞰(楼新建摄于2024年)

浙东人民解放军第六支队等梁村会师旧址(梁氏宗祠)
(潘贵铭摄于2016年)

派陈史英、吴奉等人负责起义后的后勤接应工作和监视国民党武装工作。11日夜,松阳县县长祝更生应约到松阳县三都乡淡竹殿会晤卜明、应飞。双方认为条件已经成熟,可以立即举行武装起义。

梁氏宗祠,历史悠久,始建于宋。淳熙年间,渥川第六世孙广西转运使梁安世携侄梁佼在本庄对弄坑右井头建立梁氏宗祠。至明初,梁垌以旧祠狭隘,改建新祠于龟山之麓,梁族墓茔之东。清嘉庆间,族内梁培九、维垣、开宝、阳初等合议扩展宗祠之规模。族中长者梁大兴非常赞成,召集族中长者、房长、耆老等商议重建宗祠。而后号召族人捐钱出力,伐木于豫章山,凿石于马弄之侧,于嘉庆十一年初夏落成,二十五世孙梁大兴作《重建祠堂记》。清光绪十年,梁氏族人倡修宗祠。二十八世孙梁品芳作《重修宗祠记》。该祠于20世纪60年代末改为永丰公社大会堂。外观布局基本完整,里面的设置均已面目全非。

### (二)丽水起义旧址(龙子庙)

龙子庙,又称龙子殿,是1949年丽水起义的始发地。该庙位于碧湖镇下街村环北路48号,始建于清嘉庆十二年,坐北朝南,占地336.6平方米,仅存前殿一座,小青瓦阴阳合铺,硬山顶。前殿面阔三开间,带前轩双步,总进深22.59米,通面宽14.9米,总面积336.59平方米。天花板绘有松鹤、狮子、山水的彩画,明间檐柱方形,下段为石质,阴刻双联,明间、次间梁分心用三柱。龙子庙对研究当地宗教文化有一定价值。新中国成立以前,龙子庙作为通济堰的聚会议事之所。

丽水起义旧址(龙子庙)(吴志华摄于2024年)

### （三）浙东六支队与丽水县起义部队老竹会师旧址（新屋邸）

老竹新屋邸（"南极光辉"古民居）为1949年3月丽水起义后，接应、安置起义部队、会师、开会的旧址。新屋邸位于莲都区老竹畲族镇老竹村新屋底弄3号，建于清乾隆年间，坐北朝南，占地541.9平方米。四合院式，长方形平面，建筑由正厅、前厅、厢房和照壁组成，夯土地面，小青瓦阴阳合铺，勾头滴水，硬山顶。前厅面阔三开间，进深四柱五檩，梁架为抬梁穿斗混合式。正厅七开间，进深七柱七檩，梁架为抬梁穿斗混合式带前下檐双步。厢房均二层三开间；大门朝南，砖砌门墙，门额阳刻"南极光辉"四字，楷书。照壁位于大门对面，由青砖砌，宽3.2米，高2.1米。天井四周檐柱均施有牛腿。

浙东六支队与丽水起义部队老竹会师旧址（新屋邸）外立面（叶春德摄于2009年）

浙东六支队与丽水起义部队老竹会师旧址（新屋邸）内景（叶春德摄于2009年）

## (四)千人劳军大会旧址(马公庙)

千人劳军大会旧址(马公庙)位于马村村西部,沿溪有马公渡。马公庙始建于元代或元代以前。丽水起义后,卜明在曳岭区马村马公庙前主持召开各界民众、学生共1500余人参加劳军大会。同时,以原松阳县县长祝更生、丽水县县长张慕槎、丽水县自卫总队副总队长胡允孚名义,发出《向中共浙东临委会、浙东解放军致敬电》,对浙东党组织策应松阳、丽水两县起义表示感谢和敬意。以原松阳县县长祝更生、丽水县县长张慕槎名义发出《向全国人民和国民党官兵通电》,指出国民党反动统治集团已众叛亲离,共产党得人心乃得天下,呼吁国民党部队官兵反戈一击,规劝各县县长揭竿起义,与人民为伍,为解放全中国而战。

千人劳军大会旧址(马公庙)外立面(吴志华摄于2021年)

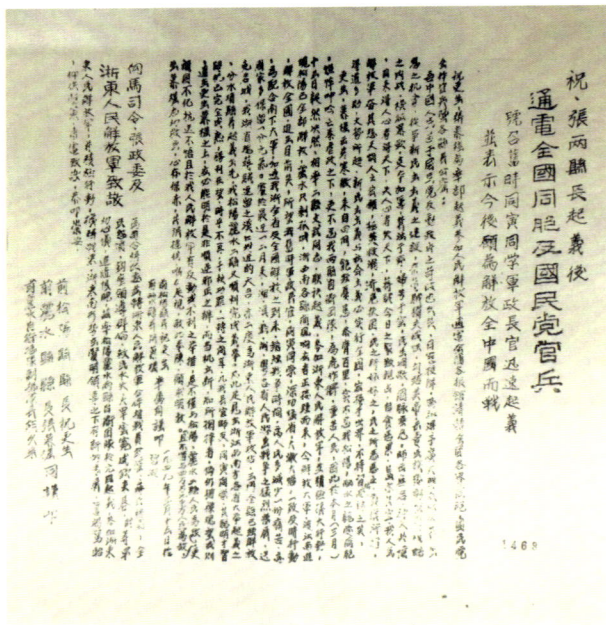

松阳丽水两县起义《通电全国同胞及国民党官兵》
(吴志华提供)

# 二十、郑智诰烈士就义处遗址

1949年地下党员、国民党崇义乡乡长郑智诰烈士牺牲处在老竹畲族镇老竹村桥头。至2024年，郑智诰烈士牺牲处遗址保存较好。

郑智诰烈士就义处老竹村桥头（楼新建摄于2023年）

丽水、松阳两县起义，给国民党反动派以沉重的打击，在浙江造成了极大的影响，人民拍手称快，敌人极为惊恐。浙江为蒋介石老家，反动势力十分强大，敌人是绝不会甘心自己的失败的。丽水、松阳两县起义后，国民党反动派急忙调集了陈诚部整编第十一师(两个团一个营)和浙江省保安团、七区专员公署突击营，共三个团，数千人兵力组成"剿共"部队，至丽水、松阳一带进行"围剿"，设指挥部于老竹村，并由十一师师长和区专员亲自督战。整编后的十一师号称"王牌军"，配有喷火器、各种大小炮、轻重机枪等美国新式装备。

两县在起义之后，六支队加上松宣遂游击支队、丽缙永武游击支队共千余人，原计划趁胜攻打遂昌、云和、宣平等县城。但因主力部队已极疲劳，起义部队亟待整顿巩固，同时估计到敌人必然集结大军报复，所以放弃攻城计划。为了分散敌人对游击队的进攻目标,决定暂分向3个地区与敌展开反"围剿"的斗争。卜明、应飞率领六支队在永康、武义、金华一带地区活动;林艺圃、祝更生率领松宣遂人民游击支队在松阳、云和、遂昌一带活动;张之清、胡允孚率领丽缙永武人民游击支队在丽水、武义一带活动。

1949年3月下旬,敌第十一师师部驻扎老竹,另派一个团驻松阳。他们修建碉堡工事,全面开始了对游击区的"清乡"和对游击队的"追剿"。起义士兵刚由城市转入山区,不习惯艰苦生活和山区夜行军,革命武装军政领导骨干人少且缺乏带领大部队作战的经验,加之敌人对起义部队情况了如指掌,致使游击队处于极为被动的局面。在敌强我弱情况下,松宣遂和丽缙永武两支游击队决定化整为零,以大队为单位,进行活动。同时采用"隐蔽保存有生力量,不和敌人正面接触"和"声东击西、跳出外围打击敌人"的战术和敌人周旋。在敌人长达半个月的"围剿"中,起义部队虽受到一定的损失,但大部分力量仍然保存下来了。经过战火的洗礼,游击队得到了锻炼和新生,队伍变得更加坚强。

在十一师"围剿"期间,敌人在老竹、畎岸、碧湖、缸窑等地派军驻守,不断出动挨村搜索,强拉民夫,强派粮食,乱捕党员及群众,严刑逼供,残酷镇压。以乡长身份为掩护的崇义乡党员郑智浩、龙潭背村党员魏继武、畎岸村党员陈某等惨遭杀害。参加起义的原国民党丽水县副县长屠泽民因脚痛隐蔽在河间村,也被捕就义。另外,碧湖镇负责统战工作的党员王宗文遭到逮捕,下概头村党员谷锡其受重刑致残,许多党员家被洗劫一空。

# 二十一、解放军周坦会师旧址

解放军周坦会师旧址("荥阳旧家"古民居)位于周坦村东南部。至2024年,解放军周坦会师旧址("荥阳旧家"古民居)保存较好。

1949年敌军长江失守后,兵败如山倒,溃不成军。李延年兵团残部2万多人在4月底至5月初陆续败退到丽水,司令部设在城内,机关多,家眷多,秩序极为混乱。城内和城郊的民房、祠庙一时间几乎全被占用。万象山脚、公共体育场及丽阳门外汽车站至九里一带的公路上停满了军用汽车。这些国民党溃军给丽水百姓带来了极大的灾难。一些国民党兵挤进商店,名为购货,实为抢劫,拿走货物不付钱,全城商店只好关门停业。国民党溃兵还大肆抢劫,先被劫的是菜馆、酒店、糕点店和南货店、布店等商店,后来普通居民住宅也不能幸免。他们还在城内大街小巷摆了上千个售货地摊,所售货物均是沿途败逃时从老百姓家里抢夺来的。其时,浙南人民解放军三支队二大队及丽武宣游击根据地所属各区武工队纷纷发动各区民兵群众,传送情报,收缴武器弹药,主动出击,劝敌缴枪。他们村自为战,人自为战,追击残敌,肃清流寇,有力地配合解放大军阻击歼灭敌人。各地的群众还杀猪、烧饭以迎接盼望已久的人民解放军。

5月9日,解放军第十一军第三十一师由金华挥师南下,解放宣平县城,各界连夜召开庆祝大会。5月10日,林艺圃率部在宣平县周坦(今属老竹畲族镇)与第三十一师会师,发动周坦、老竹一带数百民兵为解放军筹集粮食,到宣平县城帮助解放军运输辎重行李。团及八十五军第二十三师一部,俘敌500余人。同日,周一平率领曳岭区武工队在向城区挺进的途中,在广大群众的支持下,在林宅口与花街中间的半山腰毛竹岗村围歼了敌人的一个加强排,俘敌30多人,缴机枪2挺,步枪28支,冲锋枪2支。向西南逃窜的李延年残部同时遭到江南区、丽云区、太平区武工队和民兵的阻击。江南区武工队和民兵在阻击拦截溃敌战斗中,缴获六〇炮3门,轻机枪5挺,重机枪2挺,冲锋枪8支及步枪200多支,并在埠桥一带截获战马14匹。各武工队缴获的这些武器、器材和马匹大部分支援了向西南挺进的过境解放大军。5月10日11时,中国人民解放军三十三师、三十四师整队,进入丽水城,并贴出了《中国人民解放军约法八章》的布告,宣告丽水县解放。

丽武宣武工队与解放军会师于"荥阳旧家"古民居。该古民居位于莲都区老竹畲族镇周坦村147号,建于清代,坐北朝南,占地976.5平方米,夯土地面,鼓墩型柱础,青瓦阴阳合铺,硬山顶。建筑由厢房,正厅,门厅,耳房组成。门厅面阔三开间,进深两柱。明间设大门,石质门框,门额上砖雕"荥阳旧家"四字。内额墨书"安居乐业"。前厢房面阔两开间,进深三柱五檩,梁架为抬梁穿斗混合式带前下檐双步。正厅面阔五开间,进深五柱七檩,梁架为抬梁穿斗混合式,带前下檐单步。正厅两侧设耳房。天井鹅卵石细铺。全堂牛腿等雕刻精美。

解放军周坦会师旧址（"荥阳旧家"古民居）内景（吴学文摄于2009年）

第三章　革命人物故居旧居

# 一、中共浙江省委书记刘英旧居

刘英旧居在紫金街道厦河村,至2024年,该旧居作为浙西南革命根据地纪念馆进行展陈开放,成为丽水市最为重要的红色纪念场馆。

抗战初期,杭嘉湖地区沦陷。国民党浙江省政府南迁永康(1942年5月迁云和),许多机关、学校和工厂纷纷迁往丽水,大批外地进步青年、文化名人陆续赴丽水参加抗日救亡运动,丽水成为浙江省抗战的大后方。

根据形势的发展,为便于领导全省党的工作和抗日救亡运动,1938年5月,中央东南分局指示撤销闽浙边临时省委和浙江省工作委员会,成立中共浙江临时省委,刘英任书记。9月,

刘英(浙西南革命根据地纪念馆提供)

中共中央批准浙江临时省委转为正式省委,刘英利用"新四军驻温州通讯处"合法机关,开展抗日救亡运动。10月10日,通讯处被破坏,省委组织部长谢长青、青年部长赖大超等候7人被捕。1939年3月,刘英①率中共浙江省委机关秘密从温州迁至丽水。

为利于在丽水的秘密工作,便于与各地党组织的联系,省委在丽水城区和城郊共设立了10余处秘密机关和交通联络站(点),除厦河村王家作为刘英住所外,主要有四牌楼的"兴华广货号"百货商店、花园弄黄景之律师事务所、绅

---

①刘英(1905—1942),江西瑞金人。1929年4月参加中国工农红军,同年加入中国共产党。在红军中,曾任军团政治部主任。参加了中央苏区五次反"围剿"斗争。1934年7月,任红军北上抗日先遣队政治部主任、红十军团军政委员会委员。1935年1月,参与组建红军挺进师,任政委。曾任师政治委员会书记,中共闽浙边临时省委书记、省军区政委,坚持南方三年游击战争。全面抗战爆发后,先后任中共浙江临时省委书记、省委书记、中共七大代表、华中局委员、华中局特派员,负责指挥浙江、福建、江西三地区党的工作,1942年2月8日,因叛徒出卖在温州被捕。5月18日在永康县方岩被国民党顽固派杀害。

厦河刘英寓居卧室（吴敏榕摄于2018年）

弄口织袜工场、水南岸横街杂货铺、溪口外磁窑村联络站、浙东书店等，并在龙泉宝溪乡山区架设电台，负责与东南局、新四军军部联系。省委书记刘英化名王志远，身份是老板，另外还有三名省委交通员，分别是掌柜王德珊（化名"哲生"）、账房先生顾歧（原名"张伟群"）、学徒郑加顺（化名"小郭"）。交通员们冒着日机轰炸、国民党顽固派袭击检查的危险，进行隐蔽工作，通常白天经商，夜间关闭门窗抄写文件，及时贯彻上级指示。为了便于隐蔽，组成一个临时家庭：母亲（交通员王德珊的母亲）、夫人丁魁梅、女儿（王德珊的女儿）。

刘英房东王家父子为了保证刘英的安全，每天在厦河门城门口护送刘英早出晚归，从此与刘英一家结下深厚情谊。

刘英在厦河的家里时，时常会有人登门，他都会说是他亲戚，比他年纪大的他会说是他的大哥（或表哥或堂哥），年纪比他小的他就说是他的弟弟（或表弟或堂弟）。每次来了客人，刘英都会让房东父子一起陪客人吃饭。餐桌上一般都是四菜一汤,他喝的酒都是一些中药炮制的酒。

刘英生活很有规律,每天都早上7点钟起床,到家门口活动活动,呼吸一下新鲜空气,然后就出去,他回来时一般都要晚上10点多。他说自己早上出去都是到四牌楼兴华广货号做生意。

有一次,刘英晚上从店里回家时,走到厦河门城门口时,他后面有两个人突然大声叫道:"站住!"刘英迟疑了一下,当那两个靠近他时,他握紧拳头准备回击,但为了不暴露自己身份,他还是冷静了下来,后来他转身与两人对话,得知两人仅仅是为钱财而来时,他放心了,大方的打开包,把包里的钱悉数给了对方,把两人打发走了。

第二天早上,刘英与王家人说到他昨天在厦河门被歹徒抢劫一事,王家人闻听后,非常气愤,为了刘英的安全,在每天晚9:30左右,王家父子每天到厦河门城门口接刘英,预防抢劫的事再次发生。

刘英平时总是笑眯眯的。他古道热肠,乐于助人,常为村民排忧解难,村民尊他为"王先生",遇有邻里争执也均请其调停。他家中自备常用药,免费为群众治病疗伤,村里有个篾匠名叫陈老三,烂脚很严重,是"王老板"把他医治好了,陈老三为此感激不尽,想送"王老板"一篮鸡蛋,"王老板"却怎么也不肯收。

1941年,刘英搬离了王家,去了温州。离开丽水不到两个月,由于被党内叛徒出卖,最后牺牲于永康。刘英和省委机关在丽水的两年多时间里,因为有丽水地方党组织和厦河王家的帮助和保护,没有暴露身份,确保安全无恙,保证省委工作顺利开展,为党的革命事业做出巨大贡献。


# 二、阙伊故居遗址


阙伊故居遗址有二:一处在阙伊的老家紫金街道杨坑行政村净水自然村,坐北朝南,占地200平方米。原为五开间,后东边两间及中堂倾圮,仅剩西边两间残墙。一处在丽水城内宋衙基,今解放街金汇广场一带,这是阙伊生长生活的地方,也是他后来回乡开设画室和摄影房的地方。

阙伊是丽水市第一批同盟会员、丽水摄影业鼻祖，是集绘画、音乐诸艺于一身的革命艺术家。阙伊家族是近现代唯一一个在《丽水市志》祖孙三代都立传的红色艺术世家。其子阙诏国际电旗（邮政徽标）设计者；其长孙阙大津（洛辛）是革命音乐家、原解放军总政歌舞团政委；次孙阙文《人民日报》编辑、北影导演，《我们热爱和平》摄影作品作者；曾孙女洛珍林，曾任解放军艺术学院音乐系政委。

阙伊的家乡在丽水县净水村（今属紫金街道杨坑行政村），自幼聪明好学，喜欢看《水浒传》《岳飞传》等一些富有斗争精神的小说，自小富有反抗意识。清光绪三十年（1904），36岁的阙伊受丽水利用织布学堂聘请，担任教员。因为他绘画功底好，公司派遣他远赴日本东京工业学校学习工艺设计。在日本期间，受秋瑾、徐锡麟等革命党人的影响，加入同盟会。

清光绪三十一年（1905）[①]，阙伊毕业回到丽水，与一同留日归国的丽水人陈达，以及与丽水城内知识分子谭献、何子华、阎逊斋等以兴办实业为名，在府城东南城墙脚边的法海寺开办利用织布公司，作为秘密联络革命的机关。光复会会员、云和县城人魏兰、丽水碧湖人阙麟书、缙云壶镇人、龙华会缙云分会会首吕逢樵等常以"合伙人"的身份在这里进行革命活动。他们还常与处州中学堂教员松阳县城人叶庆崇、松阳赤岸人吴朝冕、丽水县城人项华黻及崇实两等小学堂教员缙云县城人李平、丽水戈刬人刘廷煊、丽水县城人王庆槐等在此商议发展革命力量，发动武装起义事宜。清光绪三十二年（1906），阙伊、陈达等又利用在织布公司旁的丽水县关帝庙创办丽水体育会，该会与徐锡麟创办的绍兴体育会有密切联系，丽水体育会招收了一批有志青年，一面教授体育技能，并且秘密传授军事技能，一面进行革命思想教育，训练和发展处州所属各县的革命力量。清光绪三十三年（1907），徐锡麟、秋瑾筹划的浙皖起义败露，两烈士赴难后，清朝地方政府侦悉杭州、丽水体育会与光复会有关，遂令其解散。

清宣统元年（1909）春天，魏兰派光复会员云和人张伟文（字蔚斋）回国策动起义。张伟文与丽水阙麟书、龙泉人徐仰山在杭州羊坝头张顺余烟店密谋浙江起义，商定先由张伟文去温州乐清县策动黄飞龙等首先起义，丽水阙伊、魏兰等组织义师在丽水响应，待杭城清军出击温、处（丽水）二府时，阙麟书、徐

---

① 按：一说1906年

仰山等乘机袭击省城的巡抚衙门。但不幸起义计划被叛徒告密,张伟文在去温州的船抵达江心寺时,即被温州巡防统领梅占魁逮捕。后来阙麟书、徐仰山也先后在杭州被捕。起义谋划失败后,阙伊不得不避走他乡数年之久。

阙伊在丽水城内自家花园内的留影(摄于民国初年,阙光国提供)

阙伊城内的阙园全景(摄于民国初年,阙大申提供)

　　阙伊美术功底扎实,早在其留学日本期间,利用麦秆创新艺术形式—麦秆贴画(又称麦草画),据姚棨《阙氏石源新制之麦草画》(《南洋商务报》1908年第44期)一文介绍,阙伊曾制作了一幅山水长卷,约10寸长,6寸宽,在东京劝业博览会展出时,颇受好评,后被一美国人所看中,以30元所购去,这在当时已是不低的价格。求购者纷纷要求其再制作一些,但阙伊当时忙于学业,而无暇创作。清宣统元年(1909),阙伊在南京两江督练所教练处担任绘画主任时,又制作了一幅长约18寸,宽约13寸的《木兰从军图》,图中的花木兰"英气飒爽,光莹豁目,见之者莫不赞美。"1915年,阙伊的麦秆剪贴画作品《美国总统威尔逊像》在美国巴拿马太平洋万国博览会上获金质奖章。惜阙伊的麦秆剪贴画作品存世极少,现仅见其1918年中秋所作的《菊花蜘蛛图》,现收藏于丽水市博物馆。

　　清宣统二年(1910),清政府在南京举办南洋劝业会,历时达半年,共有中外30多万人参观。该会是中国历史上首次以官方名义主办的国际性博览会,青田人陈琪被委为坐办,具体负责筹备工作,又在南京设劝业会事务所,具体负责筹办运作。阙伊被聘为南洋劝业会美术主任,并组织成立了美术研究会。

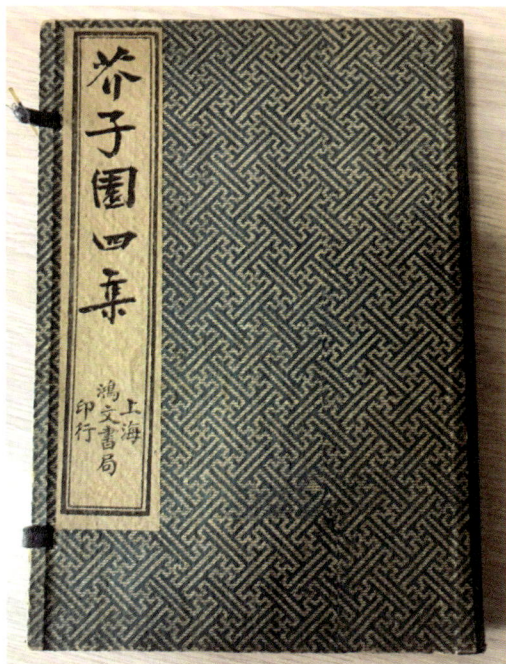

阙伊绘芥子园画谱(吴志华藏)

阙伊"涤古斋"画室旧影（摄于民国初年，阙光国提供）

1913年5月24日，大总统袁世凯任命陈琪（青田人）为赴美赛会监督兼筹备巴拿马赛会事务局局长，阙伊因在美术方面的造诣和参与南洋劝业会的工作经验，再次被委以重任，参与展馆的装潢陈列事宜。1914年阙伊赴美开展前期布展工作。1915年2月20日，巴拿马万国博览会在旧金山开幕，阙伊担任中国代表团的图画员，负责以写实绘画形式记录各展馆建筑和新奇见闻。

阙伊一生勤奋惜时，勤于笔耕，热衷创作，且较有经济头脑，编著有多部风靡一时的畅销图书，阙伊平生还负责众多图书报刊的插图绘制，重要的有《南洋兵事杂志》《新出工尺京调谱》《南洋劝业会场图说》《明太祖孝陵图》画集《巴拿马万国博览会调查实记》《美国名胜丛画谱》《芥子园画传四集》等。

阙伊对当今丽水最大的历史贡献就是开创丽水摄影先河。阙伊从小喜爱美术，勤于学习，无论哪种艺术形式都乐于尝试。西方摄影术自1839年发明以来，先后传入香港、澳门、上海等地，阙伊以敏锐的艺术嗅觉，对这个新式的西洋艺术形式颇感兴趣，于是，自费赴上海习得摄影技术，并购回照相器材，于清光绪二十四年（1898）回丽水，在自家菜园内砌花坛、堆假山、栽花木，取名"阙园"，设"涤古斋"画室，建摄影房，从事摄影业务，开创了丽水摄影业先河，是现今所知丽水最早从事摄影者。

据曾在丽水莲城书院就读的民国"处州四才子"之一的青田人刘耀东在《疢颅日记》中回忆，当时22岁的刘耀东在丽水拍摄了自己人生的第一张照片，而给他拍摄照片的摄影师就是刚从上海学习摄影技术归来的阙伊。"光绪戊戌（1898），余年二十二，读书莲城，丽水阙石原（阙伊）自沪上习摄影术归，为余照半身小照，是余生平第一次之写真。"

1921年，阙伊在自家花园建房时，亲自上脚手架为新房外墙绘装饰画，不慎意外坠地去世，由其次子阙铭（字孔荪，又名阙朝贵）继续从事照相业务。其孙阙文又因创作《我们热爱和平》作品，永载中国摄影史创作高峰。毋庸讳言，阙伊是丽水摄影史上最重要的摄影界先驱。

2023年紫金街道在阙伊净水故居旁举办"寻根阙园，
共富梅好2023莲都区第三届紫金杨梅节开摘仪式"（紫金街道办事处提供）

# 三、郑和斋故居

郑和斋故居位于老竹畲族镇新屋村,土名四坟头处,故村民称为"四坟头郑家"。其屋为单进合院式民宅,四面为夯土墙,面墙中间开挖大门。有正厅1间、厢房2间、门厅1间,其内为穿斗式柱架结构,以坡硬山顶,垂椽,前有小天井。檐柱中腿及斗拱有雕花。

郑和斋故居内景(吴志华摄于2015年)

郑和斋(1891—1930),行雍九,又名郑士俊、郑跃明,本梁村梁姓子。清光绪二十年(1894),4岁的和斋被新屋村郑姓殷户领作养子。养父对聪明机灵的和斋非常疼爱,常常放下活给和斋讲《水浒传》的梁山好汉的故事以及家乡明代矿工领袖陶得二起义的传奇事迹。清光绪三十四年(1908),18岁的郑和斋长成了性情豪爽的汉子,平时喜欢结交宣平、丽水、松阳一带"青帮"兄弟,仗义疏财。不久,原本不丰厚的家赀便倾荡无存。清宣统二年(1910),宣平一带青帮兄弟拥戴郑和斋为头目,在处北一带恤贫抑富,好为受欺凌者打不平。郑和斋的义举,处州府、宣平县等官员对其极为痛恨,下令缉捕。于是,郑和斋避难至严州(今尖的一带)、杭州等地,几年下来,结识了一批革命志士,接受新的革命思想。

1928年5月,中共南乡区委在新屋村建立,郑和斋出任区委书记。郑和斋倾力投入南乡党组织发展建设和农民协会组织建立。1928年3月,南乡横塘村区农民协会组织成立。在郑和斋的领导下,南乡的农民协会组织,自成立以来,就与乡、保长对着干,开展打土豪、斗地主的政治斗争。针对全区人均耕地少、土地高度集中,一些

郑和斋画像(熊远龙提供)

大地主不仅剥削率高,而且苛捐杂税名目繁多的情况,他们还开展了"二五减租"的经济斗争。

在斗争中,针对地主的任意撤佃行为,党组织倡导成立了南乡初级佃业仲裁会,仲裁会设在横塘村。仲裁会召开群众大会,宣布地主将田地租给佃农耕种,要严格按照规定,实行"二五减租",不得任意撤佃,并取消极不合理的"田鸡""田底"制度。所谓"田鸡",就是每逢年节,佃户要向地主家送鸡;所谓"田底",就是佃农欲租种田地,需事先向地主交纳三五元或七八元不等的银圆,等谷物收成后再结算。南乡初级佃业仲裁会的建立,在调解佃业纠纷,为佃农说理、撑腰等方面做了大量工作。与此同时,郑和斋组织积极筹措经费,购置武器,准备建立农民武装。

1928年夏,郑和斋在马村主持召开支部党员大会,会上他对全体党员作了动员,讲述筹集经费,购置武器,建立农民武装的必要性。经商议后决定采取三种办法筹资,一是党员自己出钱,每人上缴银圆1.3元,其中0.3元作为支部的活动经费,1元作为购置武器用。二是向新人会的青帮会员每人收取1.3元的会费。三是向地主家借。马村支部为此共筹资金260元,其他支部也以类似形式筹集了一定的经费。农民协会组织也向会员收取几角到几元不等的会费。这样,在短短的几个月时间里,全区共筹得经费800多元。是年11月,区委书记郑和斋和宣平县委委员陈俊携款到杭州购买武器。到杭州后,通过

同乡新屋村人郑仲衡的关系,向青田籍人项潘兰购买,项曾在省长夏超手下当过军需官,手头有从上海德商洋行里购买的武器。他们以700元的价格购置了8支捷克式手枪,准备运回后待时机成熟时进行武装暴动。郑和斋正欲打点行装返回时,宣平党组织紧急派人到杭州向郑、陈二人通报情况。在宣平县境内,国民党县政府在获悉共产党组织行动计划后,带领省防军和县保安队、县警察队大肆搜捕共产党员和革命群众,宣平县已处在一片白色恐怖之中。县委领导曾志达等人面对敌人的悬赏通缉,已全部离开宣平县境,到上海等地隐蔽。在这危急时刻,郑和斋、陈俊暂时将枪支存放在杭州西大街永宁寺巷6号项潘兰家的水井中(此后郑和斋在杭被捕牺牲,这批枪支最终未能运回南乡)。南乡基层党组织也因县委领导人的撤离而停止了活动。

1928年秋冬,随着革命形势的发展,在宣平境内的清修寺等地先后发生了10多次小规模的武装暴动。11月上旬,打土豪、分财物、烧田契、发传单等形式的自发斗争不断出现,宣平农民的行动,引起了以国民党宣平县县长张高为头子的地主阶级的极大恐慌。为此,张高等人处心积虑地要进行反攻倒算,恨不得斩尽杀绝共产党人和革命群众。1929年初,山下村人李某和华塘村人陈某叛变革命,出卖组织和同志,将党组织的行动计划出卖给国民党宣平县政府。张高立即电告国民党省政府和省保安司令部,要求组织力量剿共。国民党立即调来遂昌保卫团一个排、金华省防军一个连,加上宣平县保安队和宣平县警察队,不分昼夜四处搜捕共产党员和革命群众,并多次以50-150元大洋的价格悬赏通缉县委领导成员。同时,宣平县政府又将电文发往杭州,凡在杭州的宣平人,稍有嫌疑,即予捕获。南乡的土豪劣绅举报郑和斋是共产党员,年底,中共宣平县委联络站负责人陶溶被捕,供出县委、区委负责人名单,和斋在杭州遭国民党军警逮捕,直供不讳,被判无期徒刑,囚于陆军监狱。在狱中敌人对郑和斋严刑拷打,威逼利诱,要他交出党组织情况和暴动计划。郑和斋坚贞不屈,视死如归,他还和其他难友一起,积极参加狱中党领导的各种反迫害斗争,参加绝食,组织越狱,未成。1930年8月27日早晨,郑和斋和中共浙江省委书记徐英、中共浙江省委代书记、中央特派员罗学瓒、共青团浙江省委书记裘古环等19人一起被秘密枪杀于杭州陆军监狱。

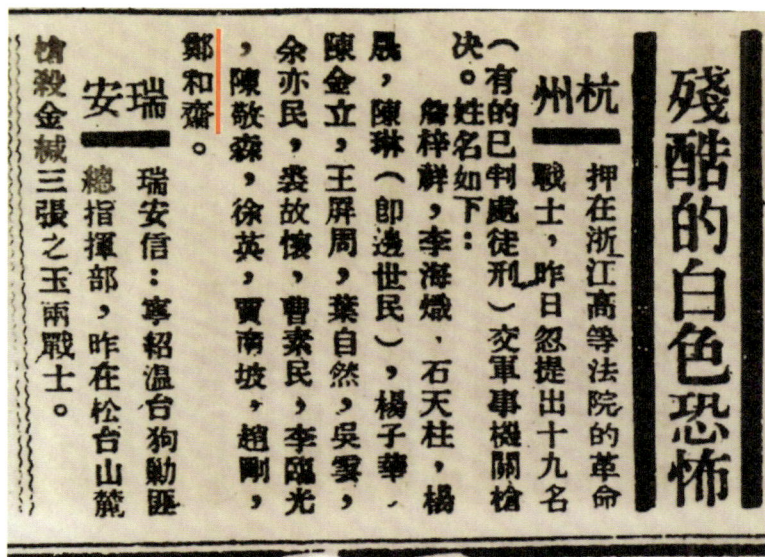

残酷的白色恐怖

杭州一战士，押在浙江高等法院的革命昨日忽提出十九名（有的已判处徒刑）交军事机关枪决。

姓名如下：李海燃，石天柱，杨牌梓群，陈金立，王屏周，叶自然，吴雪，余亦民，娄故怀，曹素民，李随光，陈琳（即逯世民），杨子华，陈敬森，徐英，贾南坡，赵刚，陈晟，郑和斋。

瑞安信：宁绍温台狗勋匪总指挥部，昨在松台山麓枪杀金械三张之玉两战士。

1930年8月28日，中共中央机关报《红旗日报》关于郑和斋等19名共产党员被枪杀的报道

# 四、富德标故居

富德标故居在仙渡乡何金富行政村富村自然村，土木结构，占地面积约180平方米。其屋为单进合院式民宅，四面为夯土墙。有正厅2间、厢房2间，其内为穿斗式柱架结构，以坡硬山顶，前有大天井。

富德标（1899—1930），原名富方良，族谱名富礼栋。自幼失去双亲，与姐姐相依为命。18岁时被抓丁到上海当兵。他目睹列强侵略中国，国民党当局又腐败无能。他暗下决心，要用自己微薄之力为乡亲谋幸福。1930年春天，他怀着激愤的心情回到丽水老家。这年4月，富德标到武义仰天垄参加红军。这个部队后来被国民党省保安队包围袭击，富德标突围后回到家乡，决定自拉队伍，揭竿而起。

富德标画像（熊远龙绘）

195

富德标故居内景（吴志华摄于2019年）

富德标首先纠集了皂树陈其昌、陈友谅等一小批热血青年，不分昼夜地奔走在和合一带各个村庄，进出有革命倾向的贫苦农民家庭，宣传革命的道理，动员大家团结起来，推翻国民党的反动统治，求得翻身解放，争取幸福的日子。

1930年8月底，和合乡一带的100多名青壮年农民在富德标的带领下，聚集在普慈寺，建立革命武装，宣布起义。为筹措必要的活动经费，他们向和合乡一带地主征收谷子和猪肉，还向半岭村地主何家收缴30多块银圆作为起义经费。

起义队伍连夜用红布制作了红旗和红袖套，以大刀、鸟枪等作为武器，正式扛起红军旗号。富德标宣布："红军的任务是打土豪，斗地主，进行土地革命；一切行动听从指挥，一切缴获不得擅自私分，不许欺侮普通百姓。"

起义队伍在普慈寺住了三天后，转至杨坑村，进驻邱家祠堂。接着到滴水岩村缴获地主家财物，宣传发动群众，鼓动青壮年参加红军。他们还向江西铺村地主家摊派大米、猪肉，并从里朱村地主家收缴了珍珠等财物，作为部队军需之用。

红军在杨坑村的活动，使周边村庄的豪绅地主非常害怕，于是急忙纠集丽水与缙云交界的地方反动武装对付红军。9月初，受和合乡豪绅地主之托的缙云县吴岭村团练头目叶陈春、叶见介等自知凭借本身的力量无法与红军抗衡,就暗中派员到缙云县城引来一个排的国民党省防军。敌人沿山路翻越青塘岭偷袭驻扎在杨坑村的红军。红军虽在青塘岭头庙宇派有岗哨,但因哨兵麻痹轻敌,睡着后对从庙旁道路经过的省防军没有察觉发现。面对突如其来的敌人,驻扎在杨坑的红军猝不及防,被动应战,后撤到丽缙交界的大姆山。红军在大姆山与全副武装的国民党省防军展开激烈的战斗。在敌强我弱的情况下,富德标一方面指挥红军战士占据有利地形,用岩石擂击,用柴棍猛打,使省防军无法靠近射击。另一方面派人到雅梅乡(雅梅乡今属雅溪镇)里东村与红军李明丁联系,请求带队增援。李明丁得到消息,立马率领的一支100余人的农民武装,前往大姆山增援。

大姆山战役连续打了6个多小时,省防军尽管武器精良,训练有素,但在两支红军队伍英勇抗击下,始终没有得到便宜,省防军怕再打下去不利,只好发令收兵。大姆山战役结束后,富德标则离开北乡,前往丽水、青田边界的舒桥,参加了丽水、青田边界舒桥一带500余名贫苦农民组成的舒桥起义,富德标任第一大队大队长。

富德标率领100余人的队伍到黄村、和垟、池岭一带活动。在和垟村,起义队伍没收了杀害过红军战士的某地主的财物。尔后在下郑、黄村、金鸟各村住宿。红军所到之处,一些青壮年农民纷纷拿起鸟枪、柴刀、棍棒参加红军队伍。几天时间就有池岭、下郑、油竹坑、大岭坑等村数十人参加红军队伍。

9月9日,红军到达丽水、缙云交界的皂坑村活动,夜宿金氏祠堂。严溪村地主陈某文召集各村团练(地主武装),并以"不打红军罚二块大洋,每打死一个红军赏五块大洋"的赏罚办法,胁迫邻村16岁至60岁男性村民200余人,自备武器,由严溪人陈某某带路,连夜包围皂坑金氏祠堂,偷袭红军。突如其来的敌情使红军被动应战,损失惨重。全队有80多名红军战士牺牲,从村后山突围出去20多人。

突围后的富德标在丽缙边界甩脱了敌人的追击,经缙云杜村返回老家。回家后他仍想再次组织起义。他的行踪被他的族人报告地主豪绅。富德标后来不幸被当地保卫团捕获,不久转移到缙云关押。敌人对富德标威逼利诱、软硬兼施,劝其投降,均遭到富德标严厉拒绝,敌人最后将富德标绑赴永康刑场杀害。

# 五、高鹏故居

高鹏故居位于碧湖镇保定村的通济堰渠的古道旁,中堂至今悬挂着他的遗像。这也是高鹏开私塾,招门生的地方。

高鹏故居(潘贵铭摄于2019年)

高鹏是清末民初丽水西乡知名的民主革命人士。他精通律法,拥护革命;创办教育,热心公益;关注民艰,坚持正义,是一位受人尊重的乡绅。他还是红色律师黄景之的启蒙老师,高鹏故居就是黄景之读私塾的地方。

高鹏(1874—1931),乳名荣才,又名蓬仙,号拙园,清同治十三年(1874)出生于保定村。父亲是个皮匠,靠替人制作皮靴为生,母亲叶氏长年累月患病服药,加上弟妹又多,因之家境贫寒。但他天资聪慧,且刻苦寒窗,好读诗

高鹏画像(吴志华提供)

书。12岁那年,他郡试秀才,一举夺魁,成为优贡廪生。因父亲病丧丁忧,未进省赶考。

清末废科举后,高鹏为浙江省法政专门学堂校外毕业生。光绪三十三年(1907),与吕调阳等目睹保定人多村大,经济贫困,村民子弟无力外出求学,便筹措学田,在悟空寺创办了"植基两等小学堂"。他亲兼教席,主讲文史,与校教师谆谆善导,每届毕业生参加县里会考都名列前茅,并创连续5年全县毕业会考第一的纪录。因此,处属10县人士纷纷送子弟来这所乡校学习。他还创作了《处州地理歌》《保定高等小学校校歌》等,教学生们唱。高鹏自任校长兼教席,培育高小毕业生24届,民国13年至20年,在家办中学复习班7期。高鹏毕生从教,学生达3000余人,桃李满处州。

高鹏好学,不但工于文史诗书,且谙熟法律,他常在教课余暇替人书写诉状,以补贴家用。由于他文思缜密,笔锋犀利,肯为人解忧排难,故声名鹊起,近邻乡邑的人都愿找他写诉状。各县一些读书人来到他家里,向他学习法律和诗文。民国初年,全国征文比赛,他撰写《虞美人传》,荣登奖榜。

高鹏对地方利病、民生疾苦极为关注。孙中山领导国民革命,推翻清朝建立民国后,开展解放缠足、剪除发辫运动,他皆积极响应,以身作则带头剪去长辫,让女儿带头解足,并对学生极力宣传。

他非常识赏孙中山"平均地权""耕者有其田"的主张,率先对自己的出租田亩执行"二五减租"规约,并积极为佃户争取权益,倡导保定村收租的秤斗统一改成标准的秤斗,还动员全村财主对佃农进行"二五减租"。因而,被推为西乡佃业理事会理事长。是年,丽水县署陈绍寿和随从来保定村收官租,高鹏对其门生谢泽良说:"你到五显庙看看陈绍寿来村收官租有否执行'二五减租',如果还未执行的话,你把他的租簿拿来。"谢泽良照着高的嘱托,走到五显庙向陈绍寿借来一看,果然仍照原额收租。谢泽良就拿了这租簿交给高鹏。翌日,高鹏来到县署据理力争:"孙中山先生领导国民革命,推翻了清朝,建立民国,实行三民主义,拯救农民于水深火热,推行'二五减租'旨在减轻农民的重租剥削,官署应先实施,为何不遵令减租呢?"经高的交涉后,县署也实行了"二五减租",大大减轻了农民的负担。民国初期,保定一带林光山秃,植被破坏严重,村民缺柴引炊,甚至连笼衣、松毛都要往10多里路外的石玄头

嘴、岭下、大林等山区采砍。高鹏积极组织集体造林活动,还集资发展蚕桑和果园,恢复了生态。

高鹏乐善好施,他筹集资金在大港头、保定、石牛等渡口添设日夜渡、修建凉亭,为过往的村民提供便利。他还对孤独无依者倡建施舍、对无力求学者倡建助学金,资助他们入学,以及提出禁溺婴等,皆有德于乡里。为此,丽水知事李钟岳赠以"望重儒林"匾额一方,悬其堂中。

高鹏在故居墙上的题记(吴志华摄于 2019 年)

高鹏学识丰富,教绩卓著,生平不慕名禄,教读终世。著作有:《虞美人集》《拙园文集》《拙园偶存》《哭佛》等。还曾参与编纂《丽水县志》和《通济堰志》。此外,他曾有寿序、墓志、楹联、婚启、祭文等小楷手稿数卷遗世。惜在"文化大革命"中毁失。现今堰头村口文昌阁前高鹏撰并书的一块碑尚存。

# 六、叶天籁故居

叶天籁故居又称叶氏新屋,位于大港头镇河边村 9 号,坐落村庄的东北部,前为空地,其余三面为民房。清代建筑,坐北朝南,占地 797.8 平方米,四合院式,夯土地面,青瓦阴阳合铺,檐口设沟头滴水,硬山顶。头门从西侧开出,与弄相通,外院地面为卵石铺砌,宽 2 米。门厅面阔三开间,进深四柱七檩,梁架为抬梁式,五架抬梁带前下檐双步。明间设大门,石质门框,门额上砖雕"俭德传世"四字。正厅面阔三开间,进深四柱七檩,明间梁架为抬梁式,五架抬梁带前后双步。门口有一株百年铁树,相传为孙中山先生所赠。

叶天籁(1885—1932)字逸响。丽水县(现莲都区)大港头河边村人,光绪三十二年(1906)东渡日本,在正则学校学习数学,并加入同盟会,跟随孙中山先生参加反清革命斗争。光绪三十四年回上海,参加反清活动。

叶天籁故居大门(吴志华摄于2009年)

宣统元年(1909),多方联系营救同盟会骨干阙麟书出狱。宣统三年(1911),在浙江都督府任职。民国11年(1912)回乡,任林业公会会长,集股组织厚生公会林场,在大港头置地150亩,种植松、柏、槐树20万株。民国13年,主持修建石玄头咀桥,为云和、景宁、龙泉、庆元等县的通衢要津。竣工后改此桥为"义赈桥"。民国21年,郑宝琳在大港头筹设普昌火柴梗盒片分厂,叶天籁积极协助,担任经理。县知事李郁芬赠以"急公好义"匾额。1932年逝,安葬在佛殿基(即河边村至大港头公路桥边500米),有大墓碑"国民革命先驱"字样。

# 七、周昭德故居

周昭德故居（"南峰拱秀"古民居）位于仙渡乡葛畈村139号，近年仙渡乡斥资重修，并布置为仙渡非遗馆和仙渡乡村会客厅对外开放。

周昭德故居为清代建筑，坐北朝南，占地312.42平方米，小青瓦阴阳合铺，硬山顶。建筑由南至北中轴线依次为门厅、厢房、正厅。门厅三开间，二柱四檩，明间后檐柱间设三门，中为宫门，两侧为生死门。厢房一开间，三柱四檩，梁架为抬梁穿斗混合式。正厅三开间，五柱七檩，梁架为抬梁穿斗混合式带前后下檐双步。东侧设膳房一间。

周昭德故居外立面（吴志华摄于2024年）

周昭德故居内景（吴志华摄于2024年）

周昭德（1882—1940），谱名观文，名紘，乳名启洪，字肇德，号息庐，仙渡乡沙畈村人。清光绪年间参加县试，以优异的成绩考中丽水县学庠生（即秀才），从此，毕生从事教育文化工作，是丽水近现代文教界的知名人士。

1914年，周昭德应邀担任囿山小学校长。后来，先后受聘在浙江省立第十一中学（今丽水中学）、第十一师范学校、丽水女子师范学校、蚕桑学校（今丽水职业技术学院的前身）及处属十县联立中学担任文史教员。他给学生授课，深入浅出，善于用典故讲解历史，深受学生的欢

周昭德像（吴志华提供）

迎。1938年敌机轰炸丽水城,他返归故乡葛畈,办起了文化补习班,亲自为和合乡一带的学生授课,直至逝世。

周昭德还是近现代著名的书法大家。他自幼酷爱书法,喜读诗文,偶得书法名家片纸只字,如获至宝,不管寒冬溽暑,认真临摹练字,至老不辍。曾参加上海书法比赛获得大奖。

周昭德敢说真话,遇到不平之事,敢于仗义执言。面对内外交困的时局,深感愤慨。一日,他携三两同事来到丽水城北三岩寺散心,题诗云:"人间皆火宅,何处是清凉,醉卧岩阴下,微闻石髓香。"可见其当时对时局的极度不满和心中的惆怅。1938年敌机轰炸丽城,返归故乡,仍办文化补习班以指导乡里学生,直至逝世。晚年他将毕生的诗文及读书教学心得编成《息庐诗稿》《息庐论语》各一卷。

周昭德原娶西溪村清代知县朱有章孙女为妻。朱氏去世后,续娶清代大学士景其溶(字南云)孙女景屏。景、朱两家都是清代著名的藏书家。这两家的所遗部分书籍因而归周昭德所收藏。现尚有部分文物收存在丽水市博物馆。

# 八、李祖白故居

抗日将领李祖白故居位于雅溪镇里东村146号,土名山之麓,清代建筑,为其父所建,坐东朝西,占地482.6平方米,呈长方形平面,小青瓦阴阳合铺,硬山顶。进大门为过道,地面卵石铺地,呈连环铜钱纹饰。进二道门为天井,仍是卵石铺地。据其嫡孙介绍,这些卵石均是当年在15里开外的洪渡金竹口溪滩上用毛竹筒套选,因此大小非常匀称。正厅面阔五开间,进深五柱七檩,明间梁架为抬梁穿斗混合式带前下檐单步。左右设前、后厢房,均二层一开间。后厢房中间为天井,鹅卵石砌成,整齐而精美。天井两边设水井2眼,共日常生活用水及防火急需。据村民介绍,李祖白旁为里东后山来龙之龙首处,为村中之风水宝地,因而出得大人物,这当然是民间谣言,不足为信。

李祖白故居外立面（吴志华摄于2018年）

李祖白故居北侧内景（吴志华摄于2015年）

李祖白(1888—1960),字友诗,一字荣彪,谱名生成,号健中,丽水县(今丽水市莲都区)北乡岭东村人。清光绪十四年十月初二日丑时出生在李学武家。后因学武之弟李学火无后,学武将生成过继给学火为嗣。李祖白为唐太宗李世民第五十世孙,唐宁王李宗国第三十二世孙。李祖白出生在一个世代以耕种为生的农民家庭。李祖白生长在饱受内忧外患的晚清时期,小时因家贫无力入学塾。而他却渴求文化,通过自学祖上留下的一些启蒙文献,获得一些文化知识。

李祖白像(吴志华提供)

光绪三十一年(1905),19岁的他只身前往杭州投到陆军新军二标营当兵。在清营里,饱受上司的欺凌。官长让士兵个人外出经商谋生,趁机侵吞一半甚至更多的兵饷。且部队里吸食鸦片极为盛行,日常训练松弛。李祖白决心另谋出路,于是于清宣统二年考到浙江陆军宪兵科。宣统三年六月,以第三名优异成绩毕业,转回新军标营从军。宣统三年(1911)十一月四日,上海光复的消息传到杭州。杭州革命党人召开紧急会议,决定当晚起义。十一月五日凌晨,各支起义部队按计划准时行动。随后,李祖白所在的新军二标营迅速响应。渴望已久的李祖白凭着多年从军经验和非凡胆魄,奋勇参与攻占督署。经一夜激战,控制杭州城。至5日晨,杭州全城基本光复。十一月七日,杭州召开各界代表大会,宣告浙江军政府成立。李祖白所在的新军二标营改编为浙江水陆军二标营。

1912年1月17日,浙江都督蒋委任李祖白为陆军步兵第二十二团第十连第二排排长。在新的军营里,李祖白如鱼得水,对待兵卒亲如兄弟,训练劳动,身先士卒,深得营、团官长的信任和器重。2月,受奖名誉徽章1块。5月16日,又受奖光复纪念杯、壶各1件。1913年6月3日,浙江都督朱委任李祖白为浙江陆军补充兵第二团第十二连少尉连附。1913年7月,李祖白考入浙江陆军讲武堂步兵科学习。1914年4月13日,奉大总统令,授为陆军步兵少尉。1914年5月,以第七名的优异成绩毕业。1915年4月1日,兴武将军朱升任李祖白为陆军步兵中尉连附。1916年6月3日,浙江督军吕公望委任李祖白为浙江都督步兵98团第五连连长。7月15日,转暂编浙江陆军第2师步兵第6团第3营第12连连长。是年秋,检阅活动中表现突出,奖赏技术名誉印章1枚。1918年2月18日,浙江督军杨善德派李祖白到开化县任征兵局局长。事毕回营,仍任连长,奖赏清宣统三年光复南京纪念章一块。1920年5月30日,奉大总统令,升为陆军步兵上尉。后升任营长一职。1931年,李祖白升任国军第6师汤恩伯旅团长一职,奉命进驻广丰,对盘岭苏区进行封锁、包围。李祖白团方剑秋营驻五都镇,人枪千余。1933年任国民军第79师第237旅副旅长,在江西参加对红色革命根据地第五次"围剿",战斗中负伤。1935年初,李祖白升第237旅旅长。1935年12月,国民政府以第28、第79师编成第46军,隶属豫皖绥靖公署节制。樊崧甫任军长并兼任第79师师长,辖段朗如、李祖白两个旅。1936年5月,李祖白由第237旅旅长升任第79师副师长。李祖白率第79师驻在贵阳南部的独山镇。1937年5月,李祖白授予少将军衔。

　　1937年8月13日,淞沪会战爆发,日寇妄图一举攻占政治、经济重镇上海,逼迫首都南京,迫使政府投降。10月底,陈安宝、李祖白奉令率第79师星夜增援淞沪前线抗日部队。11月5日,第79师官兵到达嘉兴,马上以急行军速度连夜赶到平湖以东,在独山、虎啸桥、广陈镇一线布防。6日凌晨,第79师刚进入阵地,与日寇展开了激烈的战斗。日寇在飞机、海军炮火的掩护下,向第79师的防线发起了猛烈冲击。第79师担任的防线近80里,兵力不足,装备较差。陈安宝、李祖白二将军亲临前线,指挥抗战将士,从容应战,打退了日寇的一次次进攻。阵地前面躺满了日寇的尸体,全军将士却越战越勇,坚守该线阵地达10天之久。11月16日,陈安宝、李祖白奉命率部队撤至崇德,扼守临平以东、沪杭路及运河正面等地,坚持该防线数月,完成阻击牵制敌人的任务。1938年初,第79师改隶第29军。

　　1938年2月,陈安宝、李祖白率军渡过富春江向侵占余杭的日寇进攻,采取"围点打援"战术,以一部兵力进攻余杭城,集中主力袭击从杭州方面的援敌。在陈安宝将军带领下,众将士奋勇杀敌,不畏艰险,与日援军激战一昼夜,敌人逃走时的尸体满满装了20多辆卡车。不久,陈安宝、李祖白深入嘉湖沦陷区开展游击战。陈安宝、李祖白率第79师越过京杭路,潜入敌后,在德清、崇德、新市、青镇及运河一线活动,开展抗日爱国教育,收编当地民众的五千余支枪,组织抗日游击队,并多次与日寇进行作战,粉碎了日寇的数次扫荡,使浙西根据地得以巩固发展。

1938年7月,国民政府为加强武汉会战中的军事力量,以第79师为基础组成第29军,隶属国防国民党军事委员会直辖。陈安宝任军长,刘雨卿、李祖白任副军长。下辖:第40师,詹忠言任师长;第79师,陈安宝兼师长。该军组建后便参加了武汉会战。在此次会战中,该军奉命担负坚守隘口阵地月余,伤亡甚重。武汉会战后,该军在休整时进行了编制调整,第40师改隶第25军,郭汝栋军第26师、第8军第102师改隶该军。此时,该军下辖第26、第79、第102师。1939年初该军隶属第32集团军参加南昌会战。副军长陈安宝因战功升为国民革命军第29军军长,12月20日,李祖白兼第79师师长。

1939年3月17日,日寇第十一军在司令官冈村宁次指挥下,越过修河大举进犯南昌,陈安宝、李祖白率领第79师从浮梁兼程到东乡部署抚河和鄱阳湖防务。5月3日,陈安宝指挥预备第5师、第26师和第79师的237团进攻南昌,6日凌晨,当部队穿越铁路公路抵达沙窝章村时,先头部队与日寇遭遇,激战于桐树庙西北高地。拂晓以后,日寇集中猛烈的炮火,在飞机轰炸配合下,出动大批步兵发动集团冲锋,陈部控制区域逐步缩小,伤亡惨重。午后5时10分,日寇突破国军左翼龙里张方面的阵地,双方进行白刃格斗,陷入混战状态。陈安宝得到消息,心里万分焦急,这时他手中控制的预备队兵力已经用完,马上决定带领身旁的卫队到前线督战,不幸途中遇到敌机的轰炸扫射,陈安宝身中数弹,伤及心脏,壮烈殉国。李祖白闻报,悲恸欲绝,一边指挥部队继续战斗,一边立马指挥部队从战场上冒死抢回陈安宝遗体,后设法亲自护送回将军家乡黄岩安葬。这一战役不仅使李祖白所属部队损失极为惨重,尤其失去了患难与共、知遇之恩的挚友陈安宝,因此精神遭受严重刺激。

1939年7月,国民政府为加强后备军事力量。以第29军第79师与第25军新建第190师在江西鹰潭合编为第10军,梁华盛任军长,李祖白仍任第79师师长。南昌战役的悲痛记忆,常常萦绕在李祖白心头,于是他决定向国民政府中央军事委员会呈请辞职,卸甲回乡。1939年8月,国民政府中央军事委员会批准他辞去部队实职,改任军事委员会中将参议。第79师于1940年

5月由第10军改隶第79军。由于当时国民政府迁往重庆,他未赴重庆任职,直接从江西返回老家岭东。国民政府每月寄给他中将参议职级工资,直至1948年底。

1942年春,县国民政府盐务局在太平乡设有盐仓。当地群众在乡长潘明远的发动下,先后两次到盐仓抢盐。伪县政府得知后,派警察逮捕了潘明远。受群众之托,李祖白到伪县政府与县长交涉,救出潘明远。

1942年4月,国民政府陆军31师驻防丽水县北乡至缙云一带。有一次,15名伪士兵到金竹村(今属雅溪镇)购买物品,与群众发生口角,伪军开枪打死共产党员李宗乾。群众义愤填膺,打死13名伪士兵。两天后,该部要到该村烧杀。李祖白挺身而出,到31师师部与其长官交涉,使金竹村免遭灭顶之灾。

1943年5月,日寇侵略丽水,北乡一带也遭受其害。李祖白偕家小13口避战于村庄东南的东弄坑李姓人家。据今年已84高龄的李大伯回忆,李祖白当时携带步枪13支,手枪1支。步枪藏于其家灰寮稻草之中,手枪为其随身携带。李祖白粗衫布衣,极为朴素,为人和气,老少皆能和睦相处,毫无官架子。记得有一次,国民党部队拉壮丁至里东一带,路中两个士兵见李祖白身材魁梧,是个挑担打仗的好料,便上前要拉李祖白至队伍中。李祖白不慌不忙,从容地说"我回去整理整理就来"。李祖白转身到屋里,换上中将军服,走出门庭。那两个国民党士兵见了,大惊失色,拔腿就跑。

1945年5月间,中共处(州)属特委任命陈仿尧为中共丽水县特派员,负责以太平区为中心,开展丽水、宣平、武义、缙云4县边境地区党的工作。为了争取群众,打击敌人,中共处属特委运用统一战线这个法宝,团结知识分子、少数民族、开明人士、宗派头目、伪职人员,壮大革命力量,打击丽水的国民党反动势力,为解放丽、宣等县城起到重要作用。

1945年10月,陈仿尧委北乡岱后人朱太负责统战工作。朱太是一名知识分子,在民国丽水县军政机关中有一些同学和朋友,有一定的影响,这给统战工作的开展带来了有利条件。李祖白就是处属特委团结上层人物工作的重要对象。

1945年10月一个凉爽的傍晚,陈仿尧在朱太家中饮茶聊天,谈起了统战工作,说到了怎样争取上层人物支持处属特委活动。朱太说:"丽水北乡里东村有一个人叫李祖白,在丽水县也算是一个大人物。"朱太告诉陈仿尧:李祖白1939年任二十九军副军长、79师师长、中央军事委员会中将参议,因故结束戎马生涯回家种田。李祖白回到家乡后,虽隐居简出,辅助耕种,有时还替老百姓说话。陈仿尧听了情况介绍后,觉得李祖白很重要,就以朱太好友的名义与朱太一起到里东村去拜访李祖白。李祖白很热情地接待了陈、朱二人。一起畅谈了抗战时国共两党合作的重大意义。从谈话中得知李祖白对国民党有不满的情绪。为了争取李祖白,陈仿尧在1946年初写信给李祖白,介绍特委的统战政策和对李祖白的敬重之情。接着在1947年冬,陈仿尧又和北乡泄下人周一平一起去李祖白家。通过几次接触,李祖白同处属特委加强了联系。

在1947年8月至1948年2月的两次"围剿"中,丽水北乡的滴水岩、皂树、江西铺、雅里、小箬坑、西溪、鸭班、龚山、麻舍、陶坑、泄下、岱后等村有陈协通、张宝财等30多名党员和群众被抓,押在民国丽水县监狱里。他们在监狱里进行坚贞不屈的斗争。党组织通过朱太、周一平等有关人去做李祖白的工作,请他帮助营救。李祖白欣然应允,亲自进城找到县警察局、保安团。经李祖白工作后,张宝财、李官奎等10人被释放出来。

李祖白不仅在丽水一带颇有威望,就连缙云地方有民间命案纠纷,也常请李亲临调停。有一次,隔壁仙里村有个国民党军官强拉里东的青年为壮丁,作为仙里人的"替罪羊"。李祖白听说后,大为恼火,一定要到丽水师管区要回本村青年。刚要出门,缙云新建有轿子到他门口,说是当地出了命案,请李师长出面调和。李祖白马上说"好的,人已死,明天我会来,今天先要到丽水城要回被拉去当壮丁的人。"

20世纪40年代后,赋闲在家的李祖白,为共产党和丽水群众所做的好事,不胜枚举,至今仍为丽水民众广为传颂。

# 九、朱太故居(张之清旧居)

朱太故居("沛国旧家"古民居)位于雅溪镇岱后村中部,这里还曾经是共和国丽水县首任县长张之清在岱后的居所。

　　朱太，行荣百三十八，名荣禄，考名泰，字亚英，生于宣统辛亥年七月十二日寅时，岱后村人，是丽水北乡一带有名的革命前辈。张之清是安徽怀宁县人，共和国首任丽水县县长。这两人相隔千里，二人因共同的革命理想，成为亲密战友。

　　"沛国旧家"古民居为清代建筑，坐西南朝东北，占地568.6平方米，四合院式，前后分两进，左右设厢房，小青瓦阴阳合铺，硬山顶。第一进前厅面阔三开间，进深三柱五檩，明次间梁架为抬梁穿斗混合式带后下檐。明间设大门，门额墨书"沛国旧家"四字楷书。第二进正厅面阔七开间，进深四柱七檩，明次间梁架为抬梁穿斗混合式带前下檐双步。正厅前后设厢房，前厢房两层二开间，后厢房两层一开间。

朱太像（吴志华提供）　　　　张之清像（吴志华提供）

　　1938年，张之清中学毕业以后，结伴一批青年，奔向延安。来到武汉八路军办事处，组织安排他参加抗日救亡团南下浙江，先到了金华，后到丽水。张之清来到丽水县太平区考察，调查北乡地区是否适宜创办经济建设实验区。在他初步调查基础上，丽水地下党负责人张锡昌又两次到北乡调查，认为北乡地理位置好，山村资源和群众基础也好，经伍廷飏厅长同意在太平区做试点。

　　1938年8月，曾涛带18个乡村建设指导员，张之清是其中一员。又是秘密的太平区委宣传部长以后曾涛调庆元，张之清任中共太平区委书记。白天是国民党官员，宣传抗日救国，创办《太平周报》，晚上深入民间，办夜校和读书会,秘密发展共产党员,建立党组织。乡民称赞他们是"白皮红心"的乡建指导员。他在和合乡(今仙渡乡)做指导员工作期间遇到了朱太。他们都是热血青年。当时朱太也在和合乡当指导员,他了解到朱太爱国抗战热情很高,于是介绍朱太秘密参加了共产党。只是过一段时间,因时局变化实验区停止活动,指导员一个个紧急撤离。张之清秘密转移到处属特委工作,朱太回到家乡岱后。

朱太东西奔波,由于寻找不到党组织,很苦恼又彷徨。为了生计,朱太只好到民间行医,后来教书,后又竞选当上了乡长。不久,又到金华找到工作,曾参加了三青团,发现不对头,又很快离开,未参加国民党活动。但是这段经历给他晚年带来了不幸和苦难。1947年2月,张之清等人奉特委"巩固老区开辟新区"之命再到北乡,专程到了朱太的家。老张和陈仿尧、张赛英突然来到,给朱太亲带来兴奋和快乐。

朱太从此又被恢复共产党组织关系,还建立了岱后党村支部,朱太任支部书记。根据党团结一切可以团结的人的指示,朱太努力做开明乡绅朱玉珍的统战工作,得到朱玉珍的理解和支持,安排张赛英当小学教员。接着团结老党员发展新党员,有了公开做群众工作的立足之地。安排朱元、明福等竞选保长、甲长,掌控了村政权。为筹建丽水县委,朱太带领村中一班思想先进分子努力做

朱太故居(张之清旧居)"沛国旧家"古民居大门
(吴志华摄于2018年)

好安保工作。后根据革命斗争的需要,参加游击队,辞掉村支书,推选谢金华当任支书。朱太参加游击队后,在张之清亲自培养下,开展武装斗争。以后朱太独当一面,担任太平区长。丽水县解放后,朱太先后在文教科、民政科和印刷厂、农场等单位担任领导工作。

后来,朱太虽然在"文化大革命"运动中受到不公正待遇,直到改革开放后才平反昭雪恢复党籍和公职。但朱太一直忠于党和党的事业。张之清调中央党校工作后,朱太与张之清往来中断。但张之清十分挂念朱太。当张之清听到朱太病故的消息,十分悲痛。因身体不好,特地托丽水的亲友为朱太刻制了墓碑。后在临终时,张之清还嘱咐赛英前往朱太墓地代为祭奠。

朱太故居(张之清旧居)"沛国旧家"古民居内景(吴学文摄于2008年)

# 十、郑智诰故居

郑智诰故居位于老竹畲族镇新屋村中部,至2024年,总体保存较好。

郑智诰(1911—1949),原宣平县曳岭区新屋村(今属莲都区老竹畲族镇)

213

郑智诰戎装像（郑建全提供）

人。曾在国民党部队任职，回乡后任崇义乡乡长。郑智诰旧居位于新屋村67号，建于民国，为单进合院民宅，正厅1间、厢房4间、门厅1间。门墙周为夯土墙，中间部分用青砖空斗砌筑，大门以条石筑架，三面夯土墙。其内为穿斗式柱架结构，双坡硬山顶，垂椽，前有天井。檐梁柱间牛腿，斗拱有雕花。旧居建筑基本完好，郑智浩房间为明间北正间。保持原貌。由郑氏后人使用管理。

"党的建设、武装斗争、统一战线"是中国共产党新民主主义时期的三大法宝。在游击根据地的建立和发展过程中，统一战线工作始终是党的工作的一个重要组成部分。随着游击根据地的巩固和发展，武装斗争的逐步深入，民主人士日益倾向人民革命。遵照党的"放手发动群众，团结一切可以团结的人，建立最广泛的革命统一战线"的方针，丽水游击根据地党组织除对极少数顽固不化的土豪劣绅、恶霸地主及反动透顶的乡保长进行镇压外，对一般的乡保长，有威信的开明士绅、知识分子，国民党退职军官等则大力开展统战工作，从而分化敌人营垒，壮大人民力量。

另一种做法就是根据党的"团结进步势力，争取中间势力，孤立和打击反动势力"的方针，除对少数顽固反动分子予以镇压外，对一般的乡保长和国民党机关公务人员，则大力开展统战工作，争取他们转变立场，支持人民革命。郑智浩思想进步，拥护共产党，于1947年3月加入中国共产党。入党后，他仍然以乡长的身份为掩护，积极为党办事。他为游击队筹粮、购买军需品、探听情报、传递消息，安排国民党起义部队的食宿。他在自己家中办服装厂，购置了3台缝纫机为游击队赶制军衣。在国民党反动军队进行"围剿"期间，郑智浩为转移物资和保护群众，未随游击队撤退，被反动分子告密而被捕，1949年4月被国民党十一师枪杀于老竹桥头。中华人民共和国成立后，被民政部认定为革命烈士。

郑智诰旧居(吴志华摄于2017年)

# 十一、峰源红军洞

　　峰源红军洞在小岭根村猕猴峡内,曾是当年中国工农红军挺进师红军转战峰源一带时的养伤之所。

　　1936年12月西安事变以后,蒋介石为了消灭南方红军游击队及游击根据地,推行其"北和南剿"的反动方针,任命刘建绪为"闽浙赣皖四省边区主任"。1937年1月,刘建绪调集主力部队6个师,两个独立旅及四省保卫团,计43个团,共10余万人的兵力,以拉网式战术第二次大规模"围剿"红军挺进师和革命根据地。针对敌人拉网式战术,挺进师同敌人相向推进,易地而战。敌人梳过来,红军钻过去,你要我的山头,我要你的后方,逐渐分散作战单位,应付敌军大部队。在实际战斗中,挺进师的指挥员还结合毛泽东在井冈山时期"敌进我退,敌驻我扰,敌疲我打,敌退我追"的16字游击方针,总结归纳出适合在浙南、浙西南艰苦的斗争环境中能机动灵活运用的游击战六条原则:以最小的牺牲换取最大的胜利;不在消灭敌人,而在消磨敌人;支配敌人,掌握主动;积极进攻,绝少防御;飘忽不定,出没无常;越是敌人的后方,越容易成功。而且在作战、行军、宿营等方面,也摸索出一套要领。

峰源红军洞(莲都区档案馆和党史研究中心提供)

在极其艰险的斗争环境下,坚持在峰源乡一带活动的挺进师一纵队刘标中队,经努力工作,在赛坑、下园、库坑、黄坑等村发展了叶森跃、赖献祥、黄明章、沈爱莲等一批党员,并于5月和7月相继建立中共蔡坑和小岭根支部。基层党组织的建立和党员队伍的发展壮大,为挺进师在山区坚持长时期艰苦卓绝的游击战争,创造了有利条件。峰源乡党组织将党的主张及时向群众作宣传,协助挺进师在峰源各村张贴"中国人不打中国人!""打倒日本帝国主义"等标语。他们还动员和组织青年骨干参加红军,其中木寮等村的叶友善、叶绍兴等一批青壮年就是在敌军不断"围剿"的艰难时期里拿起武器,参加挺进师的。一些党员还积极配合红军的军事行动,有效地打击敌人。是年7月,小岭根村党员王孔林以走亲戚的名义,到邻近的青田县祯旺乡乡长家串门,了解、探明了乡政府存放枪支、子弹的地点及警员布防情况。当天夜间,刘标部队的40余人由他带路,迅速赶到祯旺乡,袭击了乡政府,缴获步枪10支,子弹2箱。峰源乡党组织还着重做好伤员的护理工作。小岭根村党支部或在石吴山、石井等深山搭建茅棚,或在群众家中,安置照顾红军伤病员。在深山里独户居住的徐时法、叶翠花夫妇,将伤病员当作自己的亲人精心护理。红军留下的都是重伤员,由于药品奇缺,多采用中草药疗伤。在小岭根村党员和群众的热心护理下,伤员的病情逐渐好转。一位红军班长在小岭根的金坑自然村养伤,起初已奄奄一息,不省人事,经一年多的调养,终于康复归队。1937年初,粟裕率领挺进师主力部队在峰源小岭根村一带坚持游击战争。一名中队长在行军中不慎摔伤了股骨,小岭根村的党员王孔林就将他藏到山洞里养伤。不久,敌军主力团队追至小岭根村,为安全起见,村民们将他转移到邻村金德贤家养伤。在金德贤家人的轮流看护下,半个月后这位中队长即伤愈归队,跟随粟裕师长投入了新的战斗。

# 十二、叶元珪故居

叶元珪故居("南阳旧家"古民居)位于碧湖镇古井村,为清代建筑,坐北朝南,占地300平方米。原为五开间四合院,门额"南阳旧家",是为了纪念元末明初的浙东四先生之一的南阳侯叶琛。该民居保存一般，但具有较高的革命历史研究价值和传统建筑研究价值。

叶元珪（1897—1985），字志成，又名善昌，丽水县碧湖镇上街人。美术教育家。少时从父习书画，中学毕业后专攻美术。1918年考入上海美术专门学校，毕业后留校任教，并与画家黄宾虹、徐悲鸿、潘天寿等组织"一八艺社"切磋画事。以西画见长，亦精于国画、雕塑、工艺美术，曾受托设计钞票。1921年上海美术专门学校毕业，留校任教，并与著名画家黄宾虹、徐悲鸿、潘天寿等组织

青年叶元珪在作画（周率提供）

一八艺社切磋画事。以西画见长，亦精于国画、雕塑和工艺美术，曾受托设计钞票。1925年，由上海大东书局出版《实用图案画》，内有废除不平等条约，反对蚕食中国领土，同心协力赶走侵略者等画面。1931年，在张辰伯教授的倡导下，组织一九四。雕塑会，为著名爱国人士沈钧儒，书画家、爱国高僧弘一法师等雕像。1932年，出版《小学美术教材》12册，由于内容进步，遭国民政府教育部查禁。是年，民国美术丛刊《学生文艺丛刊第七卷·第一集美术特刊号》刊载了徐进、凤石、马孟容、叶元珪、陶步丹、蔡朗青、龙敏功、陈梁、林付业、间竞明、林其瑶、朗青、金若水、王炎、霍义、同龢等众多画家的作品。

1937年8月，日本侵略军占领上海，举家迁回碧湖，受聘在省立高级商业学校、处州中学任教。后执教省立联合师范学校艺术科，兼任省训练团美术教官。1938年，和曾涛、金逢孙等人组织浙江省战时美术工作者协会丽水分会。

1939年8月,英士大学在丽水开办,应聘执教美术系。1940年,由上海商务印书馆出版中学劳作教材《活页木工作图》,图式新颖,工作简便,切于实用,被赞为"在我国出版界中尚属创见"。1945年抗日战争胜利后,因家庭牵累未随校任教,转省立处州师范,任教务主任,创设艺术师范科。1949年解放,杭州西湖艺专校长潘天寿曾邀叶元珪再度共事,叶元珪因故仍执教处州师范。1956年被选为丽水县副县长。1959年12月任丽水县政协副主席。"文化大革命"中被打成"走资派""反动学术权威"。1976年平反,八十高龄的叶元珪,重拾画笔,画了《鹤舞千年》《莺歌燕舞报新春》《祝寿图》等国画。1977年任省政协委员。1984年加入中国共产党。1985年病逝。绘画教学著作有《实用图案画》《简易的配色法》《水彩画技法》《绘画透视画法》《中学图画教材》《小学工艺新教材》《儿童劳作丛书》《小学生分年补充读本》《高年级劳作》《初中劳作》《小学工艺新教材》《活页木工作图》等。

叶元珪故居大门(陈旭东摄于2024年)

叶元珪故居内景（陈旭东摄于2024年）

# 十三、梁仙翠故居

梁仙翠故居位于南明山街道白岩行政村后商自然村149号，至2024年，该民居保存较好。该民居曾经走出两位女博士，就是梁仙翠和梁米芳姑侄。

梁仙翠，女，丽水县水阁白岩（今属莲都区南明山街道）人，物理学专家。1949年5月参加革命工作，1956年5月加入中国共产党。国立浙江大学理学学士、物理研究所研究生毕业。历任杭州大学军管会成员，苏联列宁格勒大学物理系原子核专业进修生，杭州大学物理系副主任、副教授等。2017年12月19日《浙江日报》刊发：本报讯 浙江大学离休干部梁仙翠同志（享受厅局级待遇）因病医治无效，于2017年11月26日在杭州逝世，享年96岁。梁仙翠的侄女梁米芳（梁仙翠兄长梁初庭之女）是我国著名的疾控专家。梁米芳1982年毕业于浙江医科大学医学系。1988年毕业于中国预防医学科学院研究生院。1992-1996年为美国陆军传染病研究所博士后。1998-2002为德国海德堡大学分子遗传研究所访问教授。现任中国疾病预防控制中心病毒病预防控制所研究员,博士生导师、卫生部突出贡献专家、国务院特殊津贴专家。同时为美国病毒学会终身会员、中国生物工程协会抗体协会专业委员、中华预防医学会生物安全和防护装备协会委员、病毒学报副总编辑等。主要从事病毒性出血热病毒分子生物学研究及治疗用人源化抗病毒基因工程抗体及其抗体工程平台技术研究,研制成功了高亲和力人源抗汉坦病毒、甲型肝炎病毒、禽流感病毒、狂犬病毒等10余种中和性基因工程抗体。先后主持了多项国家和国际合作重大项目,其中"人源抗病毒基因工程抗体基础和应用研究"获中华预防医学会科学技术一等奖,其他获国家科技进步三等奖、卫生部科技进步二等奖,并申请和公开专利20项,获得专利9项,成果转让3项。发表SCI论文包括NEJM,PNAS,CID,Virology等国际一流杂志论文30余篇。2004年起涉及生物安全管理,为在国内外汉坦病毒研究领域、抗体工程领域和生物安全管理领域享有一定知名度。

梁仙翠故居外立面(楼新建摄于2024年)

梁仙翠故居清末建筑,坐北朝南,硬山顶。建筑平面格局规正,由正楼、天井、厢房组成,为三开间带左右厢房的三合院式建筑。通面阔30米,进深19.7米,占地面积589平方米。建筑总体梁架结构为抬梁、穿斗式混合,明间穿斗式五柱五檩带前后双步廊。一层明间柱头处有雕花饰件托承,这在丽水极为少见,颇具特色。门、窗都采用雕花拼合,拱廊等处牛腿、月梁雕有花鸟、戏曲人物、园林美景等图案,刀法流畅,水平高超。天井条石砌边、设阶,与檐廊地面落差三十厘米,天井内卵石铺花。石库大门高门槛,双扇木门内开。整座建筑砖木结构,四周垣以单花马头墙,阴阳青瓦,檐口挑有望砖滴水。该建筑布局完整,是研究当地民居特点的实物资料,具有一定的科学、艺术研究价值。

# 第四章 革命人物墓园

# 一、阙伊阙大津祖孙墓

阙伊墓位于杨坑行政村净水自然村村口后山，整体由块石加水泥砌筑，构造简洁，坐西向东，占地面积10平方米。阙伊墓地旁还有其后人、原总政歌舞团政委阙大津墓。阙伊墓与阙伊故居等遗迹遗址进行整体保护，对研究阙伊红色艺术家族文化具有一定的价值。阙伊墓可整合阙大津墓、阙伊故居遗址等，结合杨坑古道、农业观光等项目，作为名人遗迹进行整体打造。

净水村阙伊夫妻墓碑及阙大津墓碑（阙金荣摄于2021年）

阙伊（1868—1921），字十原（石原、石源、十源），丽水县城人。父亲阙艮儒，祖居丽水县水东乡净水村，后徙居丽水县城宋衙基（囿山北麓，现金汇广场），以种菜为业。阙伊多才多艺，其作品纯朴自然，独具一格，在山水人物绘画、麦秆贴画（又称麦草画）、金石篆刻、摄影等方面多有建树。其一生经历丰富，早年学习摄影术，留学日本，回国后从事推翻清朝的革命活动，后又参与南洋劝业会和美国巴拿马万国博览会的筹备工作，编辑出版多部图书，集革命家、书画家、摄影家于一身，是清末和民国初年，丽水首屈一指的工艺美术家宣统二年(1910)回国,在南京被聘为南洋劝业会美术主任。民国4年(1915),其麦秆剪贴画"美国总统威尔逊像"在巴拿马太平洋万国博览会上获金质奖章。阙伊回乡后设"涤古斋画室",其山水、人物、麦秆剪贴画及金石篆刻,纯朴自然,独具一格。阙伊创办明星照相馆,首开丽水照相业之先河。

阙伊父亲阙艮儒像(阙大申提供)

阙伊之子阙诏、阙铭兄弟合影(阙大申提供)

阙伊长子阙诏(1897—1981)为中国"国际电旗"(现行中国邮政徽记)设计者;次子阙铭(1904—?),继承阙伊摄影衣钵,为民国时期丽水摄影名师。阙伊长孙阙大津(艺名洛辛),革命音乐家,原总政歌舞团政委,代表作有《青春进行曲》等;次孙阙文,《人民日报》文艺部编辑、北京电影制片厂导演、摄影家,其摄

影作品《我们热爱和平》一度风靡全世界。1952 年底，宋庆龄率领中国代表团参加维也纳世界和平大会，在维也纳广场向民众散发《我们热爱和平》宣传画，在此之后东欧社会主义国家的多家画报相继将它作为封面；次孙阙大申（1924—2022），1983 年 9 月离职休养，热爱书法绘画。阙伊曾孙女洛珍林，军旅音乐家，解放军艺术学院音乐系政委。净水阙氏是丽水名副其实的"红色文艺世家"。

50 年代风靡全球的阙文摄影作品（招贴画）《我们热爱和平》

阙大津（1918—2002），艺名"洛辛"，阙伊长孙，阙诏之子。现当代著名革命音乐家。1955 年被授予少校军衔，荣获三级独立勋章、三级解放勋章，1988 年被授予中国人民解放军独立功勋荣誉章。其主要作品有：小型歌剧《回春曲》《麦穗曲》；清唱剧《周家岗上》《向生产模范战斗英雄们唱歌》《东海凯歌》；歌曲《青春进行曲》《我们为什么不唱歌》《淮南，我们的家乡》《运动战》《中苏友好进行曲》；合唱曲《向着自由幸福的新中国前进》《唱起山歌一条心》《光荣任务守海防》（合作）《渔家姑娘情意长》。[①]

洛辛 1932 年毕业于南京中央大学实验小学，后保送入南京市立一中，1936 年考入金陵大学附属高中部。在学校期间，受到新文化、新思潮影响，萌

---

① 卞龙，常浩如著，铁军文华新四军中的文化名人，华文出版社，2018.01，第 49—51 页

发从事新音乐活动的强烈愿望。1937年，"8·13"沪淞抗日战争爆发后，他从南京金陵大学附属高中部辍学回丽水。面对金瓯残缺、民族危亡日益严重的情势下，他与丽水进步青年董乐辅、陈莎蒂、王如海、陈珍裕等联袂发起组织"救亡剧团"（亦称救亡演剧队）"救亡募捐队"等丽水境内第一批抗日救亡宣传队伍。队伍在丽水城区开展戏剧演出、时事演讲、图片展览、义卖劝募等抗日宣传活动，并将募捐款全部支援抗日前线。1937年秋，"救亡剧团"改为"丽水县抗战后援会"所属的歌剧团。他随团加入该会，并任委员。同年发表了《论救亡与歌咏》一文。1938年1月，他积极协助共产党员骆耕谟、汪海粟等在丽水创办救亡刊物《动员周刊》，并协助发行《时事半月刊》。1938年2月25日，"丽水县抗战后援会"改为"丽水县抗日自卫委员会"（简称"抗日会"），他应邀加入"抗日会"，担任干事。3月初，在中共丽水地下党组织的指导下，与董乐辅等发起组织"浙江省文化界抗敌协会丽水县分会"，并被选为总干事。

1938年3月下旬，他远赴四川万县，回到原南京金陵大学附属高中部继续求学。1938年10月参加党的地下组织，1939年1月转为中国共产党正式党员。1940年考入重庆国立音乐学院，学习音乐理论与作曲，并参加新音乐活动，为《新音乐》和《新华日报》副刊《时代音乐》撰稿，翻译苏联音乐文稿。也许是音乐人的艺术情怀，也许是革命工作需要，阙大津改名"洛辛"。这一时期，洛辛的创作的《青春进行曲》和《我们不能不唱歌》等歌曲，在重庆城乡大后方及敌后根据地广为流传。这一时期，洛辛向党组织汇报工作、接受党的指示都是去八路军驻重庆办事处，在那里他受到了周恩来副主席的重视、关怀和教诲。

1942年皖南事变后，由于叛徒出卖幸而及时发现，紧急关头，重庆地下党组织及周恩来副主席亲自安排了洛辛和李同生（音乐教育家、原音乐系副主任）、张锐（作曲家、二胡演奏家）一起撤离重庆到新四军去工作，以便打通由重庆经上海至新四军的通道，让后撤离的同志继续前往，不断地向新四军输送艺术人才。为确保安全，他们带着周恩来副主席的亲笔信和组织上给的路费，按照周恩来副主席亲自制定的行动路线，冲破千难万险，穿过白区道道的封锁线和沦陷区，沿路不断地在国民党和日本鬼子一次又一次的盘查中与敌人斗智斗勇，有惊无险的巧妙的周旋。一路上留下了多少惊心动魄而在危险中又化险为夷、转危为安的故事啊。历经数月艰险长途跋涉，由重庆至广西桂林、武汉、再经南京、上海抵安徽，于1943年春天最终到达淮南抗日根据地的新四军二师，投身到革命军队之中。多年以后，洛辛八十寿辰时，曾和他共同经历战斗年代的老战友胡士平（原海政歌舞团团长）即兴作了一首诗："总理派来阚大津，同征尚有李同生，极目硝烟弥漫处，英雄命运贝多芬，抗敌豪情增士气，淮南一片凯歌声。"这正是烽火岁月的真实写照。

1943年3月，洛辛任新四军二师政治部文工团音乐指导员，先后创作了两部较大型的清唱剧《周家岗上》

这张照片就是洛辛于1943年5月为纪念从重庆到达新四军淮南抗日根据地后所拍摄（洛珍林提供）

《向生产模范战斗英雄们歌唱》和两部小歌剧《回春曲》《麦穗曲》。1945年7月，任二师文工团团长。1946年，根据章洛同志作词谱写创作了《淮南，我的家乡》这首极富感情和力量的抒情性战斗歌曲，表达了广大军民的共同心声，一经唱出来，就令人热血沸腾，因此便广泛流传，对动员群众参加自卫战争和鼓舞部队士气起到了很大的作用。这首歌成为抗敌剧团演出和誓师大会必唱的歌曲，也是他在淮南时期的代表作。1946年10月，任华中野战军文工团副团长，1947年1月任华东野战军文工团副团长兼二队（军乐队）队长，直至1949年1月正式成立第三野战军军乐队均担任队长职务。这支军乐队从小到大，在他的带领下，不仅在演奏艺术上，而且在思想觉悟上都不断提高，成为华东野战军

历史上一支水平较高、队伍最为庞大的军乐队。

1950年7月任华东军区政治部解放军剧院音乐部主任；1953年4月任华东军区政治部解放军剧院歌舞队副队长；1955年5月任南京军区前线歌舞团副团长，是前线歌舞团的奠基人。20世纪50年代初，他和向彤、秦西炫合作的歌曲《光荣任务守海防》，在华东部队及解放军海防部队广为传唱，是前线歌舞团经常演出的保留节目，他和高骧合作的女生小合唱《渔家姑娘情意长》也被录制成唱片，深受广大官兵指战员和观众的欢迎。在舟山群岛他与部队战士们同吃同住同训练，他作词、何仿作曲的队列歌曲《前进在陆地天空海洋》，在解放军部队中流传甚广，被国务院文化部、中国文联和解放军总政治部评为新中国成立三年来群众歌曲奖。1955年1月，解放军陆海空三军联合渡海登陆作战，解放一江山岛，他及时率词曲创作人员到作战部队采访，并领衔担纲创作了大合唱《东海凯歌》。

20世纪50年代的阙大津（洛珍林提供）

洛辛是新中国成立后解放军艺术院校教育事业的创业人和奠基人之一，是解放军艺术学院音乐教育的开拓者，解放军艺术学院组建后第一任音乐系主任兼党支部书记。1960年军艺初创时期，国家经济正处于十分困难时期，办学也困难重重。他凭借音乐家的责任和才华，发扬了延安抗大勤俭办学的精神，开拓发展解放军唯一一所艺术院校音乐教育事业。白手起家，昼夜奔波协调,他从朝鲜撤军归来的志愿军文工团中,挑选了一批专业优秀的同志充实到学院各系的教师队伍中来,同时各文工团又支援了许多教学器材、学习资料及各类优秀干部,从而解决了建院的需要。

洛辛坚持"两为"方向和"双百"方针,将革命音乐创作经验与我军音乐教学事业相结合,并以他独到的教育思想,为音乐系亲手编写教材,制定了教学方针、教学大纲和教学方案。他实事求是、确定了切实可行的教学实施计划,使之有着浓郁的军队特点,兵的气息。他在教学上是一个科学而严谨的人,事事一丝不苟,从课程设置到课程安排都亲力亲为,连课程表都要亲自排定。他领导教学,又亲自参与教学。在教学中他大胆改革创新,主张声乐教学采用科学的发声方法,民族化的表现风格,以情代声,声情并茂的教学原则,把国内外的先进教学方法和经验运用到教学中。在课外他又是一名编导,亲自给学员们排练声乐作品节目。

他特别注重教师队伍的培养和提高,当时大多师资没有教学经验,他就不失时机、或聘请有着丰富实践经验的专家教授和歌剧导演来系里给老师和学员授课,既教育了学生又使教师自身的业务及教学水平不断提高,受到师生们的尊敬和好评。

1987年8月,他调任中国人民解放军总政文工团任副政委、总政歌舞团政委。2002年12月25日,洛辛在北京逝世。

1994年阙大津一家在北京家中合影(洛珍林提供)

卞龙,常浩如著《铁军文华·新四军中的文化名人》是这样评价:"洛辛同志是军队老一辈德高望重的音乐家,经受了抗日战争、解放战争和社会主义建设各个时期的严峻考验和锻炼。他是作曲家,在创作岗位上,勤奋创作,成就卓著;但在艺术教育岗位上,为全身心地投入教学,很少有时间也很少分心搞创作;在政治工作岗位上,是文艺战士最知心的领导干部,几乎中断了创作,也无怨无悔。他为人民军队的文艺事业,贡献了毕生精力。"①

## 二、黄景之烈士墓

黄景之墓位于碧湖镇堰头村外,整体保存较好。该墓为二次葬墓地,20世纪80年代改建。坐东北朝西南,混凝土浇筑封土高约2米,直径约3米,占地面积约30平方米。黄景之墓位于堰头村外山林之中,墓周围环境优雅,空气清新,果园遍布。

黄景之墓(吴学文摄于2019年)

---

① 卞龙,常浩如著,铁军文华新四军中的文化名人,华文出版社,2018.01,第51页

黄景之出生于清光绪十二年（1886），谱名开潮，字景之，学名希宪，其父亲黄品琳，为国学生，母亲杨氏。丽水县碧湖镇吴山坳村人（现莲都区碧湖镇大林村）。清光绪二十二年（1896），黄景之跟随丽水碧湖一带著名的塾师高鹏学习传统启蒙经典，高鹏思想开明，尤受"戊戌变法"之影响，思想较进步，他勉励黄景之要追求进步，希望他将来能学习法律，以宪政改变中国社会，因而为少年黄景之取学名"希宪"。在高鹏的悉心教育之下，清光绪三十一年（1905），黄景之考中丽水县学第一名秀才。

黄景之像（黄筱林提供）

黄景之故里堰头行政村吴山坳自然村（黄筱林摄于2018年）

少年时的黄景之目睹旧社会的不公与黑暗，尤受启蒙老师高鹏的影响，从小关注地方利病、民生疾苦，就立下为天下不平事打抱不平的志向。清光绪末年，黄景之考入杭州的私立浙江法政专门学校学习法律。民国元年

（1912），黄景之毕业后回乡，在丽水城内的府前创办"黄希宪律师事务所"，后又租用花园弄2号作为律师事务所办公室和一家人居住的场所。该宅的房东为戴炎，在外从事工程师工作。因院内有两个小花园，而被称为戴家花园，这条弄堂也被丽水人称为花园弄。黄景之凭借扎实的法律知识和律师业务水平，很快成为浙西南一带著名的律师，在社会上有了较高的声望，1922年，当选为丽水县议会议员。同时，律师职业也为黄景之带来丰厚的收入，一家人过着衣食无忧的小康生活，30年代初，黄景之还特意买了一架德国产蔡司相机用于家人的留影。

　　黄景之作为一名执业律师，平日急公好义，同情弱势群体，深得丽水百姓称赞。抗战前夕，庆元有一农民的土地被地方豪强所强占，农民为此不停上诉，直至浙江省高级法院，还是判处农民败诉。黄景之得知此事后，义愤填膺，帮助该农民将案件上诉至南京大理院，终获胜利。

黄景之使用过的公文包和怀表（浙西南革命根据地纪念馆藏）

　　抗战时期，黄景之长期义务担任由战时儿童保育会浙江分会主办的进步刊物《浙江妇女》杂志的法律顾问，免费解答读者来信，特别是回答关于妇女儿童的法律咨询，维护了妇女等弱势群体的合法权益，受到广大读者的肯定和欢迎。

　　1939年第4期《浙江妇女》中有位名为沙雨的读者写道："黄大律师，我看到你在《浙江妇女》上解答我们姊妹的法律问题，实在使我感佩。您不仅在法律上做着正义的答复,而且激励了我们姊妹们在抗战上作着正义的答复和应有的认识。"

在黄景之牺牲后,《浙江妇女》杂志社特意刊发了《悼黄希宪先生》,表达对黄景之律师的敬意和缅怀:"本刊法律顾问黄大律师希宪,不幸于五月十八日,因猩红热症,在丽水宋(松)坑口医院逝世。噩耗传来,同人等不胜悲悼!先生丽水人,在丽执行律务,不但法学湛深,且热心公益,生前为缙丽路股份两合公司董事,最近对于将缙丽路股款移办生产事务,更竭力赞助。本刊创刊时,即承先生慨允担任法律顾问,按期为各读者解答各种法律问题,恳切详尽,不惮琐繁,实为本刊生色不少,今意溘然长逝,使社会失一栋才,本刊读者失一导师,曷胜惋惜,特志数语,以表哀悼!"

1938年春,在黄景之律师事务所旁的丽水刘祠街(现刘祠堂背)开设了一家由中共地下党领导的新知书店,店中有出售马克思、列宁著作,黄景之常出入书店,浏览书刊,买回《大众哲学》《毛泽东印象》《二万五千里长征》《列宁全集》《资本论》等进步书籍。他从这些书刊里受到启蒙,不断寻找革命真理。中共丽水地下党员、丽水县委书记周源看到黄景之学习认真,同情革命,有一股爱国情怀,于是通过新知书店这个联络点,经常与黄景之聊天谈心,使其逐渐加深对国家、民族前途的认识,拥护团结抗日,拥护共产党的主张。在地下党的教育和帮助下,1938年7月,黄景之经中共处属特委委员周源介绍,加入中国共产党。入党时,将自己的名字改为吴樵,意为吴山坳的樵夫,愿为人民当樵夫。周源曾长期借住在黄景之律师所内,并在此召开丽水县委会议、处属特委会议。

抗战爆发后,丽水成为浙江抗战的大后方,众多机关学校和难民迁至丽水。黄景之就以自己律师的合法身份为掩护,积极投入抗日救亡工作,担任丽水县抗敌后援会副主席,积极为抗战筹措经费,为难民解决吃住。他经常到城区、碧湖等地进行救亡演说,发动各界捐款支持抗日,鼓舞群众的抗战情绪。即使在日军飞机持续轰炸丽水,他不得不回到老家吴山坳村躲避敌机轰炸时期,还每天下午二三点钟,就翻山越岭到十里外的南坑村和地下党员丘昔光两人一起办起了农民夜校,给农民讲解抗日救亡、民族解放等革命道理,夜里又摸黑赶回家。

黄景之妻子周玉梅与
女儿黄素姬（20世纪40年代）

黄景之关爱革命同志,尽力为同志解决生活上的困难,用自己的收入资助党的活动。有次周源患疟疾发高烧,黄景之知道后,立即去请来丽水的名医为其看病,还亲自买药、煎药,精心护理,直到病痊愈。还有一次,丘昔光在南坑村患肺病吐血,黄景之特地回乡,以探望母亲为名,去看望他,并找当地群众给他买鸡蛋等营养品,为处在病痛中的同志送去同志关爱的温暖。

在父亲的影响下,黄景之的两位子女也都思想进步,先后参加革命工作。独子黄学圃不仅学习成绩优异,而且从小就有报国之志,考入省里第十一中学后,取字"稼轩",立志要像宋代民族英雄辛弃疾(也是字"稼轩")一样精忠报国。中学毕业后,毅然报名参军考入军校,在南京国防部兵工弹道研究所任中尉,1939年参加长沙会战时遭遇日寇细菌战而殉国,年仅29岁。

1938年底,黄景之介绍在碧湖省立联合中学师范部读一年级的女儿黄素姬认识了碧湖儿童保育院的护士,地下党员、丽水县委书记蒋治的夫人毛钦征(白天),在毛钦征的介绍下加入"中华民族解放先锋队"(简称"民先"),并被推选为省立联合中学的"民先"小组的组长。

为便于领导全省党的工作和抗日救亡运动,1938年5月,中央东南分局指示撤销闽浙边临时省委和浙江省工作委员会,成立中共浙江临时省委,刘英任书记。9月,中共中央批准浙江临时省委转为正式省委,刘英利用"新四军驻温州通讯处",开展抗日救亡运动。10月10日,通讯处被破坏,省委组织部长谢长青、青年部长赖大超等7人被捕。1939年3月中共浙江省委机关秘密从温州迁至丽水。为利于在丽水的秘密工作,便于与各地党组织的联系,省委在丽水城区和城郊设立了10余处秘密机关和交通联络站。其中黄景之律师事务所作为重要的联络站。省委领导刘英、薛尚实、汪光焕等常到黄景之家中了解情况,在他家与各地的来人谈话,研究工作。省委机关常在黄景之律师事务所召开各类会议,如省妇委会,省委宣传工作会议、省委机关的支部大会等。

黄景之以律师身份,利用社会关系和业务上的便利,不惜牺牲自己的生命财产,为掩护中共党组织活动,为了组织和同志的安全,黄景之夫妻和女儿黄素姬经常冒着风险,轮流站岗、放哨,掩护同志。还冒着随时会被国民党反动派查抄的危险将党的一些重要文件和资料在家中刻写、油印和存放。一次敌机轰炸丽水城,府前一带大街的房子被烧毁,新知书店也有被毁的危险,黄景之冒险从书店中抢出两大箱地下党的文件和材料,搬回家中存放。

1940年5月,国民党顽固派掀起反共高潮,在丽水的各级党组织处境日益严峻,党组织考虑到黄景之为党积极工作的情况有所暴露,决定调他去皖南的新四军部工作。但因黄景之年过半百,身体虚弱,积劳成疾,痔疮经常复发,为了去皖南途中方便,他决定再次动手术,治愈后立即出发。于时,前往驻松坑口村的浙江省卫生所割治痔疮,在医治过程中,不幸被国民党特务暗害,于5月18日逝于卫生所,享年54周岁。

黄景之牺牲后,被家人安葬于碧湖镇堰头村(现古堰画乡景区堰头村停车场对面山脚)。夫人周玉梅在为不给组织增加麻烦,毅然带着女儿回到吴山坳老家,靠着几亩薄田养家。1950年,丽水专员公署专员宣恩金亲手写了书面证明,确认黄景之为抗日战争英勇牺牲的烈士。1980年,黄景之正式被民政部确定为革命烈士。

# 三、何官福烈士墓

何官福烈士墓在仙渡乡根竹园村横田岸,2021年进行重修。

何官福(1912-1942),仙渡乡根竹园村人,中共党员,根竹园村党支部书记,1942年被国民党当局杀害时,年仅30岁。

1939年夏,国民党顽固派消极抗日积极反共,在各地不断制造反共摩擦。1940年春,形势更加逆转。在政府机关中工作的中共党员,已无法继续工作,组织决定他们相继撤离丽水。1940年6月,为应付时局逆转,中共浙江省委指示,中共处属特委改称中共闽浙边委,张麒麟任书记,机关驻地龙泉水塔村。同时,在丽水成立中共丽水中心县委,机关驻地丽水城内。下辖丽水、缙云、青田三县，书记傅振军，委员殷铁飞（王豁）、任曼君（女）、杜毅贞（女）。原丽水县委下属的城区、太平、西区三个区委直属中心县委领导。与此同时，国民党省政府下令撤销政工队和经济建设实验区，县政工队和太平经济实验区被迫撤销。中共党员

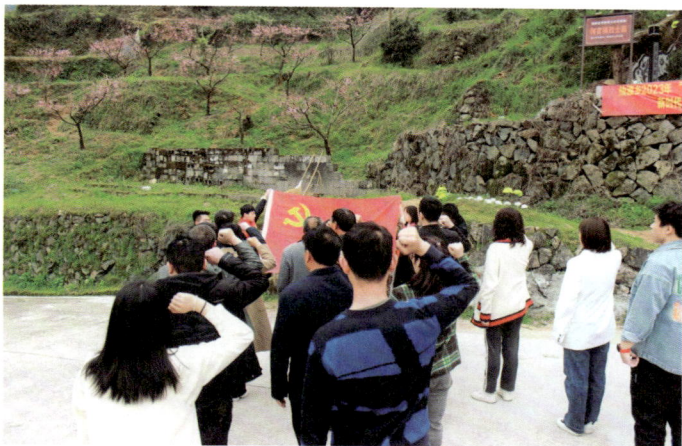

2023年4月仙渡乡党委、政府在何官福烈士墓前组织清明祭扫活动（郑巧鑫提供）

相继转移。中共太平区青年支部、妇女支部、统战小组等相继解体。

1940年7月，县政工队队长全扬清等人在丽水被国民党中统特务抓捕。10月，许多共产党员、进步人士遭追捕，丽水专区行政督察专员余森文多次设法掩护、营救。同月，周源从皖南东南局开会回丽水，向党组织传达关于要应付突然事变的指示。同时，中共中央东南局发出《对浙江工作的指示》，指出在国民党统治区的党组织，必须执行"隐蔽精干"政策，对外执行广泛的统一战线政策。年底，中共丽水中心县委贯彻执行中央关于"隐蔽精干、长期埋伏、积蓄力量、以待时机"的方针，先后将部分党员干部转往皖南去新四军工作，留在丽水的党员干部转入秘密活动或转移活动地点。

1941年1月，皖南事变发生，国民党顽固派再次掀起反共高潮。6月，由党员刘智明、陈天顺、周益新等发起组织丽水北乡抗日自卫队，遭到国民党反动派的镇压。根竹园支部书记何官福也在第二次反共高潮中被国民党顽固派杀害。

何官福墓坐西朝东，原为普通封土，2021年，仙渡乡政府组织修葺，改为混凝土结构，立面镶砌花岗岩，拜坛两边花岗岩扶手，正中为墓碑，上刻何官福烈士姓名、生卒年等基本信息。2023年4月3日，仙渡乡组织乡党员干部、妇联干部、乡贤、志愿者、小学、幼儿园等代表在根竹园村开展清明节"缅怀先烈文明祭扫"活动。

# 四、周光耀烈士墓

周光耀烈士墓位于仙渡乡滴水岩村望龙桥山南面山脚。至2024年,该烈士墓整体保存较好。

周光耀烈士墓周边环境(吴志华摄于2008年)

1948年7—8月间,在丽武宣地区活动的二大队已发展到六七十人。由于队伍的扩大,活动频繁,引起了国民党对丽武宣边区的注意。8月下旬,国民党组织了丽水、缙云、宣平、武义4县武装,以三井坑、岱后、青蓬岭一带的丽水上北乡为重点,对丽武宣游击根据地发动了大规模的"清剿"。二大队得知消息后,在宣平富山头横坑村(今属莲都区太平乡)召开了地方工作干部与部队主要干部参加的扩大会。会议详细地分析了形势,研究了反"清剿"的对策。决定部队化整为零,兵分三路,分散到外围地区活动,伺机吃掉敌人的据点,收缴武器弹药,解决经费问题,从而扩大政治影响。丽水的二大队同时改番号为"浙南人民解放军第三支队第二大队"。第二大队下属二个中队,共100多人,大队长张之清,副大队长李新民兼第一中队队长,张俊为副教导员,兼第一中队指导员。曹增有为第二中队队长,张赛英为指导员。同月,组织派周一平到曳岭区巩固和发展党组织,扩大武装力量,开展武装斗争。党在巨溪一带的负责人李介甫,即带着周一平等7人组成的武工队到河间、横坑、富山头、下张坑、溪下、老竹、梁村、横岗、新屋、畎岸等有党组织的村庄活动。经过一段时间的活动,武工队扩大到18人。为解决武器问题,他们突然袭击了国民党参议员肖政家,缴获枪支3支。这一行动,震惊了曳岭区的乡、保长,全区社会上的武器很快被收缴了。10月间,丽水专署独立营联合四县自卫队又向丽水宣武游击根据地袭击。张之清带领二大队隐蔽在翁山头、底坑、三井坑一带的深山草棚中。敌军包围了三井坑村,抓住党支部书记傅永祝,威逼他带路搜山,并野蛮地打落他两颗牙齿,但他始终没有透露游击队的驻地。为了解决部队给养,傅永祝还卖掉家田换取粮谷1700多斤供给游击队。在反"清剿"中,二大队依靠党组织的领导和群众的支持,克服了种种困难,经过艰苦斗争,取得了这次反"清剿"斗争的胜利,并迅速地发展壮大。反"清剿"的胜利,游击区的扩大、发展,使丽水的守敌日益惊恐。国民党政府采取了经济封锁的手段,企图围困根据地人民和游击武装。他们在各乡重新发放身份证,各区都设立检查站,在通向根据地的路口检查身份证。对粮食、食盐、棉布、雨伞、力士鞋、电池、电筒、毛巾、牙膏等物资,一律限量携带。对太平、曳岭两个区,还规定每人带食盐不准超过5斤,其他物品只准带一件,超过的没收。在敌人的经济封锁下,各游击队的物资补给异常困难。然而,由于党的政策深入民心,游击队与人民群众之间的关系如同鱼水,得到群众的真心拥护和支持,敌人的经济封锁也不能得逞。人民群众经常把自己的粮盐和生活必需品让给游击队,千方百计支持游击队。1948年的一天,滴水岩村人、游击队员周光耀在送信至缙云的途中被国民党当局抓捕,于12月被害。1951年2月,滴水岩村民将其遗骨接回家乡,建造烈士墓。

周光耀烈士墓（吴志华摄于2008年）

　　周光耀烈士墓坐北朝南，占地约20平方米，墓地由拜台、墓碑组成。该烈士墓四面环山，环境幽雅，翠竹林立。拜台上设墓碑，墓碑上部横排一行为"汝南郡"三字；下部竖排三行，上款为"1948年12月阵亡"；正文为周光耀烈士墓及周边环境"革命烈士周光耀"；下款为"1951年2月滴水岩村立"，字为楷书，阴刻。

周光耀烈士墓墓碑（吴志华摄于2008年）

# 五、张之清墓

张之清墓在万象街道万象山半山腰，上方为革命烈士纪念碑。至2014年，该墓整体保存较好，墓碑碑面有裂痕。

张之清墓高2米，宽2.2米。石碑的正面刻的是共和国第一任丽水地委书记彭瑞林的题字，上面写着"张之清同志骨灰撒于此"。

丽水万象山张之清墓（吴敏榕摄于2019年）

张之清（1913—1988），原名查民愈，曾用名查铭树，安徽怀宁县人。1933年8月，入安徽省立安庆高级工业学校读书，1936年毕业后到安庆蚌埠公路局测绘队工作。1937年"七七事变"后去武汉，受八路军办事处积极领导抗日斗争的影响，向往延安。1938年3月，报名参加了我党领导的浙江旅外同乡回乡抗日服务团，来到浙江，先后在云和县赤石区、诸暨县政工队、《东南战线》编辑部工作。1938年6月，任太平经济实验区指导员、中共太平区委书记，创办《太平周报》，向群众作抗日宣传。在滴水岩、双溪、雅里、金竹、西溪、皂树、仙里等村发展党员建立组织，到1940年6月，共建立党支部11个，发展党员100多名，这为后来壮大组织，扩大根据地，发展人民武装奠定了良好的基础。1940年7月，他改名张之清，以教师身份隐蔽于青田县万山、峰山、山口等村，开展党的

工作。1942年5月任中共处属特委秘书、委员。1947年3月，任中共丽水县委书记，在丽水县北

乡大姆山建立县武工队。1948年8月，编入浙南人民解放军第三支队，任第二大队大队长，开辟丽水、武义、宣平县边界游击根据地，先后袭击宣平县曳岭、武义县夏阳（一作下杨）、松阳县靖居口区公所，缴获枪支，开仓济贫。1949年，任丽（水）缙（云）永（康）武（义）人民游击队政委、中共处北县委书记兼处北县民主政府县长，配合人民解放军解放丽水城，任县民主政府县长。8月，调任中共丽水地委宣传部长。1950年冬，任中共景宁县委书记。1952

丽水解放后丽水县人民民主政府第一任县长张之清（左）与夫人张赛英（中）以及警卫员合影（摄于1949年，北乡革命纪念馆提供）

年9月调中央马列主义学院学习，后任北京市委党校中级部副主任、中国社会科学院研究生院现实经济系主任等职。

1988年5月22日在北京病逝。张之清对丽水的土地、丽水的人民怀有深厚的感情，他在逝世前向中共丽水市委表示将骨灰安放在丽水，中共丽水市委同意了他的遗愿。张之清墓园选址在市区西南万象山，并立碑以纪。该墓是市区重要的爱国主义教育基地之一，具有激励后人开拓进取的作用，有较高的纪念、教育、保护价值。

第五章 革命纪念碑志

# 一、抗日阵亡将士纪念碑

抗日阵亡将士纪念碑位于太平乡下坽村梨园电站南侧,至2024年,该碑整体保存较好。

1944年由国民革命军新编26师62团团长陈章文所立,为纪念攻克下(土夭)村附近三个碉堡的阵亡官兵的纪念碑。

抗日阵亡将士纪念碑(楼新建摄于2023年)

北乡的太平与竹舟相距一里左右,一条百米左右宽的小溪,把下(土夭)、竹舟和太平三个村分隔在两岸。三个村都是三面环山,一面临水。竹舟与(土夭)只有一条小木桥,木桥两边都是高山。溪东面的小路沿着山脚蛇转伸向丽水。是武义通向丽水的必经之路。因山路崎岖,一般大批物资都是从这条溪里运走。而守住桥头,就可以封锁水、陆两路。当时国民党的88军21师62团的部队就驻守下(土夭)叶山头。并在桥头与太平后山修了碉堡,两碉堡形成了犄角之势,进可以合歼来敌,退可据守叶山头和桥头碉堡。1944年8月的一天,太平村的徐三儿在枫树圩村,碰到国民党部队的七八个人,要求他带路。徐三儿带到太平村后就回家了。这几个人走到村头,迎面碰上了日寇的大批人马,这几个国民党士兵慌忙撤退,想跑进桥头碉堡,日寇发现后开枪追击。而下(土夭)桥头碉堡守军,认为是日寇也开枪阻击,这几人在两边枪击下,死与非命。日寇继而攻击桥头碉堡,62团的守军和日寇进行了一场残酷的战斗。战斗中,日寇先占领了太平后山背碉堡,然后两边夹击桥头碉堡。使62团守军伤残惨重,连长也身负重伤。最后寡不敌众,只好撤到梁村。到梁村后,这个连长也牺牲了。这场战斗虽然62团死伤惨重,但是它也沉重地打击了日寇的嚣张气焰。战斗结束后,国民党部队为纪念为国捐躯的官兵,把他们安葬在下坎山上,树有"浩气长存"的石碑。

抗日阵亡将士纪念碑高158厘米,宽73厘米。碑中央刻"浩气长存"四字,字径约12厘米。右侧刻"国民党新编廿一师六十二团病故阵亡官兵纪念碑",左侧已漫漶难辨。碑阴面为"公墓"等。分上下两部分,上刻"公墓"二字,字径约15厘米。下刻铭文,正书4行,行7字,字径约5厘米。

抗日阵亡将士纪念碑碑文如下:

国民党新编廿一师六十二团病故阵亡官兵纪念碑」浩气长存」□□□□□□□□□□□□□□□□□」

碑阴:

公墓」乌地山为本团病」故阵亡官兵公墓。」希本村民众尽力」保护,以慰幽灵。」

抗日阵亡将士纪念碑正面（楼新建摄于2023年）

# 二、万象山革命烈士纪念碑

革命烈士纪念碑位于莲都区万象山山顶,2020年莲都区政府对该纪念碑进行重修落成,整体保存较好。

该纪念碑坐北朝南,1967年9月丽水县人民政府兴建,原占地42.1平方米。为了缅怀革命先烈,弘扬民族精神,2007年9月丽水市莲都区委、区政府按照"高而挺拔、雄伟壮观、庄严肃穆"的设计要求,对烈士墓进行修缮,墓由台基、碑身等部分组成,台基分上下两层;碑身为花岗岩筑砌,四侧皆筑台阶。现墓碑高16.70米,占地面积56平方米。

墓南北两侧安放22位烈士的骨灰,1999年重修,墓东西两侧加刻新中国成立前牺牲的40位烈士和新中国成立后牺牲的123位烈士的姓名及其简单生平。碑正面镌"为国牺牲永垂不朽",东侧刻有"一九四九年五月解放丽水城光荣牺牲的十名革命烈士"字样。

该烈士墓是市区重要的爱国主义教育基地之一,具有激励后人开拓进取的作用,有较高的纪念、教育、保护价值。

2019年9月,某单位开展"不忘初心、牢记使命"主题教育——
祭奠革命烈士活动(吴学文提供)

修复后的万象山革命烈士纪念碑（吴志华摄于2023年）

## 三、黄富武烈士纪念碑

　　黄富武烈士纪念碑位于万象街道万象山山顶，至2024年，该纪念碑整体保存较好。

　　该纪念碑坐北朝南，1967年9月丽水县人民政府兴建，占地50平方米。碑正面镌"黄富武烈士纪念碑"，北侧刻有黄富武烈士的牺牲经过。

丽水万象山黄富武纪念碑（吴敏榕摄于2018年）

黄富武（1908—1935），江西弋阳人。童年读过两年书，在家放牛。后参加农民革命团。1927年12月，弋阳农民暴动，黄富武带领农民革命团被编入第四路农军，攻打十里岗、烈桥等地。1928年加入中国共产党，任弋阳九区共青团团委书记。1930年任闽北分区委常委、共青团分区委书记。1933年4月，当选为闽浙赣省苏维埃执行委员。9月，任中共闽北分区委书记。1934年1月，当选为中华苏维埃共和国临时中央政府候补执行委员。10月，任赣东北独立师政治委员，抗击国民党军"围剿"。

黄富武
（浙西南革命根据地纪念馆提供）

1935年6月，红军挺进师160余人在黄富武率领下，从松阳县白岩、燕田方向经石仓源到金村，先后到达丽水、云和边界的桑岭根、金山下、朱村、小岗山等地活动。红军所到之处打土豪、分浮财，深受群众的拥护和欢迎，有的群众还参与收缴地主家的粮食、衣物等行动。在对地主采取革命措施的过程中，广大村民认清了挺进师是为穷苦人打天下的革命队伍,因此一些青年积极分子冒着生命危险为部队护送伤员、购置急需物资等。朱村乡竹子坪村的郑章根等人还报名参加了红军挺进师,被编入第五纵队(以浙西南当地人为主)。

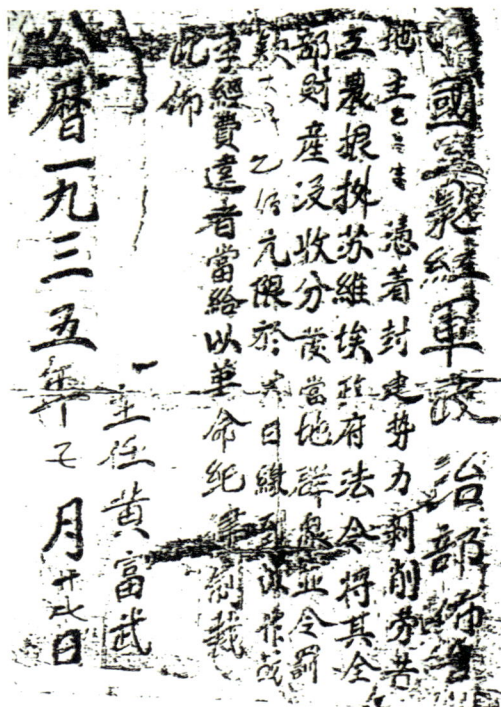

黄富武签发的挺进师镇压土豪布告(浙西南革命根据地纪念馆提供)

　　1935年7月,黄富武率领挺进师160余人由丽水县、宣平县边境的箬坑村转至岱后、泄下和莲房等地驻扎。每到一处,红军都张贴标语、宣传武装革命、打击土豪劣绅和开展游击战争。他们由丽水、宣平边境的箬坑村转至泄下村驻扎。部队一进村,就在周、张两姓祠堂上刷写"工人、农民联合起来!""打倒土豪劣绅!""消灭封建剥削制度!"等大幅标语。晚上在祠堂召开群众大会,向村民宣传革命道理。翌日下午,又在村民周会全家召开贫苦农民代表座谈会,使农民们了解1930年泄下一带武装暴动情况及失败的原因。

　　1935年9月,国民党调集第十八军"围剿"浙西南革命根据地。9月20日,黄富武在松阳县玉岩、枫坪一带战斗中负伤,几经转移,10月30日,在遂昌县淤头乡外方岭村,被当地"剿共义勇队"抓捕。在敌义勇队连夜将黄富武送遂昌石练敌十四师八一团部的途中,黄富武料敌不会善罢甘休的。于是他毅然从崖上往下跳去,打算以身殉节。不料自尽不成,伤势加重,以至昏迷过去,押送的敌人只好把他抬到石练。敌人得知他就是赫赫有名、威震浙西南的黄富武,欣喜若狂,如获至宝。马上押送到十四师师部,随后又解驻丽水国民党十八军军部。罗卓英一面电告蒋介石邀功请赏;一面通过《东南日报》《浙江日报》等造谣惑众胡说什么黄富武有归降之意。面对敌人卑鄙的伎俩,黄富武坚贞不屈,大义凛然,在敌人大摆劝降的宴席上,痛斥敌人:"如果你们懂得要自新,那只能是你们向人民大众自新。共产党人的骨头是硬的,共产党人的革命意志是坚定的,这些你们都无法理解。崇拜共产主义的人是无法与崇拜金钱、升官的人坐在一桌吃饭的……"

黄富武被捕不久,国民党闽赣浙皖四省边区剿匪总指挥部曾以专电请示蒋介石处置办法。1935年12月12日,蒋介石亲自下令杀害黄富武。这天下午2时许,丽水全城戒严,敌人用手拉车推着身负重伤、铁丝穿骨的铁汉黄富武"示众",黄富武强忍伤痛,目光炯炯有神地向群众示意告别。当他在县城大水门外的沙滩上就义前,高呼:"打倒国民党!""共产党万岁!"

黄富武牺牲时年仅28岁。他的壮烈牺牲,对浙西南党的工作和斗争是一重大损失。1939年,中共浙江省第一次党代会,就曾为慰问方志敏、寻淮洲、黄道、黄富武等四位烈士家属,特别发起广泛的募捐运动。

1980年2月,丽水人民在万象山公园内修建了黄富武烈士纪念碑。鲜花伴着英灵,黄富武烈士将永远活在革命老区人民的心中。碑文刻写着:"黄富武同志作战英勇顽强,工作勤勤恳恳,身陷囹圄,坚贞不屈,对党对人民赤胆忠心,表现了共产党人的英勇气概。"黄富武烈士纪念碑是市区重要的爱国主义教育基地之一,具有激励后人开拓进取的作用,有较高的纪念、教育、保护价值。

# 四、三岩寺红军烈士纪念碑

三岩寺红军烈士纪念碑位于太平乡西畈村三岩寺胡公洞,至2024年,该纪念碑保存较好。三岩寺红军烈士纪念碑为新中国成立后为纪念三岩寺红军烈士而建,新构筑物,方块石浆砌碑座,长方形台面,长方形横式碑体。上有开国上将叶飞题书的"三岩寺红军烈士纪念碑"。

三岩寺胡公洞内的红军烈士纪念碑(黄建兵摄于2023年)

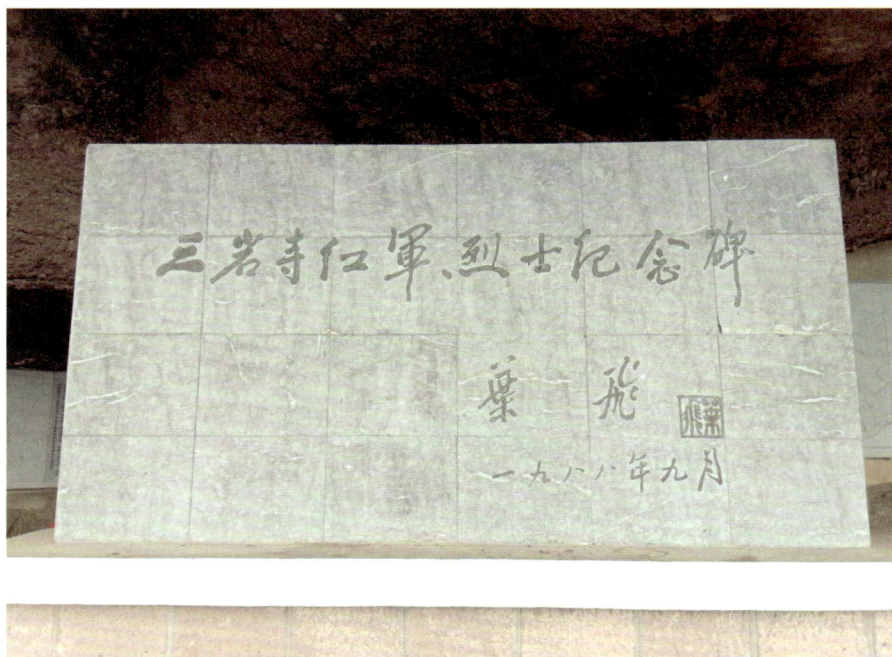

三岩寺红军烈士纪念碑正面(黄建兵摄于2023年)

三岩寺红军烈士纪念碑正面(吴志华摄于2008年)

背面碑文如下:

一九三零年夏,在我党的领导发动下,朱生民等在北乡、曳岭一带组成一支一百多人的农民武装。这支队伍于八月二十八日,开赴宣平高水,与中国工农红军十三军浙西三纵队南营红军会师。随后,在指挥潘成波,副指挥朱生民、姜云龙的率领下,进入曳岭一带开展武装斗争,攻占国民党南乡区公所,打土豪,筹军饷,沉重打击了当地的反动势力。

同年九月十五日,土豪劣绅勾结国民党省防军袭击红军驻地三岩寺。红军顽强抵抗,浴血奋战,终因敌我力量悬殊,指挥潘成波等三十多人当场壮烈牺牲。部分突围战士又遭敌人的疯狂追捕,副指挥朱生民等亦英勇就义。虽然三岩寺红军被捕牺牲一百余人,但革命的烽火已经点燃,红军的战斗精神永远鼓舞着丽水人民前进!红军烈士永垂不朽!

中共丽水市委 丽水市人民政府
一九八八年八月

潘成波(1890—1930),原宣平县柳城畲族镇前湾(今属武义)人。1927年加入中国共产党,1930年6月中旬,潘成波在前湾夫人殿召集党员骨干、农民协会积极分子召开会议,组建宣平南营红军,后兵分两路集中到新屋村龙虎山殿,正式宣布成立宣平南营红军,共有120余人,潘成波任宣平南营红军指挥。

8月28日,潘成波率南营红军袭击了国民党宣平县曳岭区署,国民党区长及警察所长闻讯逃窜,红军冲入区署,捣毁办公用具,焚毁了档案粮册,就地开仓济贫。后在三岩寺再遇省防军和保安团,激战数小时,潘成波中弹牺牲。

朱生民(1906—1930),太平长乐人。民国19年(1930)夏,在长乐、莲房、周村等地发动农民抗租闹荒斗争,组织武装暴动。是年8月,生民带领武装农民百余,投奔高水,与中国工农红军十三军浙西三纵队(称南营红军)潘成波部会合,任副指挥。队伍

潘成波像(1890—1930)
(吴志华提供)

驻巨溪三岩寺,活动于武(义)、宣(平)边界横岗、梁村、徐庄、赤坑、黄弄、高潘等村,提出"打倒土豪劣绅,实行土地革命"口号,队伍扩展到300余人。9月3日,南营红军袭击曳岭区公所,焚毁全部文件,国民党地方当局极度惊惶。19日凌晨,驻丽水浙江保安第四团士兵60余名,纠集警察、密探,在当地土豪、国民党党棍配合下,对三岩寺胡公洞红军指挥部. 发动突然袭击。自指挥潘成波以下红军30余人遇难。生民负伤突围,隐蔽于上陈村。保安团连日于曳岭、雅溪逐村挨户搜捕失散红军,在城内府前行基展挂人头20多首。不久,生民亦被捕,12月于大水门外就义。

## 五、周丽平烈士纪念碑

周丽平烈士纪念碑位于莲都区万象山山顶,至2024年,该纪念碑保存较好。该纪念碑坐北朝南,1992年由丽水市(县级)人民政府兴建,占地120平方米。碑正面镌"周丽平烈士永垂不朽",北侧刻有时任中共中央总书记江泽民为周丽平烈士题写"学习周丽平,献身为人民"。

周丽平(1968—1991),雅溪镇莲房村人。1968年出生,1986年11月应征入伍。1987年任班长,曾3

周丽平(李丽提供)

周丽平烈士纪念碑(吴志华摄于2023年)

次受嘉奖,被评为国防勇士。1989年入装甲兵指挥学院学习。1991年6月,加入中国共产党。

1991年7月11日,周丽平从解放军原装甲兵指挥学院毕业,被分配到某坦克装甲步兵团任见习排长,当晚坚决要求随部队奔赴抗洪救灾第一线,连续奋战8天。1991年7月19日下午,为救援淮河遇险的救灾民船英勇献身,年仅23岁。1991年9月30日,中央军委授予其"抗洪救灾模范"荣誉称号。

1991年7月毕业后被分配到南京军区某部三连任见习排长,适值皖、苏、浙遭受百年不遇的洪灾。7月12日,丽平放弃探亲假,赶到部队报到,连队干部考虑他刚到,行李还在途中,决定让他留守,他坚决请求上救灾第一线,借了一个留守战士的背包,当晚随连队出发,13日到安徽省颍上、凤台县间的淮河大堤险要地段,连续守护6昼夜。丽平废寝忘食,日夜不懈,巡视河堤。7月19日下午,凤台县船运公司一艘装满救灾物资的水泥船,搁浅在颍上县鲁口镇高庄村淮河的沙家洼河面上与颍河交汇的沙滩上。部队抽调官兵82人前往救援,丽平和连队干部战士一起向搁浅的船游去,在激流中一个恶浪扑来,丽平被卷下水向下游冲去,不幸牺牲。

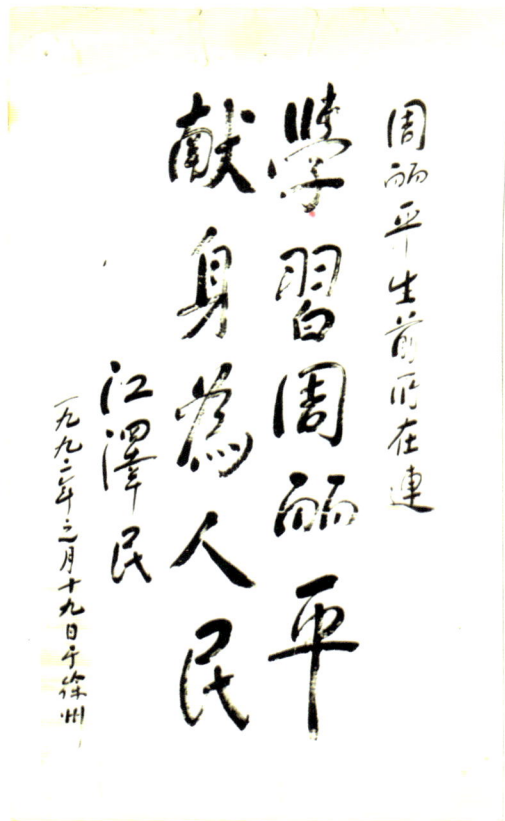

江泽民题词（李丽提供）

南京军区某部党委批准他为革命烈士，追认为中共正式党员，授予"抗洪抢险模范"称号，报记一等功。丽平生前所在部队党委、南京军区党委、总参谋部党委、中共浙江省委、省人民政府、浙江省军区、中共丽水地委、地区行政公署、丽水军分区分别作出向丽平学习的决定。8月2日，中央军委秘书长、总政治部主任杨白冰等领导在北京慰问丽平母亲朱美娟，要求全军广大官兵向抗洪英雄周丽平学习。10月，中央军委命令，授予丽平"抗洪救灾模范"称号。1992年1月19日，中共中央总书记、中央军委主席江泽民视察丽平生前所在部队时题词："学习周丽平，献身为人民"。4月2日，在万象山公园建周丽平烈士纪念碑。

该烈士纪念碑是市区重要的爱国主义教育基地之一，具有激励后人开拓进取的作用，有较高的纪念、教育、保护价值。

第六章 革命纪念场馆

# 一、浙西南革命根据地纪念馆

浙西南革命根据地纪念馆地处丽水美丽的瓯江之畔，位于紫金街道紫金路西侧、宇雷路东侧、江滨路北侧，与厦河省委机关旧址相连。占地面积12000平方米，总投资4500万元。2011年4月，包括中共浙江省委机关旧址在内的浙西南革命根据地旧址群被列为全国红色旅游经典景区。浙西南革命根据地纪念馆提升工程是2021年丽水市委、市政府的重点建设项目，于2020年6月19日正式启动。项目改造涉及纪念馆主展馆、中共浙江省委机关旧址、室外广场等区块，总投资2000多万元。

浙西南革命根据地纪念馆提升工程突出展陈重点点位，打破原有布展结构，增设竹口战斗、宏济桥、小吉会议、红军医院、门阵和谈等近10个大型场景复原，综合运用声光电等多媒体技术，增加观众参观的沉浸感，充分展示了23年浙西南革命斗争的极端残酷，以及浙西南革命在中国革命历史上所具有的特殊政治、军事和战略意义。

特别是以翔实的史实、文字、图片、照片、文物、实物等资料为依托，纪念馆辅助以油画、版画、水彩画等艺术展品，展现了1935年3月及1937年9月，中国工农红军挺进师临危受命、不惧牺牲、一往无前的大无畏精神。挺进师冲破敌人的重重封锁和围追堵截，誓死挺进浙西南，开展了艰苦卓绝的三年游击战争，沉重地打击了敌人，震慑了国民党反动统治，有力地发展壮大了党的组织，扩充了革命队伍，建立了革命政权，使浙西南成为党在南方革命布局中的一个新的战略支点。在彼时全国革命陷入一片低潮时期，浙西南掀起了革命的局部高潮，纪念馆里这些沉浸式场景和细节，让人忍不住驻足观看，陷入沉思，对革命先辈的敬佩之情油然而生，彰显"人民就是江山，江山就是人民"的真理力量。

纪念馆外广场正中央立有一座以"喜迎红军"为主题的雕塑。只见一位身负斗笠的村民紧紧握住一位前来的红军的手，这位村民身后有的村民身着西装、有的身着布衣、有的手握长枪，都目光炯炯地望向前方；前来的红军有的举

浙西南革命根据地纪念馆广场（吴敏榕摄于2018年）

浙西南革命根据地纪念馆序厅（摄于2023年，莲都区退役军人事务局提供）

着旗帜、有的腰别手枪,都挺着胸膛,昂扬走向老乡。雕塑无言,军民有爱,且情深义重。雕塑下方刻有"忠诚使命、求是挺进、植根人民"12个大字。"忠诚使命"是浙西南革命精神最深刻的内核,昭示了共产党人对使命的无限忠诚和矢志不渝追求真理、为革命事业奉献一切的坚定信念;"求是挺进"是浙西南革命精神最突出的特质,彰显了共产党人实事求是的思想路线、一往无前的战斗意志和出奇制胜、变不可能为可能的智慧勇气;"植根人民"是浙西南革命精神最重要的指引,诠释了共产党人坚持群众观点、践行群众路线、密切联系群众的优良作风和竭力为劳苦大众谋利益的赤子情怀。三者之间内在联系,相互贯通,相辅相成,有机统一,构成浑然一体、缺一不可的整体。不仅为"浙西南革命精神"的内涵表述语,更是中国共产党人对自我的要求和对人民的承诺。

纪念馆主展馆以展示浙西南革命精神缔造为主题,以浙西南革命历史为主线,兼顾重大革命事件、重要革命人物和重点革命遗址,分为创建党组织和开展武装斗争、创建浙西南革命根据地、反"清剿"斗争和实现合作抗日、坚持抗战和迎来解放、浙西南革命历史功绩五个部分,既突出重点、亮点,又保证历史进程的连续性。与此前相比,提升后的浙西南革命根据地纪念馆更突出在全国红色系列纪念馆中的浙西南地域特点,具备更强的教育性、观赏性、参与性,成为党员干部教育、学生研学、红色旅游的重要场所之一。

# 二、全国律师行业党校培训基地

全国律师行业党校培训基地(黄景之律师事务所旧址)位于万象街道梅山弄19号(原花园弄2号),坐北朝南,进深18.4米,通面宽30米,占地面积约442平方米。该旧址建于民国早年(约1923年),硬山顶,穿斗式梁架结构。为二层砖木回廊式结构楼屋,有木制圆车栏杆。屋主戴静斋租给黄景之作为律师事务所,是抗战时期中共浙江省委的主要活动场所之一。该房大门系中西合璧的砖砌门墙,门上拱卷部有砖浮雕装饰图案,大门外正面有雕花石板围砌的花坛。屋内设有厅堂、正间、厢房,前后天井用细卵石铺就。2018年9月,浙江省委机关旧址(黄景之律师事务所)被确定为浙江省律师行业教育基地,同年

12月,全国律师行业党委将基地确定为全国律师行业党校培训基地,成为全国七个律师行业党校培训基地之一,去年被评为丽水市"十大两新党建工作"品牌。

1938年春,丽水新知书店公开架售马列著作及进步书籍,黄景之出入书店,浏览书刊,开始与中共党员周源、蒋治等经常接触。同年7月,经中共丽水县委书记周源介绍,黄景之加入了中国共产党,并出任丽水县抗敌后援会副主任。1939年3月,中共浙江省委机关迁到丽水后,黄景之一家人便挤在柴房里生活,腾出房子给党组织使用。黄景之律师事务所就成为省委机关的活动中心和联络站,省委在这里召开全省宣传工作会议等重要会议。黄景之一家积极协助党的工作,为了组织和同志们的安全,黄景之与夫人经常日夜轮流站岗、放哨,冒着风险掩护党组织活动。女儿黄素姬,也跟随父亲参与中共组织的地下活动,小小年纪便独自趁夜将一部油印机送到厦河村省委机关驻地。

黄景之律师事务所,这幢中西合璧的老式建筑,见证了白色恐怖下共产党人艰苦卓绝的斗争历史,在浙西南革命斗争史上具有重要价值。它既是浙江省委机关在丽水期间三大旧址中的核心驻地,是目前仅存的原址,也是全国律师行业一处宝贵的红色资源。丽水对黄景之律师事务所(旧址)进行全方位的保护、扩面、提升,在原有修缮基础上,继续扩建,形成公共活动、观众流动等四个区域,增加雕塑、生平事迹电影等展览内容,打造红色教育、红色旅游为一体的综合教育基地,现已成为党日活动的"打卡地"。截至2023年5月,共接待来自全国300余批次20000多人。

黄景之烈士雕塑及旧址中堂会客厅（摄于2021年，丽水市司法局提供）

全国律师行业党校培训基地（黄景之律师事务所旧址）
内景（摄于2021年，丽水市司法局提供）

丽水市律师协会定期组织律师参观学习（摄于2021年，丽水市司法局提供）

丽水市律师协会定期组织党员律师重温誓词（摄于2021年，丽水市司法局提供）

# 三、中国共产党莲都历史馆

　　中国共产党莲都历史馆为莲都区档案局和党史研究中心创建,址在莲都区碧湖镇魏村莲都区委党校办公楼2楼,建筑面积400平方米。馆内以1927年莲都区境内发展第一批党员为展陈事物发端,至2023年近百年的党的发展历程中,莲都区发生天翻地覆的巨大变化。

　　展馆布局由序厅、第一展区(新民主主义革命时期)、第二展区(社会主义革命和建设时期)、第三展区(改革开放和社会主义现代化建设新时期)、第四展区(中国特色社会主义新时代)、尾厅六部分组成。该馆注重空间有效利用,注重分区色调渲染,注重材质服务展陈效果,注重传统展陈方式与新时代高科技运用完美结合,尤其要注重革命和社会发展建设文献、文物和实物的有效展示,兼顾观众带入式体验设置,特别要突出场馆整体效果的视觉冲击力和品质生命力。是丽水市域范围内首家集展示、纪念、宣传、教育、研究等功能于一体的综合性党史纪念场馆。

莲都区委党校求是楼入口(吴志华摄于2024年)

中国共产党莲都历史馆序厅（吴志华摄于2024年）

中国共产党莲都历史馆内景（吴志华摄于2024年）

# 四、莲都区廉政教育馆

莲都区廉政教育馆为莲都区纪委（监委）创办,址在碧湖镇魏村莲都区委党校办公楼1楼,建筑面积200平方米。馆内以莲都这片土地上廉政事物和故事以及当代的案例教育为主要内容。展馆布局由一廊一

莲都区廉政教育馆序厅（吴志华摄于2024年）

厅、四区。一廊,即"清辉"长廊,首次布置"莲都区廉政摄影大赛作品展"一厅,即序厅,为展馆入口形象区,对整个展馆至关重要,应在原基础上进一步提升。四区,即本馆主展区,有清志、清规、清净、清政四个展区。是莲都区范围内首家集展示、警示、宣传、教育、研究等功能于一体的综合性廉政主题教育场馆。

# 五、莲都区抗美援朝展示馆

2013年,莲都区档案局（馆）,在办公楼内挤出200余平方米业务用房,开辟成莲都区抗美援朝展示馆。

20世纪90年代起,碧湖任村志愿军老战士程龙义退休后,牵头成立丽水"抗美援朝老战士联谊会",组织抗美援朝老战士开展活动,联络战友,深入学校讲传统。同时,为弘扬抗美援朝精神,铭记历史,他自掏腰包创办"志愿军老战士之家"展览馆,解放军上将王诚汉、王克、刘振华、向守志,中将刘玉堤、北沙,少将杨凤安和作家魏巍为"志愿军老战士之家"题词。展览馆从2004年10

月25日开馆,受到社会各界热烈称赞,《浙江日报》《浙江工人日报》《浙江老年报》《丽水日报》、浙江电视台、丽水电视台等媒体陆续报道。2013年,在抗美援朝战争胜利60周年之际,程龙义将收藏了20多年的抗美援朝档案实

莲都区抗美援朝展示馆慰问抗美援朝老战士程龙义(右二)
(莲都区档案局与党史研究中心提供)

物无偿捐赠给莲都区档案馆,当年以"难忘峥嵘岁月"为主题的抗美援朝史料展正式开展,至今已成为丽水市爱国主义教育基地。党史学习教育开展以来,莲都区档案馆和党史研究中心利用馆藏资源突出莲都红色文化教育和宣传,积极营造学史明理、学史增信、学史崇德、学史力行的良好氛围,激励党员干部以革命先辈为榜样,继承和弘扬党的优良传统,引导党员干部坚定理想信念,传承红色基因,激发爱国爱党热情,做到守初心、担使命、争先锋。

# 六、北乡革命纪念馆

北乡革命历史纪念馆位于仙渡乡葛畈村,于2005年6月28日建成开馆,是莲都区首个由村级组织筹建的综合性历史纪念馆,仙渡乡的北乡革命纪念馆为丽水市最早的一批区域性红色纪念场馆之一。该馆建筑面积约120平方米。纪念馆分"北乡地区革命活动简介""土地革命战争时期""抗日战争时期""解放战争时期"等四个展区,共收集照片300多张,各类历史实物30多件,系统介绍了北乡地区的革命历史。2010年3月,该纪念馆被确认为市级爱国主义教育基地。2019年7月重建北乡革命纪念馆,占地面积400平方米,

建筑面积800平方米，并将北乡革命纪念馆范围延伸至红色桃花广场。2019年12月建成开馆。

仙渡乡打造以北乡革命纪念馆为核心，结合和合起义展示馆（何金富红色文化礼堂）、葛畈太平实验区展示馆、岭头红军挺进师展示馆、皂树农民夜校展示馆等纪念场馆，形成以点连片的红色教育场馆群。其中丽水北乡革命历史纪念馆将于2022年1月上旬建成开馆；和合起义展示馆（何金富红色文化礼堂）在2022年1月建成开馆；岭头红军挺进师展示馆（岭头粟裕留宿处与挺进师驻地周氏宗祠）、皂树农民夜校展示馆（皂树樊氏宗祠）在2023年2月建成开馆。

新落成的北乡革命纪念馆（吴志华摄于2020年）

北乡革命历史纪念馆序厅（吴志华摄于2020年）

中国工农红军挺进师挺进岭头场景(吴志华摄于2020年)

北乡革命历史纪念馆尾厅(吴志华摄于2020年)

# 七、南乡革命纪念馆

为缅怀革命战争先烈,将新陶打造成红色旅游主题村落,弘扬先烈革命精神,新陶村双委于2013年下半年决定启动南乡革命纪念馆项目建设。后在莲都区民政局、区史志办、区档案局和老竹畲族镇政府等支持下,该项目于是年底促成立项。

　　南乡革命纪念馆于2014年3月开始动工建设，占地面积3000平方米，建筑面积350平方米。2014年11月4日，按照当地的风俗习惯，新陶村举行了隆重的上梁典礼。2015年6月，南乡革命纪念馆主体房屋建设完成。2015年底完成纪念馆内外部装饰。2016年6月完成纪念馆布展。南乡革命纪念馆由主馆区、副馆区、南乡革命烈士纪念碑、广场、廊桥等部分组成。主馆区展示南乡革命历程、党的组织建设、革命先烈生平事迹及南乡革命烈士、抗日阵亡将士等名录。副馆区为清廉主题，展示莲都区好家风、清廉故事和反腐倡廉等方面内容。2016年6月，南乡革命纪念馆隆重开馆。该馆的建成，填补了莲都区革命主题纪念馆的空白。

南乡革命纪念馆俯瞰（楼新建摄于2023年）

改造提升后的南乡革命纪念馆序厅（吴志华摄于2023年）

改造提升后的南乡革命纪念馆郑智诰专题厅(吴志华摄于2023年)

南乡革命纪念馆建成后,带动整个新屋村的红色营地建设,现已成为丽水市重要的红色研学基地,游客通过参观南乡革命纪念馆、重走红军路、唱红歌、观看爱国主义教育片、瞻仰革命先烈战斗生活的图片、实物,重温革命历程,真切体会到在当年艰苦卓绝的斗争环境下,先烈们不屈不挠、不怕牺牲、勇往直前的伟大革命精神。

2022年12月,老竹畲族镇政府谋划南乡革命纪念馆提升改造工程。于2023年6月重新开馆。

# 八、丽松宣边区革命纪念馆

2022年11月,丽松宣边区革命纪念馆在莲都区丽新畲族乡马村村开馆。新民主主义革命时期,中国共产党在丽水、松阳、宣平三县,以马村、畎岸为核心,以老竹、柳城、丽新、板桥四个畲族乡镇为中心建立了游击区根据地,并在马村村成立了莲都区最早的三个党支部之一。

2022年,丽新畲族乡以市级红色美丽村庄创建为契机,筹集240多万元资金对红色老宅进行修缮、布展,完成了丽松宣边区革命纪念馆的建设。展馆分为四个展区,讲述了"丽松宣边区"的由来,清和起义、马村会师等革命事件,以及土地革命战争时期、抗日战争时期、解放战争时期边区畲汉人民在中国共产党领导下,开展革命斗争的历史史实。

丽松宣边区革命纪念馆内景（吴志华摄于2022年）

2022年10月，市政协莲都联络组、特邀界别组委员
参观丽松宣边区革命纪念馆（丽新畲族乡提供）

2022年11月,白云街道陈道门社区组织参观丽松宣边区革命纪念馆
(丽新畲族乡政府提供)

# 九、"魅力雅溪"展示馆

雅溪镇古称懿德乡,民国时期一度成为丽水北乡。2006年9月由原双溪镇、西溪乡、泄川乡撤并而成,以原雅溪工委(雅溪区公所)之名沿袭命名。雅溪是知名的革命老区,有"一部莲都革命史,半部在北乡"之称。早在1916年3月15日,为反对袁世凯称帝,太平横岗人、光复会会员黄桂芬、双溪人舒春玉等人组织民众千余人,于16日晨,至通惠门外发炮攻城。拉开了北乡一带革命斗争的序幕。1930年,雅溪境内爆发双乐、雅梅、泄川等三大农民起义,谱写了浙西南革命斗争史上的光辉一页。1935年8月11日中国工农红军挺进师一纵队100余人,进入雅溪泄下、岱后等村活动。1947年3月,张之清等人受上级党组织指派,在雅溪岱后村重建中共丽水县委,指挥全县武装队伍进行解放战争。1949年3月27日,中共曳岭区武工队在朱弄岭头伏击国军整编十一师突击营。1949年5月10日夜11时,张之清领导的丽水县游击支队配合中国人民解放军二野三十三师进城,丽水解放。1949年5月12日,丽水县人民民主政府成立,首任县长张之清。7月,改称丽水县人民政府。1949年7月,中

共丽水县委员会成立,首任书记张之清。

　　"魅力雅溪"展示馆位于雅溪镇双溪村老年活动中心(原双溪镇政府),为镇级地方文化展示馆群和党建教育基地。第一期有雅溪红色馆和雅溪乡贤馆组成。建筑面积约300平方米。雅溪红色馆系统介绍了以雅溪为主的北乡革命斗争史,后附雅溪革命烈士名录。雅溪乡贤馆系统介绍历代雅溪先贤和今贤。

"魅力雅溪"展示馆大门(吴志华摄于2021年)

"魅力雅溪"展示馆之"红色记忆馆"展板(吴志华摄于2022年)

# 十、大港头党建美术馆

大港头是习近平总书记牵挂的地方。2006年7月28日,时任浙江省委书记的习近平总书记到大港头考察调研时提出:"绿水青山就是金山银山,对丽水来说尤为如此"的重要嘱托。

2022年,大港头镇党委、政府为深入实施"红色根脉强基工程",进一步提升大港头镇党建工作亮度,计划打造全市首家"党建主题美术馆"。策划以1927年由丽水县共产党组织缔

2022年8月5日上午,大港头党建美术馆开馆现场
(大港头镇政府提供)

造者张新锦参加的北伐军,由闽入浙途径大港头受到群众欢迎拥护场面为事物发端,到2021年献礼建党百年为创作时间维度,创作30多幅美术作品。该美术馆收藏的巴比松油画作品,高度还原了红军挺进师攻占碧湖、粟裕率挺进师北上抗日、大港头铁工厂秘密成立党支部、周恩来到大港头视察抗战、解放大港头、畲民忙分田、瓯江渔民生活变迁、缘起"丽水巴比松"、古堰画乡开园、创成国家AAAA级旅游景区、小镇艺术节、全国著名艺术写生基地等数十个场景,既回顾了大港头镇的党建历史,又给人以巴比松油画美的享受。

作品以巴比松油画为主要表现形式,辅以抗战时期我党领导的丽水木刻社优秀版画作品实物(原件或复制品)展陈、画乡党建主题雕塑等美术形式,以及设计营造"声、光、电"展陈手段的红色艺术氛围。

大港头党建美术馆内景(摄于2022年,大港头镇政府提供)

大港头党建美术馆内景(摄于2022年,大港头镇政府提供)

# 十一、碧湖乡贤馆

碧湖乡贤馆位于镇区人民街,于2019年11月17日开馆。利用一座四合院古建筑汤氏宗祠改造而成,占地710平方米。碧湖乡贤馆以"水乡情、赤子心"为主题,展现了历代碧湖贤达故事,彰显千年古镇人文脉络。馆内分历史文化、乡贤人物、组织架构、乡贤采风、红色故事、西乡客厅几个单元,共介绍了25位历史文化先贤和革命先烈、160位今贤事迹,以及碧湖古镇的历史、人文、民俗活动。开馆当天,浙江万地房产投资集团总裁助理陈莹女士代表会长叶如平向老年食堂捐款100万元。2022年9月,莲都区有碧湖乡贤馆等5个乡村博物馆入选省第二批乡村博物馆。

碧湖乡贤馆外立面(碧湖镇政府提供)

碧湖乡贤馆内景(碧湖镇政府提供)

# 十二、浙江铁工厂纪念馆

浙江铁工厂纪念馆建于2012年,位于浙江省文物保护单位浙江铁工厂旧址——中共处属特委旧址内。展览以抗日战争时期的"浙江铁工厂"为主题,详细介绍了浙江铁工厂从创办到兴盛、最终外迁的历史。展览展示了铁工厂的生产工具和制造的子弹壳、枪榴弹盒等武器,以及与铁工厂相关的徽章和文献。同时还展示了处属特委书记傅振军在此地生活、工作时的用具,讲述了处属特委宗孟平、黄富武、许信琨、张麒麟四位书记和王桂五、黄景之、颜志祥等革命烈士的事迹,缅怀共产党人艰苦卓绝、不怕流血牺牲的奋斗历史。2022年9月,莲都区有大港头铁工厂展示馆等5个乡村博物馆入选省第二批乡村博物馆。

大港头铁工厂展示馆大门(转载自中新网)

大港头铁工厂展示馆展柜(转载自中新网)

# 十三、和合起义展示馆

　　"和合起义"展示馆是莲都区境内首个革命事件专题馆,址在仙渡乡何金富村文化礼堂内。2022年11月29日上午,"和合起义"展示馆在仙渡乡何金富村的文化礼堂正式开馆。"和合起义"展示馆以富德标等一大批革命青年壮士参加武装斗争的历史故事为主线,通过手绘图加文字叙述的方式,鲜活展示了革命时期富德标等人风雷激荡的红色革命事迹。1930年1月,从上海返乡的富德标参加武义红军队伍。是年8月,富德标带领100多名青壮年农民在仙渡乡普慈寺揭竿起义,打出红军旗号。队伍先后转战丽水、缙云、青田一带,在敌强我弱、武器装备极为落后的情况下,与当时的正规武装省防军进行艰苦卓绝的斗争……近年来,仙渡乡在革命老区乡村振兴和红色根脉传承方面不断探索前行。2022年,乡党委凝心聚力,挖掘、整理红色历史,筹建和合起义展示馆并组织拍摄《一个不少》红色主题微电影,旨在凝聚向心合力、共同谱写革命老区乡村振兴的新篇章。仙渡乡立足新的发展起点,持续发掘革命文化的当代价值,讲好仙渡红色故事、办好仙渡文旅产业,时刻对标红色基因传承示范乡,推动红色基因焕发新的时代光芒。

何金富文化礼堂外立面(吴志华摄于2022年)

"和合起义"展示馆开馆现场（吴学文摄于2022年）

"和合起义"展示馆内景（吴学文摄于2022年）

# 十四、鱼跃博物馆（邮说党建厅）

　　鱼跃博物馆是一家展示中华老字号"鱼跃酿造"的百年历史文化、本土特色的省首批乡村博物馆，由"邮说党建、处州文化、农耕起源、非遗技艺"等展区（展厅）组成。该馆设有国内首创的"邮说党建"厅，用4000多枚邮品讲述中国共产党的光辉历程,对大家进行爱国主义教育,激发了大家爱党爱国的情怀。以实景数字化结合沉浸式体验全方位展现处州悠久的酱、醋、酒等酿造技艺。一重重大门钩沉了企业百年历史进程和社会变革;一组组农具焕发出春耕秋收的美好景象;一件件酿造器物展示了天、地、人共酿的传统技艺。特别是新增四个专柜展示:国家卫健委副主任于学军捐赠的抗疫英雄证、党史学习教育中央第五指导组组长孙永春捐赠的中华人民共和国第十三届全国人民代表大会纪念封和中国人民政治协商会议第十三届全国委员会纪念封、羽坛皇后李玲蔚捐赠她亲笔签名的2008北京奥运会邮票、主题教育省委第十一巡回督导组组长唐中祥捐赠他自小收集的六本邮册,丰富展馆内容。

鱼跃博物馆(邮说党建展厅)(陈旭东摄于2024年)

自2019年9月19日正式开馆以来,已累计接待国内外游客30多万人次。该馆开展爱国主义、研学实践、科普教育等社会教育活动,弘扬优秀传统文化和传承非遗技艺,让参观者感受到博物馆的魅力。该馆得到人民日报、新华社、光明日报、学习强国等多家主流媒体报道。该馆先后被评为是省科普教育基地、省社会科学普及基地、省生态文明教育基地、市爱国主义教育基地等,充分发挥了博物馆的宣传展示和科普教育功能。

# 十五、清风阁

　　清风阁即新屋村清廉教育馆,位于老竹畲族镇新屋村南乡革命纪念馆北侧,中共莲都区纪委倡建。开馆当日,即接待党员干部群众600余人,成为莲都区党员干部又一个接受清廉教育洗礼的"网红"打卡点。该展馆主要由青史流芳、警钟长鸣、传世家风、清廉老竹四大部分组成,涵盖清风序、古代廉吏简介、群众身边的警示案例剖析、本土清廉家风家训和老竹畲族镇特色清廉文化等相关内容。在这里,参观者可以身临其境感受独具老竹特色的清廉文化,接受一次荡涤心灵的廉政教育。文化润内,养德固本。清廉教育馆以"红+廉"的独特形式给人以视听感观上的感知和理性的警示教育,对于推进清廉老竹、清廉莲都建设,净化政治生态有着重要意义。截至2020年,该馆共接待前来参观学习的观众2.3万人次。先后被命名为丽水市法纪教育基地、丽水市廉洁文化示范点。

清风阁参观学习现场(老竹畲族镇政府提供)

# 十六、洪渡乡贤馆

洪渡乡贤馆建于2021年,址在雅溪镇洪渡村原洪渡小学二楼。该馆由网红照壁、先贤俊彦展区、革命先驱展区、今贤风采展区,另具有洪渡乡贤驿站仪式、休闲和文化交流功能。

洪渡是诸姓聚汇,和谐共处的聚落。繁衍成村落,具体时间已无法考证,但最迟在宋嘉定己巳年,即嘉定二年(1209)。是年,李姓始祖李仕任定居于此,繁衍生息,成为洪渡村有据可查的最早史料。元末,处州城吴弼为避战乱,迁居洪渡。至清乾隆年间,又有潘氏迁入。至清末,又有徐、陈等姓到此定居。今已繁衍成一千余人口的大村落。历史人物有吴政、吴则、吴仕伟。洪渡村是个有着光荣革命传统的红色村落,村党支部成立于抗日战争时期,领导村民开展过英勇不屈的抗日斗争、解放战争和剿匪作战活动。

洪渡乡贤馆内景(吴志华摄于2021年)

# 十七、莲都区岱后党性教育现场教学基地

　　莲都区岱后党性教育现场教学基地位于雅溪镇岱后村原岱后小学旧址，为莲都区政府筹资建设。经过雅溪镇、村"两委"干部、村民们的努力，2019年4月，总投资150万元的红色岱后党性教育现场教学基地正式投入使用。该项目完成了近700平方米红军食堂的修缮，在原岱后小学的建筑基础上修建红军营、会议室和集体宿舍，盘活了闲置的小学校舍。岱后作为丽武宣游击区的重要据点和中共丽水县委机关旧址，成为莲都区重要的党史教育基地，也是重要的革命圣地，吸引了四面八方的人前来寻觅革命足迹，接受革命战火洗礼。岱后村以党性教育现场教学基地为依托，承接中共丽水市莲都区委组织部和莲都区委党校的红色党性教育活动，比如莲都区优秀中青年干部教育培训班、莲都区年轻干部培训班等，学员们集中在岱后村培训一周，另外，还有一大批的市直各部门、区直各部门、企事业单位、中小学校纷纷到岱后村开展"初心之行""初心之旅"为主题的教育实践活动。

岱后党性教育现场教学基地俯瞰（郭伟平提供）

研学人员进行重温入党宣誓(郭伟平提供)

# 十八、新屋村红色营地

新屋村依托优美的生态环境和深厚的红色文化底蕴,创新开展了丰富多样的休闲娱乐活动,新屋村从一个革命历史浓厚的热土,华丽转型成集红色教育、休闲养生、民俗体验为一体的红绿旅游特色村为了创造更好的旅游环境,新屋村决定将村里闲置的学校改造成南乡食堂,面向游客开放。2018年,村里通过招商引资,将红色旅游营地和南乡食堂承包给专业团队打理,一年内村集体收益就达到25万元。随着近几年基本设施建设投入不断加大,接待参观人数也逐年提高。新屋村成为不少组织和个人前来培训、旅游的首选。新屋村开设了红色照片纪念墙、"地道战"体验、"红军长征路线"拓展、山坡滑草等游览互动项目,让游客在游玩中学习红色精神,寄学于游,游学结合。2020年,虽因疫情影响游客量有所减少,但接待人数也达到了3万多人次,为村里带来200万元左右的营业收入。

新屋红色营地合影（老竹畲族镇政府提供）

新屋红色营地食堂（老竹畲族镇政府提供）

附

录

# 附录一：

## 莲都区部分革命老区村掠影

大港头镇大港头村、河边村俯瞰（方建利摄于2018年）

大港头镇利山村（古堰画乡管委会提供）

大港头镇均溪村（潘贵铭摄于2017年）

峰源乡小岭根村（吴学文摄于2019年）

峰源乡赛坑村（潘贵铭摄于2018年）

雅溪镇洪渡村（雅溪镇政府提供）

雅溪镇岱后村（雅溪镇政府提供）

雅溪镇雅里村（潘贵铭摄于2018年）

雅溪镇西溪村（潘贵铭摄于2018年）

雅溪镇金竹村（潘贵铭摄于2018年）

雅溪镇里东村（叶庆武摄于 2015 年）

雅溪镇龙孔村（潘贵铭摄于 2018 年）

雅溪镇麻舍村（潘贵铭摄于2018年）

雅溪镇双源村（潘贵铭摄于2018年）

仙渡乡葛畈村(吴志华摄于2019年)

仙渡乡何金富村(吴志华摄于2019年)

仙渡乡梅田村（吴志华摄于2019年）

仙渡乡滴水岩村（楼新建摄于2024年）

仙渡乡南源村（楼新建摄于2024年）

仙渡乡皂树村（楼新建摄于2024年）

仙渡乡岭头村（楼新建摄于2024年）

仙渡乡仙里村（吴志华摄于2019年）

仙渡乡芦村村(吴志华摄于2019年)

太平乡太平村(楼新建摄于2023年)

太平乡下圲村（楼新建摄于 2023 年）

太平乡竹舟村（楼新建摄于 2023 年）

太平乡小安村（潘贵铭摄于2018年）

老竹畲族镇老竹村（楼新建摄于2023年）

老竹畲族镇曳岭脚村（楼新建摄于2023年）

老竹畲族镇新屋村（楼新建摄于2023年）

老竹畲族镇沙溪村（楼新建摄于2023年）

老竹畲族镇周坦村（楼新建摄于2023年）

老竹畲族镇梁村村（楼新建摄于2023年）

老竹畲族镇麻铺村（楼新建摄于2023年）

老竹畲族镇后坑村（楼新建摄于2023年）

老竹畲族镇章记村（楼新建摄于2023年）

老竹畲族镇赤坑村（楼新建摄于2023年）

丽新畲族乡畎岸村（王晓飞提供）

丽新畲族乡马村村（楼新建摄于2022年）

丽新畲族乡上塘畈村（楼新建摄于2024年）

丽新畲族乡山村村（楼新建摄于2022年）

丽新畲族乡咸宜村（楼新建摄于2024年）

丽新畲族乡黄弄村（楼新建摄于2024年）

碧湖镇堰头村俯瞰（楼新建摄于2023年）

碧湖镇大陈村(吴志华摄于2021年)

碧湖镇红圩村(吴学文摄于2024年)

## 附录二：

### 1992年丽水市（县级）革命老根据地乡镇村

表1

| 乡镇 | 时期 | 村 |
|---|---|---|
| 老竹畲族镇 | 二战时期 | 老竹村　西岸村　红桥村　陶村村　新屋村　黄桂村　曳岭脚村<br>下桥村　梁村村　丁公村　章记村　高畔村　麻铺村　赤坑村 |
| 丽新畲族乡 | 二战时期 | 畎岸村　白岸口村　咸宜村　山村村　黄弄村<br>上塘畈村　马村村 |
| | 抗战时期 | 黄岭上村 |
| 巨溪乡 | 二战时期 | 普爱村　龙门坑村　留畈村　溪上村　西畈村<br>汤山村　彰口塘村　戴弄村　横岗村 |
| | 抗战时期 | 富山头村 |
| 峰源乡 | 二战时期 | 小岭根村　夏庄村　赛坑村　库坑村　木寮村<br>横山后村　上垟村 |
| | 抗战时期 | 庞山村 |
| 高溪乡 | 抗战时期 | 高溪村　南坑口村　郑山村　竹溪村　岑口村<br>大吴村　白岩村　岑峰寺村　苍坑村 |
| 太平乡 | 抗战时期 | 太平村　下坑村　竹舟村　大畈村　城头村<br>木后村　小安村　上大坑村　朱弄村　长乐村 |
| 双溪镇 | 抗战时期 | 双溪村　洪渡村　上黄村村　雅庄村<br>莲房村　五石弄村　周村村　马弄村 |
| 西溪乡 | 抗战时期 | 西溪村　雅里村　上陈村　金竹村　里东村<br>小桃村　板染村　鸭班村　供山村　底坑村 |
| 仙渡乡 | 抗战时期 | 何金富村　根竹园村　张山后村　葛畈村　仙里村　梅田村<br>皂树村　滴水岩村　芦村村　南源村　鲍店村 |
| 泄川乡 | 抗战时期 | 龙孔村　岱后村　麻舍村　泄下村　双源村 |
| 大港头镇 | 抗战时期 | 大港头村　河边金村　河边村　石侯村　碇头嘴村　玉溪村<br>利山村　上庄村　北埠村　杨山村　张山村　均溪村　石桥村 |
| 郑地乡 | 抗战时期 | 郑地村　正岙村　毛山村　孙畲村　郑张山村　新砀村 |

续表1

| 乡镇 | 时期 | 村 |
|---|---|---|
| 双黄乡 | 二战时期 | 里佳源村 |
| | 抗战时期 | 雨伞岗村　琯头村　高山村　下后弄村 |
| 碧湖镇 | 抗战时期 | 红圩村　下叶村　章塘村　道士畈村　下概头村　白河村<br>周村村　平三村　上阁村　下季村　大陈村 |
| 联合乡 | 抗战时期 | 大坑村　联济村 |
| 联城镇 | 抗战时期 | 张村街村　界牌村　下林村　磁峡村 |
| 城关镇 | 抗战时期 | 下河村　城北村　上吴山村 |

　　编者按：1979年，全县确定有17个生产大队为革命老区。1984年7月11日，省民政厅发出《关于划定革命老根据地问题的复函》，复函规定划定革命老根据地的标准。1986年，新划定的革命老区村111个。1987年划定的革命老区村4个。1992年划定的革命老区村5个。至1992年底止，全市共有革命老根据地村137个，其中二战时期的38个，抗战时期的99个。

　　革命老根据地乡（镇）划定：1986年2月22日，皂树、仙渡、石蒙圩、双溪、泄川、太平、莲乐等8个乡为抗日战争时期革命老区乡。是年3月13日，丽水地区民政局批准峰源、丽新、崇义、巨溪、永丰等5个乡为第二次国内战争时期的革命老区乡，批准郑地、北埠、港和、双黄、张村街、平原、高溪等7个乡为抗日战争时期的革命老区乡。

　　1992年5月，撤区扩镇并乡。12月22日经浙江省民政厅批准，重新认定老竹畲族镇、大港头镇、双溪镇、巨溪乡、峰源乡、泄川乡、郑地乡、双黄乡、高溪乡、丽新畲族乡、太平乡、西溪乡、仙渡乡为革命老区乡（镇）。

# 2022年丽水市莲都区革命老根据地乡镇（街道）村

表2

| 乡镇（街道）村 | 时期 | 村 |
|---|---|---|
| 岩泉街道 | 二战时期 | 里佳源村 |
| | 抗战时期 | 雨伞岗村　枫树湾村　下后弄村　琯头村 |
| 紫金街道 | 抗战时期 | 厦河村 |
| 白云街道 | 抗战时期 | 城北村 |
| 联城街道 | 抗战时期 | 张村街村　下林村　坛峡村　莲景村 |
| 碧湖镇 | 抗战时期 | 高溪村　竹溪村　南坑村　龙岩村　大吴山村　红南村　联济村　松坑口村　大陈村　红圩村　上阁村　九龙村　章塘村　下叶村 |
| 大港头镇 | 抗战时期 | 大港头村　河边村　石侯村　利山村　小山村　均溪村　北埠村 |
| 峰源乡 | 二战时期 | 赛源村　夏庄村　库坑垟村　郑地村　毛山村　新砀村　正岙门村 |
| | 抗战时期 | 庞山村 |
| 太平乡 | 抗战时期 | 横岗村　戴彰村　玉田村　下坼村　富源村　太平村　留龙村　小安村　富山头村　大河村　大畈村　城头村　竹舟村　朱弄村　长乐村 |
| 雅溪镇 | 抗战时期 | 双溪村　莲房村　洪渡村　雅义村　西溪村　里东村　库川村　上黄村　周村村　雅里村　上陈村　金竹村　泄下村　双源村　岱后村 |
| 仙渡乡 | 抗战时期 | 根竹园村　梅田村　董弄村　仙里村　何金富村　葛畈村　张山后村　皂树村　南源村　滴水岩村　芦村村 |
| 老竹畲族镇 | 二战时期 | 曳岭脚村　榴溪村　新陶村　老竹村　后坑村　周坦村　梁村村　丁公村　赤坑村 |
| 丽新畲族乡 | 二战时期 | 畎岸村　黄弄村　咸宜村　上塘畈村　山村村　马村村　白岸口村 |
| | 抗战时期 | 黄岭上村 |

## 附录三：

## 莲都区革命文物保护单位名录

表3

| 序号 | 名称 | 年代 | 地址 | 级别 | 备注 |
|---|---|---|---|---|---|
| 1 | 丽水中共浙江省委机关旧址 | 民国 | | 省级 | |
| 1-1 | 刘英旧居 | 民国 | 紫金街道厦河村77号 | 省级 | |
| 1-2 | 兴华广货号 | 民国 | 万象街道府前社区大众街39号 | 省级 | |
| 1-3 | 黄景之律师事务所 | 民国 | 万象街道梅山社区大众街花园弄2号 | 省级 | |
| 2 | 谭宅（新中国成立初期丽水县公安局旧址） | 清代 | 万象街道府前社区酱园弄16、48号 | 省级 | |
| 3 | 处州府城墙（厦河门浙南红军攻打处州城革命遗址） | 元-清代 | 万象街道丽华村 | 省级 | |
| 4 | 崇德小学旧址（麻植烈士就读处、中共丽水地委机关旧址） | 清代 | 万象街道大水门社区解放街59号 | 省级 | |
| 5 | 浙江铁工厂旧址 | 民国 | 大港头镇玉溪村、砩头嘴村 | 省级 | |
| 6 | 浙江铁工厂旧址 | 民国 | 大港头镇大港头村 | 省级 | |
| 7 | 新四军办事处旧址 | 1938年 | 万象街道丽阳门社区高井弄9号 | 市级 | |
| 8 | 观音阁（中共厦河支部旧址） | 清代 | 紫金街道厦河村大猷街资金大桥 | 市级 | |
| 9 | 中共丽水地委机关、专员公署旧址 | 现代 | 白云街道城北村中山街北333号 | 市级 | |
| 10 | 中共丽水县委机关旧址 | 清代 | 雅溪镇岱后村 | 区级 | |

# 附录四:

## 莲都区革命旧址遗址名录

### 岩泉街道革命旧址、遗址及纪念场馆一览

表4

| 序号 | 革命旧址遗址或纪念场馆名称 | 年代 | 所在位置 | 保存情况 |
|---|---|---|---|---|
| 1 | 括苍古道 | 唐代至清代 | 岩泉街道至仙渡乡 | 较好 |
| 2 | 飞机场遗址 | 民国 | 岩泉街道社后村-关下村 | 一般 |
| 3 | 好溪堰（日军细菌战投毒处） | 唐代至当代 | 岩泉街道岩泉行政村堰头自然村 | 好 |
| 4 | 莲都区抗美援朝陈列馆 | 2013年 | 莲都区档案馆 | 较好 |

### 紫金街道革命旧址、遗址及纪念场馆一览

表5

| 序号 | 革命旧址遗址或纪念场馆名称 | 年代 | 所在位置 | 保存情况 |
|---|---|---|---|---|
| 1 | 丽水中共浙江省委机关旧址（刘英旧居） | 民国 | 紫金街道厦河村77号 | 省级文保单位,好 |
| 2 | 观音阁（中共厦河支部旧址） | 清代 | 紫金街道厦河村大猷街资金大桥 | 市级文保单位,好 |
| 3 | 括瓯古道（祝村-瀑泉段）（浙南红军活动旧址） | 宋代至民国 | 紫金街道祝庄行政村至瀑泉行政村 | 一般 |
| 4 | 括瓯古道驿站 | 宋代至清代 | 紫金街道祝庄行政村祝村自然村 | 较差 |
| 5 | 杨坑古道（浙南红军活动旧址） | 清代 | 紫金街道杨坑行政村净水自然村至杨梅岗自然村 | 好 |
| 6 | 阙伊故居遗址 | 清代-民国 | 紫金街道杨坑行政村净水自然村 | 差 |
| 7 | 阙伊墓 | 民国-当代 | 紫金街道杨坑行政村净水自然村 | 一般 |

续表5

| 序号 | 革命旧址遗址或纪念场馆名称 | 年代 | 所在位置 | 保存情况 |
|---|---|---|---|---|
| 8 | 阙大津（洛辛）墓 | 当代 | 紫金街道杨坑行政村净水自然村 | 一般 |
| 9 | 浙西南革命根据地纪念馆 | 当代 | 紫金街道厦河村77号 | 好 |

## 白云街道革命旧址、遗址及纪念场馆一览

表6

| 序号 | 革命旧址遗址或纪念场馆名称 | 年代 | 所在位置 | 保存情况 |
|---|---|---|---|---|
| 1 | 中共丽水地委机关、专员公署旧址 | 现代 | 白云街道城北村中山街北333号 | 市级 |
| 2 | 丽水三岩寺英士大学抗战遗址 | 唐代至民国 | 白云街道城西村 | 国家级重点文保单位，较好 |

## 万象街道革命旧址、遗址及纪念场馆一览

表7

| 序号 | 革命旧址遗址或纪念场馆名称 | 年代 | 所在位置 | 保存情况 |
|---|---|---|---|---|
| 1 | 丽水中共浙江省委机关旧址（兴华广货号） | 民国 | 万象街道府前社区大众街39号 | 省级文保单位，好 |
| 2 | 丽水中共浙江省委机关旧址（黄景之律师事务所） | 民国 | 万象街道梅山社区大众街花园弄2号 | 省级文保单位，好 |
| 3 | 中共浙江省委机关联络站绅弄织袜工场遗址 | 民国 | 万象街道大水门社区中山街绅弄口 | 差 |
| 4 | 谭宅（新中国成立初期丽水县公安局旧址） | 清代 | 万象街道府前社区酱园弄16、48号 | 省级文保单位，好 |
| 5 | 处州府城墙（厦河门浙南红军攻打处州城革命遗址） | 元-清代 | 万象街道丽华村 | 省级文保单位，好 |

续表7

| 序号 | 革命旧址遗址或纪念场馆名称 | 年代 | 所在位置 | 保存情况 |
|---|---|---|---|---|
| 6 | 崇德小学旧址（麻植烈士就读处、中共丽水地委机关旧址） | 清代 | 万象街道大水门社区解放街59号 | 省级文保单位，好 |
| 7 | 中共丽水县委旧址（洞天楼） | 明代以前 | 万象街道凤凰社区万象山 | 市级文保单位，好 |
| 8 | 新四军办事处旧址 | 1938年 | 万象街道丽阳门社区高井弄9号 | 市级文保单位，一般 |
| 9 | 新知书店遗址 | 1938年 | 大众街（刘祠堂背）三坊口 | 省级历史文化街区 |
| 10 | 会文图书社旧址（董乐辅故居遗址） | 民国 | 大众街（刘祠堂背）三坊口 | 省级历史文化街区 |
| 11 | 浙江省战时木刻研究社旧址（金逢孙故居） | 民国 | 刘祠堂背帝师坊脚 | 省级历史文化街区 |
| 12 | 吴凤飞烈士故居 | 民国 | 刘祠堂背帝师坊 | 省级历史文化街区 |
| 13 | 三好楼 | 50年代 | 万象街道处州中学内 | 市级文保单位，较好 |
| 14 | 万象山革命烈士纪念碑 | 当代 | 万象街道万象山 | 较好 |
| 15 | 黄富武纪念碑 | 当代 | 万象街道万象山 | 较好 |
| 16 | 周丽平烈士纪念碑 | 1991年 | 万象街道万象山 | 较好 |
| 17 | 张之清墓碑 | 1990年 | 万象街道万象山 | 较好 |

## 联城街道革命旧址、遗址及纪念场馆一览

表8

| 序号 | 革命旧址遗址或纪念场馆名称 | 年代 | 所在位置 | 保存情况 |
|---|---|---|---|---|
| 1 | 胡椒坑地下交通站（蓝荣华宅） | 民国 | 联城街道砩峡行政村胡椒坑自然村 | 一般 |

## 碧湖镇革命旧址、遗址及纪念场馆一览

表9

| 序号 | 革命旧址遗址或纪念场馆名称 | 年代 | 所在位置 | 保存情况 |
|---|---|---|---|---|
| 1 | 松阳丽水起义旧址(龙子殿) | 宋代至民国 | 碧湖镇下街村 | 一般 |
| 2 | 新知书店遗址 | 民国 | 碧湖镇下街村人民街 | 一般 |
| 3 | 震丽初等高等小学校 | 清代至民国 | 碧湖镇环东路37号 | 一般 |
| 4 | 叶元珪故居(南阳旧家古民居) | 清代 | 碧湖镇古井村 | 一般 |
| 5 | 平一知青故居 | 现代 | 碧湖镇平一村 | 一般 |
| 6 | 中舍食堂旧址 | 现代 | 碧湖镇中舍村 | 一般 |
| 7 | 黄景之烈士墓 | 1941年 | 碧湖镇堰头村 | 一般 |
| 8 | 鱼跃博物馆(邮说党建) | 2019年 | 碧湖镇碧云街862号 | 好 |
| 9 | 浙江化工厂遗址 | 民国 | 碧湖镇堰头村 | 一般 |
| 10 | 处属特委火焰山交通联络站 | 民国 | 碧湖镇堰头村火焰山 | 一般 |
| 11 | 莲都区党史馆 | 2024 | 碧湖镇采桑村 | 好 |
| 12 | 莲都区廉政教育馆 | 2024 | 碧湖镇采桑村 | 好 |

## 雅溪镇革命旧址、遗址及纪念场馆一览

表10

| 序号 | 革命旧址遗址或纪念场馆名称 | 年代 | 所在位置 | 保存情况 |
|---|---|---|---|---|
| 1 | 中国工农红军挺进师活动旧址(显灵庙) | 土地革命战争时期 | 雅溪镇岱后村 | 较好 |
| 2 | 中共丽水县委机关旧址及纪念馆(朱氏宗祠) | 解放战争时期 | 雅溪镇岱后村 | 较好 |
| 3 | 朱太故居(张之清旧居、太平区民主政府旧址) | 抗战时期至解放战争时期 | 雅溪镇岱后村 | 较好 |

续表10

| 序号 | 革命旧址遗址或纪念场馆名称 | 年代 | 所在位置 | 保存情况 |
|---|---|---|---|---|
| 4 | 双源支部旧址（双源杨氏宗祠） | 抗战时期至解放战争时期 | 雅溪镇双源村 | 一般 |
| 5 | 雅梅起义旧址（库川朱氏宗祠） | 土地革命战争时期 | 雅溪镇库川村 | 较好 |
| 6 | 雅里支部旧址（李志贞旧居） | 抗战时期至解放战争时期 | 雅溪镇雅里村 | 一般 |
| 7 | 双乐起义旧址（高丹新、高步彪故居） | 土地革命战争时期 | 雅溪镇莲房村 | 一般 |
| 8 | 丽水县委泄下联络站（周一平故居） | 抗日战争至解放战争时期 | 雅溪镇泄下村 | 一般 |
| 9 | 中国工农红军挺进师泄下活动旧址（观音桥等） | 土地革命战争时期 | 雅溪镇泄下村 | 较好 |
| 10 | 泄下服装厂旧址 | 解放战争时期 | 雅溪镇泄下村 | 一般 |
| 11 | 岱后地下交通站（朱春英故居、朱永良祖宅） | 解放战争时期 | 雅溪镇岱后村 | 一般 |
| 12 | 雅梅起义旧址（西溪道院） | 土地革命战争时期 | 雅溪镇西溪村 | 一般 |
| 13 | 西溪观音桥抗日旧址 | 抗日战争时期 | 雅溪镇西溪村 | 一般 |
| 14 | 太平经济实验区西溪据点旧址（李氏宗祠） | 抗日战争时期 | 雅溪镇西溪村 | 较好 |
| 15 | 西溪红军纪念碑 | 当代 | 雅溪镇西溪村 | 较好 |
| 16 | 抗日名将李祖白故居 | 抗日战争时期 | 雅溪镇里东村 | 较好 |
| 17 | 双溪村支部旧址（潘荣宗故居） | 抗日战争时期 | 雅溪镇双溪村 | 一般 |
| 18 | 金竹支部旧址（西堂庙） | 抗日战争时期 | 雅溪镇金竹村 | 较好 |
| 19 | 洪渡支部旧址（李氏宗祠） | 抗日战争时期 | 雅溪镇洪渡村 | 一般 |

续表10

| 序号 | 革命旧址遗址或纪念场馆名称 | 年代 | 所在位置 | 保存情况 |
|---|---|---|---|---|
| 20 | 莲都区岱后党性教育现场教学基地（原岱后小学旧址） | 2018年 | 雅溪镇岱后村 | 好 |
| 21 | 魅力雅溪展示馆（红色馆、乡贤馆） | 2018年 | 雅溪镇双溪村 | 好 |
| 22 | 洪渡乡贤馆 | 2021年 | 雅溪镇洪渡村 | 好 |
| 23 | 周丽平烈士纪念馆 | 2020年 | 雅溪镇莲房村 | 好 |

## 大港头镇革命旧址、遗址及纪念场馆一览

表11

| 序号 | 革命旧址遗址或纪念场馆名称 | 年代 | 所在位置 | 保存情况 |
|---|---|---|---|---|
| 1 | 浙江铁工厂旧址（玉溪村） | 民国 | 大港头镇玉溪村 | 省级文保单位,一般 |
| 2 | 浙江铁工厂旧址（砻头嘴村） | 民国 | 大港头镇砻头嘴村 | 省级文保单位,一般 |
| 3 | 浙江铁工厂旧址（大港头村） | 民国 | 大港头镇大港头村 | 省级文保单位,较好 |
| 4 | 国共团结抗日宣示旧址（康福寺） | 清代至民国 | 大港头镇大港头村 | 一般 |
| 5 | 中共处属特委旧址（北埠村袁家） | 民国 | 大港头镇北埠村中央自然村 | 一般 |
| 6 | 中共处属特委联络站旧址（叶开兴故居） | 民国 | 大港头镇河边村 | 一般 |
| 7 | 中共处属特委玉溪联络站旧址 | 民国 | 大港头镇玉溪村 | 一般 |
| 8 | 叶天籁故居 | 清代 | 大港头镇河边村 | 一般 |
| 9 | 周恩来视察休息处（大港头车站） | 民国 | 大港头镇河边村 | 一般 |
| 10 | 抗暴自救军小山阻击战遗址 | 民国 | 大港头镇小山村 | 一般 |

续表11

| 序号 | 革命旧址遗址或纪念场馆名称 | 年代 | 所在位置 | 保存情况 |
|---|---|---|---|---|
| 11 | 丽水县糠醛厂旧址 | 现代 | 大港头镇石侯村 | 一般 |
| 12 | 大港头铁工厂展示馆 | 2018年 | 大港头镇玉溪村 | 一般 |
| 13 | 大港头党建美术馆 | 2022年 | 大港头镇大港头村 | 好 |

## 老竹畲族镇革命旧址、遗址及纪念场馆一览

表12

| 序号 | 革命旧址遗址或纪念场馆名称 | 年代 | 所在位置 | 保存情况 |
|---|---|---|---|---|
| 1 | 曳岭佛堂（黄桂芬护国反袁斗争遗址） | 1916年 | 曳岭古道曳岭头 | 一般 |
| 2 | 中共南乡区委遗址 | 1928年 | 新屋村 | 较差 |
| 3 | 中共老竹支部旧址（章侯庙） | 1928年 | 老竹村 | 一般 |
| 4 | 郑和斋故居 | 清代-1929年 | 新屋村 | 较好 |
| 5 | 郑智浩故居 | 1949年 | 新屋村 | 较好 |
| 6 | 永丰区农民协会组织旧址（延福庵）） | 清代 | 梁村村 | 较好 |
| 7 | 红军第十三军浙西南第三纵队梁村活动旧址（新屋） | 清代 | 梁村村 | 较好 |
| 8 | 曳岭经济试验区梁村据点（渭滨分绪"古民居） | 清代 | 梁村村 | 一般 |
| 9 | 梁村会师旧址（渭滨分绪"古民居） | 宋-当代 | 梁村村 | 一般 |
| 10 | 郑智浩烈士就义处 | 1949 | 老竹村 | 一般 |
| 11 | 丽武宣武工队开仓放粮旧址 | 1949 | 老竹村 | 较好 |
| 12 | 解放军周坦会师旧址（"荥阳旧家"古民居） | 清代 | 周坦村 | 较好 |

续表12

| 序号 | 革命旧址遗址或纪念场馆名称 | 年代 | 所在位置 | 保存情况 |
|---|---|---|---|---|
| 13 | 南营红军攻打曳岭区公所旧址 | 1930年 | 曳岭脚村 | 一般 |
| 14 | 母子康乐园 | 民国 | 曳岭脚村 | 一般 |
| 15 | 游击队攻打曳岭区署碉堡旧址 | 1949年 | 曳岭脚村 | 一般 |
| 16 | 麻铺红军游击大队旧址 | 1935年 | 麻铺村 | 较好 |
| 17 | 中共麻铺支部旧址（汪陈俊故居） | 1935年 | 麻铺村 | 一般 |
| 18 | 章记支部旧址 | 1949年 | 章记村 | 一般 |
| 19 | 游击队服装厂旧址 | 1947年 | 新屋村 | 较好 |
| 20 | 南乡烈士纪念碑 | 2016年 | 新屋村 | 好 |
| 21 | 南乡革命纪念馆 | 2016年 | 新屋村 | 好 |
| 22 | 新屋红色营地 | 2018年 | 新屋村 | 好 |
| 23 | 清风阁 | 2019年 | 新屋村 | 好 |

## 峰源乡革命旧址、遗址及纪念场馆一览

表13

| 序号 | 革命旧址遗址或纪念场馆名称 | 年代 | 所在位置 | 保存情况 |
|---|---|---|---|---|
| 1 | 红军洞（红军挺进师活动旧址） | 1937年 | 峰源乡赛源行政村小岭根自然村 | 一般 |
| 2 | 小岭根支部旧址（王孔林宅） | 1938年 | 峰源乡赛源行政村小岭根自然村 | 一般 |
| 3 | 红军挺进师活动旧址（李氏宗祠） | 1935年 | 峰源乡庞山行政村 | 一般 |

## 太平乡革命旧址、遗址及纪念场馆一览

表14

| 序号 | 革命旧址遗址或纪念场馆名称 | 年代 | 所在位置 | 保存情况 |
|---|---|---|---|---|
| 1 | 特约太平经济实验区旧址(惠应庙) | 宋代至民国 | 太平乡太平村 | 一般 |
| 2 | 特约太平经济实验区旧址(徐氏宗祠) | 清代 | 太平乡下坼村 | 一般 |
| 3 | 特约太平经济实验区旧址(观音殿) | 清代 | 太平乡竹舟村 | 一般 |
| 4 | 太平区委旧址(桂山祖庙) | 清代 | 太平乡下坼村 | 一般 |
| 5 | 南营红军活动遗址胡公洞 | 1930年 | 太平乡三岩寺胡公洞 | 一般 |
| 6 | 三岩寺红军烈士纪念碑 | 1930年 | 太平乡三岩寺胡公洞 | 一般 |
| 7 | 南营红军活动遗址(西畈学堂) | 1930年 | 太平乡西畈村 | 一般 |
| 8 | 宣平特别支部旧址(李氏宗祠) | 1939年 | 太平乡留畈村 | 较好 |
| 9 | 曳岭区民主政府旧址(李氏宗祠) | 1949年 | 太平乡留畈村 | 较好 |
| 10 | 富山头支部旧址(蓝氏宗祠) | 1947年 | 太平乡富山头村 | 较好 |
| 11 | 抗日阵亡将士纪念碑 | 1944年 | 太平乡下峡村梨园电站南侧 | 较好 |

## 仙渡乡革命旧址、遗址及纪念场馆一览

表15

| 序号 | 革命旧址遗址或纪念场馆名称 | 年代 | 所在位置 | 保存情况 |
|---|---|---|---|---|
| 1 | 和合起义遗址(普慈寺) | 1930年 | 仙渡乡何宅自然村 | 较差 |
| 2 | 和合起义旧址(普济桥) | 1930年 | 仙渡乡何金富村 | 较好 |
| 3 | 和合起义旧址(杨坑邱氏宗祠) | 1930年 | 仙渡乡杨坑自然村 | 一般 |
| 4 | 和合起义旧址(鲍店禹王庙) | 1930年 | 仙渡乡鲍店自然村 | 一般 |

续表15

| 序号 | 革命旧址遗址或纪念场馆名称 | 年代 | 所在位置 | 保存情况 |
|---|---|---|---|---|
| 5 | 和合起义旧址(和合古道) | 1930年 | 仙渡乡何宅至沙畈自然村 | 较好 |
| 6 | 和合起义旧址(武官余旧居) | 1930年 | 仙渡乡何宅村 | 较好 |
| 7 | 富德标故居 | 1930年 | 仙渡乡富村自然村 | 一般 |
| 8 | 周昭德故居 | 清-民国 | 仙渡乡沙畈自然村 | 好 |
| 9 | 太平经济试验区葛渡据点旧址("汝南旧家"古民居) | 清-民国 | 仙渡乡沙畈自然村 | 较好 |
| 10 | 梅田古道 | 1930年-1949年 | 仙渡乡梅田村至半岭村 | 一般 |
| 11 | 挺进师驻扎旧址(岭头周氏宗祠) | 1935年 | 仙渡乡岭头自然村 | 一般 |
| 12 | 粟裕留宿处旧址(岭头周宅) | 1935年 | 仙渡乡岭头自然村 | 较差 |
| 13 | 挺进师活动旧址(半岭何宅) | 1935年 | 仙渡乡半岭自然村 | 较好 |
| 14 | 皂树夜校刘英演讲旧址(樊氏祠堂) | 抗战时期 | 仙渡乡大路边自然村 | 一般 |
| 15 | 皂树战壕遗址群 | 抗战时期至解放战争时期 | 仙渡乡皂树村 | 一般 |
| 16 | 仙里党支部旧址(郑庆元故居) | 抗战时期至解放战争时期 | 仙渡乡仙里村 | 一般 |
| 17 | 北乡革命纪念馆 | 2005年 | 仙渡乡葛渡自然村 | 好 |
| 18 | 和合起义展示馆 | 2021年 | 仙渡乡何宅自然村 | 好 |
| 19 | 何官福烈士墓 | 1942年 | 仙渡乡根竹园村 | 较好 |
| 20 | 周光耀烈士墓 | 1951年 | 仙渡乡滴水岩村 | 一般 |
| 21 | 张之清二五减租运动旧址(外花厅) | 1939年 | 仙渡乡滴水岩村 | 一般 |
| 22 | 丽水县武工队据点(芦村庄合祠堂) | 1947 | 仙渡乡芦村村 | 一般 |
| 23 | 丽水县武工队据点(董弄三层楼) | 1947 | 仙渡乡董弄村 | 较好 |

## 丽新畲族乡革命旧址、遗址及纪念场馆一览

表16

| 序号 | 革命旧址遗址或纪念场馆名称 | 年代 | 所在位置 | 保存情况 |
|---|---|---|---|---|
| 1 | 清和起义旧址(陈氏宗祠) | 清代 | 丽新畲族乡畎岸村 | 一般 |
| 2 | 马村支部旧址(云霞焕采古民居) | 清代 | 丽新畲族乡马村村 | 一般 |
| 3 | 千人劳军大会旧址(马公庙) | 清代 | 丽新畲族乡马村村 | 一般 |
| 4 | 丽松宣边区革命纪念馆 | 2022年 | 丽新畲族乡马村村 | 好 |
| 5 | 丽新畲族乡贤馆 | 2018年 | 丽新畲族乡马村村 | 较好 |

## 黄村乡革命旧址、遗址及纪念场馆一览

表17

| 序号 | 革命旧址遗址或纪念场馆名称 | 年代 | 所在位置 | 保存情况 |
|---|---|---|---|---|
| 1 | 和合起义旧址(金氏宗祠) | 清代 | 黄村乡皂坑村 | 较好 |

## 南明山街道革命旧址、遗址及纪念场馆一览

表18

| 序号 | 革命旧址遗址或纪念场馆名称 | 年代 | 所在位置 | 保存情况 |
|---|---|---|---|---|
| 1 | 中共处属特委机关旧址 | 1940年 | 南明山街道垟店行政村小白岩自然村 | 一般 |
| 2 | 中共浙江省委机关外磁窑联络点遗址 | 1940年 | 南明山街道垟店行政村寺窑自然村 | 差 |
| 3 | 松坑圩"三抗"斗争旧址(兰宅) | 1948年 | 南明山街道松坑圩行政村中央自然村 | 较好 |
| 4 | 梁仙翠故居 | 清代 | 南明山街道白岩行政村后商自然村 | 一般 |
| 5 | 丽青松武工队松坑圩据点(紫气东来古民居) | 清代 | 南明山街道松坑圩行政村 | 较好 |

# 附录五：

## 莲都区革命烈士名录

表 19

| 姓名 | 性别 | 出生年月 | 出生地 | 入伍日期 | 党团员 | 牺牲日期 | 牺牲地 | 牺牲时所在单位与职务 | 备注 |
|------|------|----------|--------|----------|--------|----------|--------|---------------------|------|
| 郑和斋 | 男 | 1891 | 老竹畲族镇梁村 | 1928 | 党员 | 1930.8.27 | 杭州陆军监狱 | 中共南乡区委书记 | |
| 朱生民 | 男 | 1891 | 太平乡长乐村 | 1930.6 | 党员 | 1930.12 | 丽水大水门外 | 南营红军副指挥 | |
| 汪陈俊 | 男 | 1908 | 老竹畲族镇麻铺村 | 1930 | 党员 | 1935.11.27 | 宣平县城 | 宣平县永丰乡麻铺村党支部书记 | |
| 黄景之（即黄希宪） | 男 | 1886 | 碧湖镇吴山坳 | 1938.7 | 党员 | 1940.5 | 碧湖镇松坑口 | 律师 | |
| 吴凤飞（曾用名名徐光） | 男 | 1922.8 | 丽水市区 | 1937.3 | 党员 | 1940.8 | 皖南 | 抗日大学队长 | |
| 傅宝钱 | 男 | 1910.12 | 雅溪镇金竹村 | | 党员 | 1942.4.16 | 雅里乡金竹村 | | |
| 周树金 | 男 | 1913.5 | 仙渡乡沙畈村 | | 党员 | 1942.6.1 | 西溪乡板染村 | | |
| 黄三担六（曾用名黄树火） | 男 | 1914.8.19 | 仙渡乡山头岗村 | | 党员 | 1942.6.1 | 仙渡乡葛渡村 | | |
| 黄哑口 | 男 | 1921.9.6 | 仙渡乡山头岗村 | | 党员 | 1942.6.1 | 仙渡乡仙里村 | | |
| 黄砭宝 | 男 | 1918.3.8 | 仙渡乡山头岗村 | | 党员 | 1942.6.1 | 仙渡乡仙里村 | | |

续表19

| 姓名 | 性别 | 出生年月 | 出生地 | 入伍日期 | 党团员 | 牺牲日期 | 牺牲地 | 牺牲时所在单位与职务 | 备注 |
|---|---|---|---|---|---|---|---|---|---|
| 葛增环 | 男 | 1913 | 仙渡乡沙畈村 | | 党员 | 1942.6.1 | 仙渡乡葛畈村 | | |
| 周光竹 | 男 | 1909.9 | 仙渡乡根竹园村 | | 党员 | 1942.7.13 | 仙渡乡根竹园村 | | |
| 舒玉明 | 男 | 1917.7 | 雅溪镇双溪村 | | 党员 | 1942.8.14 | 太平乡相树岗 | | |
| 何官福 | 男 | 1912.7.28 | 仙渡乡根竹园村 | | 党员 | 1942.10.18 | 仙渡乡根竹园村 | | |
| 金岳明 | 男 | 1885.11 | 峰源乡金坑村 | | 党员 | 1943.1.18 | 青田县 | 中共丽水、青田、云和三县交通员 | |
| 李振兴 | 男 | 1910 | 丽水县 | | | 1947.4.30 | 河南省汤阴县北关 | 中国人民解放军西南军区六纵十七旅五〇团四连战士 | |
| 李岩春 | 男 | 1902.3 | 雅溪镇箬坑村 | 1943 | 党员 | 1947.10.18 | 西溪乡东山村 | 中共壮丁抗暴自卫军第三纵队第一大队一中队副中队长 | |
| 周官耀 | 男 | 1908 | 仙渡乡滴水岩村 | 1947.11 | 党员 | 1948.8 | 缙云县 | 浙南人民解放军三支队交通员 | |
| 李进兴 | 男 | 1928 | 雅溪镇张坑村 | 1947 | | 1948.12 | 缙云县 | 浙南人民解放军三支队二大队通讯员 | |
| 周正云 | 男 | 1924 | 丽水县 | 1948.11 | | 1948 | 淮海战役 | 中国人民解放军西南一纵二十旅五十九团战士 | |

续表19

| 姓名 | 性别 | 出生年月 | 出生地 | 入伍日期 | 党团员 | 牺牲日期 | 牺牲地 | 牺牲时所在单位与职务 | 备注 |
|------|------|----------|--------|----------|--------|----------|--------|----------------------|------|
| 王忠友 | 男 |  | 丽水县 | 1948 |  | 1948 | 淮海战役 | 中国人民解放军十一纵队三十一旅九十二团八连战士 |  |
| 张玉林（曾用名张四祥） | 男 | 1919.10 | 老竹畲族镇陶村 | 1948.3 |  | 1949.1.8 | 新合乡下沈村 | 宣平县大队副班长 |  |
| 邓新余 | 男 | 1916.1 | 老竹畲族镇东关村 | 1948 |  | 1949.3.14 | 宣平县联城乡西畈村 | 浙南游击队三支队战士 |  |
| 涂岳勤 | 男 | 1927.2.26 | 雅溪镇底岗村 | 1949.2 |  | 1949.3.27 | 泄川乡岱后村 | 丽、缙、永、武游击支队二大队战士 |  |
| 朱荣彩 | 男 | 1929.3 | 雅溪镇岱后村 | 1948.3 |  | 1949.3 | 武义县 | 浙南人民解放军三支队二大队一中队战士 |  |
| 陈维新 | 男 | 1907 | 丽新畲族乡畎岸村 | 1948 |  | 1949.3 | 宣平县崇义乡老竹村 | 丽水县曳岭武工队队员 |  |
| 朱宝宽 | 男 | 1932.5 | 雅溪镇西溪村 | 1949.1 |  | 1949.4.9 | 武义县 | 浙南游击队三支队一中队一班战士 |  |
| 王桂五 | 男 | 1924 | 碧湖镇 | 1945.2 | 党员 | 1949.4 | 丽水海潮村 | 松阳县民主政府副县长 |  |
| 郑智浩 | 男 | 1911.8 | 老竹畲族镇新屋村 | 1948 | 党员 | 1949.4.11 | 宣平县崇义乡老竹村 | 崇义乡乡长 |  |
| 鄢凤琪 | 男 | 1920.9.1 | 老竹畲族镇樟树脚村 | 1948 |  | 1949.4.11 | 宣平县崇义乡老竹村 | 浙南游击队三大队战士 |  |

续表19

| 姓名 | 性别 | 出生年月 | 出生地 | 入伍日期 | 党团员 | 牺牲日期 | 牺牲地 | 牺牲时所在单位与职务 | 备注 |
|---|---|---|---|---|---|---|---|---|---|
| 李先潘（曾用名李朝佐） | 男 | 1928.2 | 雅溪镇里东村 | 1948.9 | | 1949.4.28 | 和合乡芦村 | 浙南游击队三支队二大队战士 | |
| 周大才 | 男 | 1930.2 | 仙渡乡梅田村 | 1948 | 党员 | 1949.4 | 缙云县 | 浙南游击队三支队二大队战士 | |
| 雷章宝 | 男 | 1909.2 | 碧湖镇火焰山村 | 1946 | 党员 | 1949.7.9 | 松阳县霭溪乡圳后村 | 松阳县霭溪乡圳后村联络员 | 畲族 |
| 尹联荣 | 男 | 1922 | 碧湖镇僚里村 | | | 1949.7.16 | 商溪乡吴源村 | 中共碧湖区委情报员 | |
| 梁式林 | 男 | 1921.7 | 碧湖镇牛轭村 | 1946 | | 1949.7.21 | 山溪乡杨山村 | 江南区公所粮食征收员 | |
| 李荣兴 | 男 | 1912.3 | 雅溪镇后山坪村 | 1949.5 | 党员 | 1949.7.29 | 宣平县崇义乡小陶村 | | |
| 朱增芳 | 男 | 1909.7 | 雅溪镇岱后村 | | 党员 | 1949.8.19 | 泄川乡岱后村 | | |
| 朱陈良 | 男 | 1927 | 雅溪镇岱后村 | 1948.12 | | 1949.8 | 泄川乡八石坑 | 县武装大队太平区中队战士 | |
| 梁士宏（又名梁尚义） | 男 | 1932.5.6 | 老竹畲族镇梁村 | 1949.5 | | 1949.8 | | 中国人民解放军第十一军三十三师九十九团宣传队队员 | |
| 张兴富（曾用名陈日明） | 男 | 1922.8 | 丽新畲族乡白岸口村 | 1948.12 | | 1949.8 | 松阳县玉岩区 | 松阳县玉岩区中队战士 | |

续表19

| 姓名 | 性别 | 出生年月 | 出生地 | 入伍日期 | 党团员 | 牺牲日期 | 牺牲地 | 牺牲时所在单位与职务 | 备注 |
|---|---|---|---|---|---|---|---|---|---|
| 何绍德 | 男 | 1920 | 丽新畲族乡马村 | 1949.5 | | 1949.9.1 | 宣平县城 | 宣平县公安局看守所看守员 | |
| 江德宝 | 男 | 1915.6 | 峰源乡新村 | 1946 | 党员 | 1949.9.29 | 峰源乡新村 | 浙南游击队交通员 | |
| 叶相儿 | 男 | 1924.1 | 岩泉街道沈村 | | | 1949.10.6 | 双黄乡沈村 | 双黄乡沈村农会主任 | |
| 毛仁宣 | 男 | 1927.6 | 岩泉街道黄畈村 | | | 1949.10.6 | 双黄乡黄畈村 | 双黄乡黄畈村民兵班长 | |
| 陈德宝 | 男 | 1877.9 | 碧湖镇保定村 | 1949.5.9 | 党员 | 1949.10.11 | 松阳县 | 新华乡保定村农会主任 | |
| 金文明 | 男 | | 丽水县 | 1948.9 | | 1949.10.15 | 福建厦门鼓浪屿 | 中国人民解放军步兵277团战士 | |
| 谷明月 | 男 | 1928 | 碧湖镇概头村 | 1945 | 党员 | 1949.10.25 | 丽新畲族乡畎岸村 | 中共河间区委特派员兼武工队队长 | |
| 黄世文（曾用名王礼寿） | 男 | 1926.11 | 大港头镇任村畈村 | 1949.3.16 | | 1949.10 | 云和县小顺山潭 | 云和县大队队员 | |
| 叶金 | 男 | | 碧湖镇大济村 | 1949 | | 1949.10 | 青岸乡畎岸村 | 浙江省七军区松阳县大队班长 | |
| 赖明（曾用名赖振兴） | 男 | 1918.2 | 老竹畲族镇赵步源 | 1948.6 | | 1949.11 | 松阳县玉岩区 | 松阳县玉岩区中队副 | |
| 诸葛宗（曾用名诸葛先宗） | 男 | 1928.9 | 太平乡太平村 | 1949.11.3 | | 1949.11.19 | 温岭县 | 中国人民解放军二十一军六十三师战士 | |

续表19

| 姓名 | 性别 | 出生年月 | 出生地 | 入伍日期 | 党团员 | 牺牲日期 | 牺牲地 | 牺牲时所在单位与职务 | 备注 |
|---|---|---|---|---|---|---|---|---|---|
| 潘田满 | 男 | 1912.12 | 雅溪镇底岗村 | | | 1949.11.28 | 双溪乡洪渡村 | | |
| 叶子明 | 男 | | 碧湖镇纪店村 | 1949.12 | | 1949.12.8 | | 新石乡乡长 | |
| 吴乾彩（曾用名李杰才） | 男 | 1931.3.8 | 太平乡溪下村 | 1948.5 | | 1949.12.11 | 宣平县溪口乡上河村 | 宣平县大队战士 | |
| 翁田德 | 男 | 1888.10 | 雅溪镇雅里村 | 1939 | 党员 | 1949.12.28 | 平坬乡柴弄口村 | 太平区农会主任 | |
| 李栽柳（曾用名李儿登） | 男 | 1918.7 | 雅溪镇金竹村 | | 党员 | 1949.12.29 | 平坬乡柴弄口村 | 雅川乡公所民兵 | |
| 何玉荣 | 男 | 1919.5 | 联城街道瑶畈村 | | | 1949.12.31 | 苏港乡瑶畈村 | 苏港乡瑶畈村农会主任 | |
| 傅天佑 | 男 | | 丽水县 | | | 1949 | | 军分区后勤部医疗队 | |
| 余瑞德 | 男 | 1927.10.6 | 岩泉街道枫树湾村 | 1949.10 | | 1950.1.1 | 银溪乡余岭脚村 | 中共岩泉区委通讯员 | |
| 徐福球 | 男 | 1921.10 | 碧湖镇前林村 | 1949 | | 1950.1.12 | 新华乡上概头村 | 新华乡前林村民兵队长 | |
| 李硋申 | 男 | 1907.12 | 雅溪镇雅里村 | 1949.6 | | 1950.1 | 西溪乡金竹村 | 雅里乡雅里村民兵 | |
| 周启武 | 男 | 1911.2 | 太平乡下坄村 | | | 1950.1.24 | 平坬乡叶山头村 | 太平区人民政府武装委员 | |

续表19

| 姓名 | 性别 | 出生年月 | 出生地 | 入伍日期 | 党团员 | 牺牲日期 | 牺牲地 | 牺牲时所在单位与职务 | 备注 |
|---|---|---|---|---|---|---|---|---|---|
| 潘新田 | 男 | 1926.11 | 老竹畲族镇周坦村 | 1949.7 | | 1950.2.5 | 陈村乡青湾村 | 宣平县周坦乡周坦村村长 | |
| 徐克全 | 男 | 1918.5 | 峰源乡西坑村 | 1949.9 | | 1950.2.20 | 港和乡大山岭头 | 峰源乡西坑村民兵队长 | |
| 徐克勋 | 男 | 1904.10 | 峰源乡西坑村 | | | 1950.2.20 | 港和乡大山岭头 | 峰源乡西坑村农会主任 | |
| 王凤鸣 | 男 | 1898.2 | 大港头镇河边村 | 1949.8 | 党员 | 1950.2.28 | 港和乡横坑大山峰天西庙 | 港和乡政府副指导员 | |
| 雷仁余（曾用名雷仁福） | 男 | 1905.8 | 大港头镇利山村 | | | 1950.2 | 港和乡利山村 | 港和乡利山村农会主任 | 畲族 |
| 叶锡进 | 男 | 1907.7.7 | 峰源乡源头村 | | | 1950.3.12 | 峰源乡丰阳村 | 峰源乡丰阳村农会主任 | |
| 潘礼顺（曾用名潘立顺） | 男 | 1927.8 | 太平乡下吞村 | 1948.12 | 党员 | 1950.3.16 | 定海县 | 中国人民解放军一八四团战士 | |
| 郭乐鸣（曾用名郭炳杰） | 男 | 1928 | 碧湖镇 | 1949.6 | | 1950.3.21 | 贵州省惠水县 | 贵州省财政厅工作人员 | |
| 颜志强 | 男 | 1932 | 丽水市区 | 1949.1 | 党员 | 1950.4.8 | 横坑村 | 江南区团工委书记 | |
| 李培奎 | 男 | 1916.1.27 | 雅溪镇麻舍村 | | 党员 | 1950.4.14 | 泄川乡库头村 | 泄川乡农会主任 | |
| 何元德 | 男 | 1919 | 丽水市区 | 1942 | | 1950.4 | 四川省 | | |

续表19

| 姓名 | 性别 | 出生年月 | 出生地 | 入伍日期 | 党团员 | 牺牲日期 | 牺牲地 | 牺牲时所在单位与职务 | 备注 |
|---|---|---|---|---|---|---|---|---|---|
| 陈根军 | 男 | 1914.6 | 雅溪镇莲房村 | 1947 | 党员 | 1950.4 | 供莲乡大铺坑 | 供莲乡乡长 | |
| 李维清 | 男 | 1892.9 | 雅溪镇雅里村 | | 党员 | 1950.5.25 | 雅里乡雅里村 | 雅里乡雅里村长 | |
| 徐子会 | 男 | 1928.10 | 南明山街道金山下村 | 1949 | | 1950.6.19 | 联城乡凤山前村 | 县大队战士 | |
| 何庭熙 | 男 | 1933.5 | 碧湖镇 | 1949.9 | | 1950.7.8 | 信孝乡黄村 | 岩泉区中队卫生员 | |
| 任雷宝 | 男 | 1921 | 碧湖镇任村 | 1950.1 | | 1950.7.11 | 新石乡任村 | 新石乡任村农会主任 | |
| 曹官友 | 男 | | 老竹畲族镇陶村 | 1949.4 | | 1950.7 | 宣平县梅岗头村 | 宣平县大队一边一班战士 | |
| 陈宙进 | 男 | 1919.10.28 | 碧湖镇资福村 | 1950.1 | | 1950.8.1 | 龙潭乡郑山村 | 碧湖区中队战士 | |
| 吴金全（曾用名吴正泉） | 男 | 1931 | 碧湖镇里河村 | 1949.8 | | 1950.8.1 | 龙潭乡郑山村 | 碧湖区中队战士 | |
| 叶尚成（曾用名叶火财） | 男 | 1916.12 | 碧湖镇上朱村 | 1945.8 | | 1950.8.1 | 龙潭乡郑山村 | 浙江七军分区丽水县大队战士 | |
| 张永清 | 男 | 1918.9.10 | 碧湖镇纪店村 | 1949.8 | | 1950.8.1 | 龙潭乡郑山村 | 浙江七军分区丽水县大队司务长 | |
| 叶松林（曾用名夏益信） | 男 | | 碧湖镇南山村 | 1950.2 | | 1950.8.1 | 龙潭乡郑山村 | 浙江七军分区丽水碧湖区中队理发员 | |

续表19

| 姓名 | 性别 | 出生年月 | 出生地 | 入伍日期 | 党团员 | 牺牲日期 | 牺牲地 | 牺牲时所在单位与职务 | 备注 |
|---|---|---|---|---|---|---|---|---|---|
| 蓝瑞新 | 男 | 1926 | 碧湖镇圳后堀村 | 1949.3 | | 1950.9.13 | 丽水县 | 丽水军分区独立三营副排长 | 畲族 |
| 陈育明（曾用名陈火焕） | 男 | 1921.9 | 丽新畲族乡西圩村 | 1948.10 | | 1950.10 | 朝鲜 | 中国人民志愿军二〇八师六三三团卫生队卫生员 | |
| 叶国民 | 男 | | 碧湖镇 | 1949.5 | | 1950.10.9 | 丽水县 | 浙江七军分区丽水县大队班长 | |
| 傅老五 | 男 | | 丽水县 | 1949.10 | | 1950.10.9 | 丽水县 | 浙江七军分区丽水县大队班长 | |
| 刘官祖 | 男 | 1926.8 | 黄村乡大处村 | 1949.9 | | 1950.11 | 朝鲜 | 中国人民志愿军二四〇团三营十一连战士 | |
| 朱松云 | 男 | 1922 | 联城街道路湾村 | 1948 | | 1950.12.4 | 朝鲜 | 中国人民志愿军八十九师二六五团战士 | |
| 朱晚郎（曾用名朱晚） | 男 | 1931 | 南明山街道大源村 | 1948.10 | | 1950.12.31 | 朝鲜 | 中国人民志愿四十二军三十五师三七三团九战士 | |
| 徐吉甫 | 男 | 1918 | 大港头镇徐山村 | 1948.8 | | 1950 | 朝鲜（失踪） | 中国人民志愿军战士 | |
| 蓝根（曾用名雷红香） | 男 | 1923 | 碧湖镇张坳村 | 1949.5 | | 1951.1.9 | 山东省 | 华东军区装甲兵司令部驾驶员 | 畲族 |
| 林志明 | 男 | 1924 | 丽水市区 | 1949.6 | | 1951.3.27 | 朝鲜 | 中国人民志愿军七十八师三三四团九连战士 | |

续表19

| 姓名 | 性别 | 出生年月 | 出生地 | 入伍日期 | 党团员 | 牺牲日期 | 牺牲地 | 牺牲时所在单位与职务 | 备注 |
|---|---|---|---|---|---|---|---|---|---|
| 蓝林高 | 男 | 1914 | 南明山街道中堂村 | 1949.5.28 | | 1951.4.28 | 朝鲜 | 中国人民志愿志二十七军八十一师二四三团战士 | 畲族 |
| 王伟良 | 男 | 1927.11 | 丽水市区 | 1949.5 | | 1951.5.16 | 朝鲜 | 中国人民志愿军十二军一〇一团财务股工作人员 | |
| 傅国保 | 男 | 1932 | 丽水县 | 1949.4 | 团员 | 1951.5.21 | 朝鲜 | 中国人民志愿军三十一师九十二团一营二连战士 | |
| 王礼成 | 男 | 1930.2 | 碧湖镇任村 | 1951.3 | | 1951.6 | 丽青缙界边 | 县大队战士 | |
| 张土金 | 男 | 1922.6 | 紫金街道凤化 | 1948.7 | 党员 | 1951.7.5 | 朝鲜 | 中国人民志愿军五十八师一七三团一营二连班长 | |
| 傅献其 | 男 | 1927.8 | 联城街道蛙蟆村 | 1951.6 | 党员 | 1951.7 | 宣平县 | 县大队战士 | |
| 蓝根旺 | 男 | 1932 | 大港头镇杨柳畈村 | 1950.2 | | 1951.8.13 | 青田县 | 县大队江南区中队中队副 | 畲族 |
| 蓝树进（曾用名蓝如进） | 男 | 1917.2 | 南明山街道七百秧村 | | | 1951.8.15 | 南明乡八百秧村口 | 南明乡八百秧乡村民兵 | 畲族 |
| 胡岩姶 | 男 | 1923 | 碧湖镇 | 1947.9 | 党员 | 1951.8.31 | 朝鲜 | 中国人民志愿军二十六军七十八师二三二团侦通队侦察队 | |
| 何连达 | 男 | 1925.11 | 大港头镇玉溪村 | 1951.1 | | 1951.8 | 青田县 | 丽水军分区独立营班长 | |

续表19

| 姓名 | 性别 | 出生年月 | 出生地 | 入伍日期 | 党团员 | 牺牲日期 | 牺牲地 | 牺牲时所在单位与职务 | 备注 |
|---|---|---|---|---|---|---|---|---|---|
| 卢旺根 | 男 | | 黄村乡李村 | | | 1951.10 | | 信孝乡李村民兵 | |
| 胡土金 | 男 | 1915.11 | 黄村乡黄坑村 | | | 1951.9.4 | 严溪乡黄坑面前山 | 严溪乡黄坑村民兵 | |
| 陈焕兴 | 男 | 1920.9 | 黄村乡刘西堂村 | 1949 | | 1951.9.4 | 严溪乡黄坑面前山 | 严溪乡刘西堂村民兵队长 | |
| 潘图生 | 男 | 1923 | 丽水县 | 1948.2 | 党员 | 1951.10.11 | 朝鲜 | 中国人民志愿军四十七军一四〇师四一八团一营一连班长 | |
| 吴云祥 | 男 | 1921 | 丽水县 | 1948.12 | 党员 | 1951.11.23 | 朝鲜 | 中国人民志愿军炮二十一团三营电话员 | 立四等功一次 |
| 陈日云（曾用名张日云） | 男 | 1927.11 | 南明山街道河边村 | 1951.3 | | 1951.11.24 | 朝鲜 | 中国人民志愿军十二军新兵团三营九连战士 | |
| 蓝雷根 | 男 | 1933 | 老竹畲族镇陈坑村 | 1951.3 | | 1951.12 | 朝鲜 | 中国人民志愿军新兵团一营二连战士 | 畲族 |
| 李兵琪 | 男 | 1922.11 | 巨溪乡留畈村 | 1948.11.16 | | 1952.1.13 | 洞头县 | 中国人民解放军一〇三师三〇九团一营二连战士 | |
| 梁廷还 | 男 | 1929.5 | 永丰乡梁村 | 1950.11 | | 1952.1.31 | 朝鲜 | 中国人民志愿军三十四师一〇一团二营五战士 | |
| 季朝德 | 男 | 1932.12 | 丽水市区 | 1951.3 | 团员 | 1952.2.21 | 朝鲜 | 中国人民志愿军十二军直警工营五连代理班长 | |

续表19

| 姓名 | 性别 | 出生年月 | 出生地 | 入伍日期 | 党团员 | 牺牲日期 | 牺牲地 | 牺牲时所在单位与职务 | 备注 |
|------|------|----------|--------|----------|--------|----------|--------|----------------------|------|
| 张凤云 | 男 | | 丽水市区 | 1949.6 | | 1952.2 | 朝鲜（失踪） | 中国人民志愿军战士 | |
| 钱品梵 | 男 | 1928.7 | 南明山街道寺后村 | 1951.8 | | 1952.4.24 | 朝鲜 | 中国人民志愿军九十三团二营六连战士 | |
| 杨新贵 | 男 | 1933.1 | 丽新畲族乡黄岭上村 | 1951.3 | | 1952.6.9 | 朝鲜 | 中国人民志愿军十二军三十一师九十一团三营八连战士 | |
| 徐老四 | 男 | 1932 | 大港头镇河边村 | 1951.3 | | 1952.6.16 | 朝鲜 | 中国人民志愿军三十一师九十二团担架连战士 | |
| 陈渭清 | 男 | 1929.6 | 南明山街道沙溪村 | 1951.3 | | 1952.6.17 | 朝鲜 | 中国人民志愿军三十一师九十二团一营二连战士 | |
| 项培有 | 男 | 1929.4 | 南明山街道水阁村 | 1951.3 | 团员 | 1952.6.17 | 朝鲜 | 中国人民志愿军三十一师九十二团一营二连战士 | |
| 叶国富 | 国 | 1931.4 | 南明山街道下张村 | 1951.2 | | 1952.6.19 | 朝鲜 | 中国人民志愿军九十一团二营四连战士 | |
| 朱成欢 | 男 | 1931.8 | 碧湖镇上阁村 | 1951.3 | 团员 | 1952.6.20 | 朝鲜 | 中国人民志愿军九十一团二营六连战士 | |
| 吴炳山 | 男 | 1928.2 | 雅溪镇莲房村 | 1951.3 | | 1652.6.21 | 朝鲜 | 中国人民志愿军九十一团二营五连战士 | |
| 王树友 | 男 | 1923 | 大港头镇石桥村 | 1951.3 | | 1952.6.22 | 朝鲜 | 中国人民志愿军九十一团一营二连战士 | |
| 梁礼德 | 男 | 1925.12 | 老竹畲族镇梁村 | 1951.3 | | 1952.7.7 | 朝鲜 | 中国人民志愿军九十一团三营七连战士 | |

续表 19

| 姓名 | 性别 | 出生年月 | 出生地 | 入伍日期 | 党团员 | 牺牲日期 | 牺牲地 | 牺牲时所在单位与职务 | 备注 |
|------|------|----------|--------|----------|--------|----------|--------|----------------------|------|
| 傅东兴 | 男 | 1925.9 | 南明山街道齐村 | 1951.5 | | 1952.7.18 | 朝鲜 | 中国人民志愿军三十一师九十三团一营三连战士 | |
| 李火章 | 男 | 1931.8 | 南明山街道柳后村 | 1951.2 | | 1952.7.27 | 朝鲜 | 中国人民志愿军三十一师九十二团一营二连战士 | |
| 胡山水 | 男 | 1931.8 | 碧湖镇白口村 | 1951.3 | | 1952.7 | 朝鲜 | 中国人民志愿军一十二军警工五连战士 | |
| 蓝水章 | 男 | 1930.6 | 南明山街道朱丁村 | 1951.3 | | 1952.8.30 | 朝鲜 | 中国人民志愿军六十军汽车连战士 | 畲族 |
| 雷金根 | 男 | 1933.3 | 丽新畲族乡上塘畈村 | 1951.5 | | 1952.8 | 朝鲜 | 中国人民志愿军三十一师九十一团一营三连战士 | 畲族 |
| 刘树生 | 男 | 1928.9 | 南明山街道下张村 | 1951.3.5 | | 1952.9.12 | 朝鲜 | 中国人民志愿军三十四师一〇一团二营五连战士 | |
| 吴凤金 | 男 | 1927 | 岩泉街道九里村 | 1951.4 | | 1952.9.16 | 朝鲜 | 中国人民志愿军三十一师九十三团二营六连战士 | |
| 施云奎 | 男 | 1925 | 紫金街道水东村 | 1951.2 | | 1952.9.18 | 朝鲜 | 中国人民志愿军三十四师一〇一团一营一边战士 | |
| 王献庭 | 男 | 1926 | 紫金街道水东村 | 1951.5 | | 1952.9.23 | 朝鲜 | 中国人民志愿军三十四师一〇〇团后勤处副班长 | |

338

续表 19

| 姓名 | 性别 | 出生年月 | 出生地 | 入伍日期 | 党团员 | 牺牲日期 | 牺牲地 | 牺牲时所在单位与职务 | 备注 |
|---|---|---|---|---|---|---|---|---|---|
| 叶志轩 | 男 | 1930 | 南明山街道小叶村 | 1951.3 | | 1952.10.6 | 朝鲜 | 中国人民志愿军三十四师一〇〇团三营八连战士 | |
| 叶寿其 | 男 | 1929.9 | 碧湖镇外斜村 | 1951.3 | | 1952.10.7 | 朝鲜 | 中国人民志愿军三十四师一〇一团二营四连战士 | |
| 何合亮 | 男 | 1933.10 | 大港头镇均溪村 | 1950.3 | | 1952.10.17 | 朝鲜 | 中国人民志愿军三十四师一〇一团一营一连战士 | |
| 邹罗灿 | 男 | 1931.8.24 | 太平乡样后村 | 1951.3 | 团员 | 1952.11.9 | 朝鲜 | 中国人民志愿军五三六团八连战士 | |
| 周启忠（曾用名周夜夜） | 男 | 1929.12 | 仙渡乡何宅村 | 1951.3 | | 1952.11.13 | 朝鲜 | 中国人民志愿军三十一师九十二团一营三连战士 | |
| 刘永其（曾用名刘细康） | 男 | 1929.2 | 万象街道水南村 | 1951.1 | | 1952.11.13 | 朝鲜 | 中国人民志愿军十二军三十一师九十二团一营三连战士 | |
| 管礼潘 | 男 | 1933 | 岩泉街道青林村 | 1951.3 | | 1952.11.13 | 朝鲜 | 中国人民志愿军九十二团后勤处担架连战士 | |
| 周来启 | 男 | 1928 | 碧湖镇保定村 | 1951.3 | 团员 | 1952.11.15 | 朝鲜 | 中国人民志愿军九十三团二营六连战士 | |
| 周增富（曾用名周老五） | 男 | 1930 | 仙渡乡滴水岩村 | 1951.2 | | 1952.11.15 | 朝鲜 | 中国人民志愿军三十一师九十三团二五连战士 | |

续表19

| 姓名 | 性别 | 出生年月 | 出生地 | 入伍日期 | 党团员 | 牺牲日期 | 牺牲地 | 牺牲时所在单位与职务 | 备注 |
|---|---|---|---|---|---|---|---|---|---|
| 章洪福 | 男 | 1931.7.9 | 太平乡西畈村 | 1951.2 | | 1952.11 | 朝鲜 | 中国人民志愿军三十一师五三六团一营六连战士 | |
| 蓝讨饭 | 男 | 1930.1 | 碧湖镇麻园村 | 1951.3 | | 1952.11 | 朝鲜 | 中国人民志愿军九十三团三营八连战士 | 畲族 |
| 杨祖庭（曾用名杨业清） | 男 | 1931.6 | 丽水市区 | 1951.3 | | 1952.11 | 朝鲜 | 中国人民志愿军十二军三十一师九十二团警卫连战士 | |
| 王太信（曾用名王圣太） | 男 | 1933.11 | 大港头镇张山村 | 1951.3 | | 1952.11 | 朝鲜 | 中国人民志愿军九十三团三营九连战士 | 立三等功一次 |
| 周章吾 | 男 | 1962.6.16 | 仙渡乡滴水岩村 | 151.2 | | 1953.2.17 | 吉林省通化县 | 中国人民解放军九十一团一营一连战士 | |
| 王树芬 | 男 | 1928.12 | 联城街道路湾村 | 1951.3 | | 1953.4.25 | 朝鲜 | 中国人民志愿军五三六团一营二连战士 | |
| 张达（曾用名张功达） | 男 | 1926.11 | 碧湖镇保定村 | 1951.3 | | 1953.4 | 朝鲜 | 中国人民志愿军六十军一八〇师五三八团高机连战士 | |
| 陈连进 | 男 | 1924 | 黄村乡和垟村 | 1948.10 | | 1953.5.6 | 朝鲜 | 中国人民志愿军二十三军六十七师二〇〇团一营三连战士 | 立功六次 |
| 练长富 | 男 | 1925.4 | 紫金街道罗岗村 | 1950.4 | | 1953.6.9 | 朝鲜 | 中国人民志愿军七四十师二二一团战士 | |

续表19

| 姓名 | 性别 | 出生年月 | 出生地 | 入伍日期 | 党团员 | 牺牲日期 | 牺牲地 | 牺牲时所在单位与职务 | 备注 |
|---|---|---|---|---|---|---|---|---|---|
| 谢为章 | 男 | 1933.9 | 紫金街道水东村 | 1951.2 | | 1953.6.29 | 朝鲜 | 中国人民志愿军五三六团二连战士 | |
| 刘文莹 | 男 | 1928.1 | 南明山街道下章村 | 1951.2 | 团员 | 1953.6 | 朝鲜（失踪） | 中国人民志愿军五三六团警侦二连战士 | |
| 谢子明 | 男 | 1922 | 太平乡上圫村 | 1949.3 | | 1953.7.8 | 朝鲜 | 中国人民志愿军二十三军六十七师一九九团五连战士 | |
| 章树行 | 男 | 1930.9 | 太平乡上圫村 | 1953.2 | | 1953.7.16 | 福建省东山岛 | 公安八十团一营二连战士 | |
| 傅彩根 | 男 | 1931.3 | 联城街道青岗村 | 1953.2 | | 1953.7.16 | 福建省东山岛 | 公安八十团一营三连战士 | |
| 王文贤（曾用名王和文） | 男 | 1928.7 | 大港头镇大港头村 | 1951.3 | | 1953 | 朝鲜（失踪） | 中国人民志愿军战士 | |
| 汤陈礼 | 男 | 1928.10 | 碧湖镇白口村 | 1951.2 | 团员 | 1954.6.8 | 朝鲜 | 中国人民志愿军二〇〇团十二连战士 | |
| 吴时明 | 男 | 1935.9 | 碧湖镇保定村 | 1955.3 | 团员 | 1955.6.13 | 洞头县 | 中国人民解放军三一四八部队一支队一分队战士 | |
| 林益水 | 男 | 1932.12 | 碧湖镇外斜村 | 1955.3 | 党员 | 1957.6.21 | 平阳县 | 中国人民解放军三六〇一部队二支队十四分队战士 | |

续表19

| 姓名 | 性别 | 出生年月 | 出生地 | 入伍日期 | 党团员 | 牺牲日期 | 牺牲地 | 牺牲时所在单位与职务 | 备注 |
|------|------|----------|--------|----------|--------|----------|--------|---------------------|------|
| 方炳丰 | 男 | 1941.4 | 黄村乡刘西堂村 | 1959.3 | | 1962.3.25 | 洞头县 | 中国人民解放军〇三八〇部队工兵连副排长 | 立三等功一次 |
| 陈勇（曾用名陈土根） | 男 | 1934 | 丽水市区 | 1956.3 | 党员 | 1962.7.10 | 江西省玉山县 | 中国人民解放军四二七六部队少尉助理员 | |
| 夏道贵 | 男 | 1941.2 | 峰源乡夏庄村 | 1961.8 | | 1962.10.19 | 昌化县 | 浙江省军区三六〇部队九小队战士 | |
| 张荣信 | 男 | 1940.12 | 南明山街道张村 | 1961.8 | 团员 | 1963.3.16 | 黄岩县大陈岛 | 温州军分区船艇大队三中队战士 | |
| 胡寿林 | 男 | 1941.3 | 岩泉街道大岭村 | 1960.3 | | 1963.6.27 | 平阳县 | 中国人民解放军六四一六部队六连副班长 | 立一等功一次 |
| 雷细明 | 男 | 1944.5 | 碧湖镇大坪村 | 1966.3 | | 1966.8.4 | 嵊泗县 | 中国人民解放军六三八一部队二十一分队战士 | 畲族 |
| 朱君禄 | 男 | 1946 | 雅溪镇西溪村 | 1965.12 | | 1966.8.10 | 舟山地区 | 中国人民解放军六三八一部队二十六分队二小队战士 | |
| 杨金土 | 男 | 1941.2 | 紫金街道大毛窟村 | 1960.3 | 党员 | 1967.8.20 | 温州市 | 中国人民解放军六五一七部队三分队副指导员 | |
| 季茂家 | 男 | 1934.10.18 | 碧湖镇石牛村 | 1951.6 | 党员 | 1968.5.26 | 北京市 | 空军〇二七部队政治部干事 | |

续表19

| 姓名 | 性别 | 出生年月 | 出生地 | 入伍日期 | 党团员 | 牺牲日期 | 牺牲地 | 牺牲时所在单位与职务 | 备注 |
|------|------|---------|--------|---------|--------|---------|--------|------------------|------|
| 杨永明 | 男 | 1945.3 | 大港头镇上井村 | 1964.12 | 党员 | 1969.9.17 | 黄岩县 | 台州军分区船艇大队班长 | |
| 吴根龙 | 男 | 1952 | 南明山街道牛岭头村 | 1971.1 | 团员 | 1971.11.1 | 江苏省南京市 | 中国人民解放军六十军炮兵团战士 | |
| 邹宣明 | 男 | 1961.11 | 岩泉街道奚岗村 | 1979.1 | | 1979.12.30 | 内蒙古自治区通辽县 | 中国人民解放军八九三四四部队战士 | |
| 周生平 | 男 | 1961.12 | 雅溪镇陶坑村 | 1980.11 | 党员 | 1985.1.19 | 云南省边境 | 中国人民解放军陆军四十二(甲)一团一连战士 | 立二等功 |
| 周月平 | 男 | 1951 | 太平乡小安村 | 1984.8 | | 1986.3.30 | 小安村 | 村民主任 | |
| 周丽平 | 男 | 1969 | 雅溪镇莲房村 | 1986.11 | 党员 | 1991.7.19 | 安徽颍上 | 见习排长 | |
| 张王伟 | 男 | 1976 | 碧湖镇松坑口 | 1997.9 | | 2005.2.19 | 北部湾海域 | 浙海308"轮三副 | |

## 附录六：

# 丽水籍（含宣平）抗日阵亡将士姓名录

表20

| 序号 | 姓名 | 籍贯 | 性别 | 年龄 | 职业 | 死难地点 | 死难时间 | 死难经过 | 资料出处 |
|---|---|---|---|---|---|---|---|---|---|
| 1 | 汤泽民 | 丽水 | 男 | | 军 | 山东 | 1938年4月 | 抗战 | 《中华民国忠烈将士姓名录》 |
| 2 | 陈永祥 | 丽水 | 男 | 31 | 军 | 浙江衢县 | 1942年8月6日 | 抗战 | 《中华民国忠烈将士姓名录》 |
| 3 | 莫可第 | 丽水 | 男 | 36 | 军 | 浙江衢县 | 1944年6月26日 | 抗战 | 《中华民国忠烈将士姓名录》 |
| 4 | 叶中飞 | 丽水 | 男 | 27 | 军 | 浙江衢县 | 1944年6月25日 | 抗战 | 《中华民国忠烈将士姓名录》 |
| 5 | 樊有进 | 丽水 | 男 | 25 | 军 | 浙江衢县 | 1944年6月21日 | 抗战 | 《中华民国忠烈将士姓名录》 |
| 6 | 樊有珍 | 丽水 | 男 | 27 | 军 | 浙江衢县 | 1944年6月12日 | 抗战 | 《中华民国忠烈将士姓名录》 |
| 7 | 黄龙轩 | 丽水 | 男 | 29 | 军 | 浙江衢县 | 1942年6月7日 | 抗战 | 《中华民国忠烈将士姓名录》 |
| 8 | 黄昭五 | 丽水 | 男 | 20 | 军 | 安徽 | 1940年4月 | 抗战 | 《中华民国忠烈将士姓名录》 |
| 9 | 唐增瑞 | 丽水 | 男 | 29 | 军 | 安徽 | 1940年4月 | 抗战 | 《中华民国忠烈将士姓名录》 |
| 10 | 汤德俊 | 丽水 | 男 | 24 | 军 | 安徽 | 1940年4月 | 抗战 | 《中华民国忠烈将士姓名录》 |
| 11 | 杨松惠 | 丽水 | 男 | 31 | 军 | 安徽 | 1940年6月 | 抗战 | 《中华民国忠烈将士姓名录》 |
| 12 | 金眩发 | 丽水 | 男 | 21 | 军 | 安徽 | 1940年6月 | 抗战 | 《中华民国忠烈将士姓名录》 |
| 13 | 艾洪业 | 丽水 | 男 | 22 | 军 | 安徽 | 1939年12月 | 抗战 | 《中华民国忠烈将士姓名录》 |
| 14 | 陈本□ | 丽水 | 男 | 20 | 军 | 安徽 | 1945年7月7日 | 抗战 | 《中华民国忠烈将士姓名录》 |
| 15 | 章献堂 | 丽水 | 男 | 40 | 军 | 安徽 | 1939年12月 | 抗战 | 《中华民国忠烈将士姓名录》 |
| 16 | 郑龙 | 丽水 | 男 | 23 | 军 | 安徽 | 1937年12月 | 抗战 | 《中华民国忠烈将士姓名录》 |

续表20

| 序号 | 姓名 | 籍贯 | 性别 | 年龄 | 职业 | 死难地点 | 死难时间 | 死难经过 | 资料出处 |
|---|---|---|---|---|---|---|---|---|---|
| 17 | 李洪昌 | 丽水 | 男 | 23 | 军 | 安徽 | 1939年12月 | 抗战 | 《中华民国忠烈将士姓名录》 |
| 18 | 黄土兴 | 丽水 | 男 | 21 | 军 | 安徽 | 1938年1月 | 抗战 | 《中华民国忠烈将士姓名录》 |
| 19 | 林发 | 丽水 | 男 | 20 | 军 | 安徽 | 1938年5月 | 抗战 | 《中华民国忠烈将士姓名录》 |
| 20 | 胡子明 | 丽水 | 男 | 24 | 军 | 安徽 | 1938年7月 | 抗战 | 《中华民国忠烈将士姓名录》 |
| 21 | 铙振和 | 丽水 | 男 | 31 | 军 | 安徽 | 1941年9月28日 | 抗战 | 《中华民国忠烈将士姓名录》 |
| 22 | 李吴太 | 丽水 | 男 | 33 | 军 | 安徽 | 1941年9月28日 | 抗战 | 《中华民国忠烈将士姓名录》 |
| 23 | 裘较贵 | 丽水 | 男 | 26 | 军 | 安徽 | 1940年6月21日 | 抗战 | 《中华民国忠烈将士姓名录》 |
| 24 | 刘李成 | 丽水 | 男 | 24 | 军 | 安徽 | 1938年11月 | 抗战 | 《中华民国忠烈将士姓名录》 |
| 25 | 张阿元 | 丽水 | 男 | 26 | 军 | 安徽 | 1938年12月 | 抗战 | 《中华民国忠烈将士姓名录》 |
| 26 | 江汉明 | 丽水 | 男 | 27 | 军 | 安徽 | 1938年12月 | 抗战 | 《中华民国忠烈将士姓名录》 |
| 27 | 杨金兰 | 丽水 | 男 | 22 | 军 | 安徽 | 1938年5月 | 抗战 | 《中华民国忠烈将士姓名录》 |
| 28 | 陈忠勇 | 丽水 | 男 | 22 | 军 | 安徽 | 1938年10月 | 抗战 | 《中华民国忠烈将士姓名录》 |
| 29 | 余阿松 | 丽水 | 男 | 37 | 军 | 安徽 | 1938年11月 | 抗战 | 《中华民国忠烈将士姓名录》 |
| 30 | 朱文善 | 丽水 | 男 | 40 | 军 | 安徽 | 1938年11月 | 抗战 | 《中华民国忠烈将士姓名录》 |
| 31 | 王忠汝 | 丽水 | 男 | 35 | 军 | 安徽 | 1938年11月 | 抗战 | 《中华民国忠烈将士姓名录》 |
| 32 | 陈兆明 | 丽水 | 男 | 26 | 军 | 安徽 | 1940年9月8日 | 抗战 | 《中华民国忠烈将士姓名录》 |
| 33 | 王保清 | 丽水 | 男 | 33 | 军 | 安徽 | 1940年6月 | 抗战 | 《中华民国忠烈将士姓名录》 |
| 34 | 陈美容 | 丽水 | 男 | 21 | 军 | 安徽 | 1940年12月12日 | 抗战 | 《中华民国忠烈将士姓名录》 |

续表20

| 序号 | 姓名 | 籍贯 | 性别 | 年龄 | 职业 | 死难地点 | 死难时间 | 死难经过 | 资料出处 |
|---|---|---|---|---|---|---|---|---|---|
| 35 | 徐均荣 | 丽水 | 男 | 21 | 军 | 安徽 | 1940年12月17日 | 抗战 | 《中华民国忠烈将士姓名录》 |
| 36 | 郑得明 | 丽水 | 男 | 37 | 军 | 安徽 | 1939年12月 | 抗战 | 《中华民国忠烈将士姓名录》 |
| 37 | 美银培 | 丽水 | 男 | 20 | 军 | 安徽 | 1939年12月 | 抗战 | 《中华民国忠烈将士姓名录》 |
| 38 | 陈金根 | 丽水 | 男 | 30 | 军 | 安徽 | 1939年12月 | 抗战 | 《中华民国忠烈将士姓名录》 |
| 39 | 谢德明 | 丽水 | 男 | 28 | 军 | 安徽 | 1939年12月 | 抗战 | 《中华民国忠烈将士姓名录》 |
| 40 | 应长清 | 丽水 | 男 | 26 | 军 | 安徽 | 1940年4月 | 抗战 | 《中华民国忠烈将士姓名录》 |
| 41 | 翁桥金 | 丽水 | 男 | 22 | 军 | 安徽 | 1940年4月 | 抗战 | 《中华民国忠烈将士姓名录》 |
| 42 | 江仁禄 | 丽水 | 男 | 20 | 军 | 江西 | 1940年6月 | 抗战 | 《中华民国忠烈将士姓名录》 |
| 43 | 叶德计 | 丽水 | 男 | 27 | 军 | 江西 | 1941年3月2日 | 抗战 | 《中华民国忠烈将士姓名录》 |
| 44 | 王法德 | 丽水 | 男 | 26 | 军 | 江西 | 1941年3月27日 | 抗战 | 《中华民国忠烈将士姓名录》 |
| 45 | 汤荣林 | 丽水 | 男 | 30 | 军 | 江西 | 1948年8月5日 | 抗战 | 《中华民国忠烈将士姓名录》 |
| 46 | 蓝雷土 | 丽水 | 男 | 40 | 军 | 江西 | 1940年4月 | 抗战 | 《中华民国忠烈将士姓名录》 |
| 47 | 梁玉生 | 丽水 | 男 | 41 | 军 | 江西 | 1939年4月 | 抗战 | 《中华民国忠烈将士姓名录》 |
| 48 | 郭依增 | 丽水 | 男 | 41 | 军 | 江西 | 1941年9月22日 | 抗战 | 《中华民国忠烈将士姓名录》 |
| 49 | 吴细晚 | 丽水 | 男 | 25 | 军 | 江西 | 1945年2月2日 | 抗战 | 《中华民国忠烈将士姓名录》 |
| 50 | 倪能德 | 丽水 | 男 | 19 | 军 | 江西 | 1945年4月6日 | 抗战 | 《中华民国忠烈将士姓名录》 |
| 51 | 汤桂先 | 丽水 | 男 | 25 | 军 | 江西 | 1945年3月30日 | 抗战 | 《中华民国忠烈将士姓名录》 |
| 52 | 余祥国 | 丽水 | 男 | 28 | 军 | 江西 | 1945年11月13日 | 抗战 | 《中华民国忠烈将士姓名录》 |

续表20

| 序号 | 姓名 | 籍贯 | 性别 | 年龄 | 职业 | 死难地点 | 死难时间 | 死难经过 | 资料出处 |
|---|---|---|---|---|---|---|---|---|---|
| 53 | 朱山头 | 丽水 | 男 | 20 | 军 | 江西 | 1939年4月 | 抗战 | 《中华民国忠烈将士姓名录》 |
| 54 | 徐莲坤 | 丽水 | 男 | 28 | 军 | 江西 | 1941年3月22日 | 抗战 | 《中华民国忠烈将士姓名录》 |
| 55 | 叶增友 | 丽水 | 男 | 24 | 军 | 江西 | 1940年6月 | 抗战 | 《中华民国忠烈将士姓名录》 |
| 56 | 李元泉 | 丽水 | 男 | 22 | 军 | 江西 | 1939年12月 | 抗战 | 《中华民国忠烈将士姓名录》 |
| 57 | 邱祖福 | 丽水 | 男 | 19 | 军 | 江西 | 1939年12月 | 抗战 | 《中华民国忠烈将士姓名录》 |
| 58 | 楼宽宏 | 丽水 | 男 | 22 | 军 | 江西 | 1941年12月18日 | 抗战 | 《中华民国忠烈将士姓名录》 |
| 59 | 周细儿 | 丽水 | 男 | 28 | 军 | 江西 | 1939年12月 | 抗战 | 《中华民国忠烈将士姓名录》 |
| 60 | 张献章 | 丽水 | 男 | 22 | 军 | 江西 | 1940年6月 | 抗战 | 《中华民国忠烈将士姓名录》 |
| 61 | 张△△ | 丽水 | 男 | 22 | 军 | 江西 | 1939年12月 | 抗战 | 《中华民国忠烈将士姓名录》 |
| 62 | 蓝芝林 | 丽水 | 男 | 23 | 军 | 江西 | 1939年12月 | 抗战 | 《中华民国忠烈将士姓名录》 |
| 63 | 卢格天 | 丽水 | 男 | 21 | 军 | 江西 | 1934年7月 | 抗战 | 《中华民国忠烈将士姓名录》 |
| 64 | 金官兴 | 丽水 | 男 | 32 | 军 | 江西 | 1940年6月 | 抗战 | 《中华民国忠烈将士姓名录》 |
| 65 | 刘瑞旺 | 丽水 | 男 | 22 | 军 | 江西 | 1939年12月 | 抗战 | 《中华民国忠烈将士姓名录》 |
| 66 | 陈志俞 | 丽水 | 男 | 35 | 军 | 江西 | 1940年6月 | 抗战 | 《中华民国忠烈将士姓名录》 |
| 67 | 江永义 | 丽水 | 男 | 28 | 军 | 江西 | 1940年6月 | 抗战 | 《中华民国忠烈将士姓名录》 |
| 68 | 陈老四 | 丽水 | 男 | 41 | 军 | 江西 | 1941年3月20日 | 抗战 | 《中华民国忠烈将士姓名录》 |
| 69 | 陈连兴 | 丽水 | 男 | 27 | 军 | 江西 | 1940年10月24日 | 抗战 | 《中华民国忠烈将士姓名录》 |
| 70 | 周增云 | 丽水 | 男 | 22 | 军 | 江西 | 1945年7月16日 | 抗战 | 《中华民国忠烈将士姓名录》 |

续表20

| 序号 | 姓名 | 籍贯 | 性别 | 年龄 | 职业 | 死难地点 | 死难时间 | 死难经过 | 资料出处 |
|---|---|---|---|---|---|---|---|---|---|
| 71 | 雷礼新 | 丽水 | 男 | 21 | 军 | 江西 | 1940年10月24日 | 抗战 | 《中华民国忠烈将士姓名录》 |
| 72 | 平雷儿 | 丽水 | 男 | 27 | 军 | 江西 | 1941年3月29日 | 抗战 | 《中华民国忠烈将士姓名录》 |
| 73 | 官金宝 | 丽水 | 男 | 25 | 军 | 江西 | 1939年12月 | 抗战 | 《中华民国忠烈将士姓名录》 |
| 74 | 林槐 | 丽水 | 男 | 20 | 军 | 江西 | 1934年8月28日 | 抗战 | 《中华民国忠烈将士姓名录》 |
| 75 | 谢学隆 | 丽水 | 男 | 24 | 军 | 江西 | 1939年12月 | 抗战 | 《中华民国忠烈将士姓名录》 |
| 76 | 方荣昌 | 丽水 | 男 | 38 | 军 | 江西 | 1939年12月 | 抗战 | 《中华民国忠烈将士姓名录》 |
| 77 | 叶根传 | 丽水 | 男 | 25 | 军 | 江西 | 1939年6月25日 | 抗战 | 《中华民国忠烈将士姓名录》 |
| 78 | 周光进 | 丽水 | 男 | 25 | 军 | 江西 | 1939年7月5日 | 抗战 | 《中华民国忠烈将士姓名录》 |
| 79 | 李斌 | 丽水 | 男 | 31 | 军 | 江西 | 1939年4月 | 抗战 | 《中华民国忠烈将士姓名录》 |
| 80 | 朱客 | 丽水 | 男 | 22 | 军 | 江西 | 1939年4月 | 抗战 | 《中华民国忠烈将士姓名录》 |
| 81 | 麻云善 | 丽水 | 男 | 30 | 军 | 江西 | 1938年10月 | 抗战 | 《中华民国忠烈将士姓名录》 |
| 82 | 周显明 | 丽水 | 男 | 24 | 军 | 江西 | 1939年6月 | 抗战 | 《中华民国忠烈将士姓名录》 |
| 83 | 叶永根 | 丽水 | 男 | 22 | 军 | 江西 | 1939年7月 | 抗战 | 《中华民国忠烈将士姓名录》 |
| 84 | 周光和 | 丽水 | 男 | 27 | 军 | 江西 | 1939年9月 | 抗战 | 《中华民国忠烈将士姓名录》 |
| 85 | 樟国荣 | 丽水 | 男 | 20 | 军 | 江西 | 1939年9月 | 抗战 | 《中华民国忠烈将士姓名录》 |
| 86 | 何渠魁 | 丽水 | 男 | 26 | 军 | 江西 | 1939年9月 | 抗战 | 《中华民国忠烈将士姓名录》 |
| 87 | 徐泽长 | 丽水 | 男 | 21 | 军 | 江西 | 1939年9月 | 抗战 | 《中华民国忠烈将士姓名录》 |
| 88 | 王学富 | 丽水 | 男 | 27 | 军 | 江西 | 1939年9月 | 抗战 | 《中华民国忠烈将士姓名录》 |

续表20

| 序号 | 姓名 | 籍贯 | 性别 | 年龄 | 职业 | 死难地点 | 死难时间 | 死难经过 | 资料出处 |
|------|------|------|------|------|------|----------|----------|----------|----------|
| 89 | 汤如焕 | 丽水 | 男 | 23 | 军 | 江西 | 1939年9月 | 抗战 | 《中华民国忠烈将士姓名录》 |
| 90 | 冯自水 | 丽水 | 男 | 24 | 军 | 江西 | 1939年9月 | 抗战 | 《中华民国忠烈将士姓名录》 |
| 91 | 王樟树 | 丽水 | 男 | 24 | 军 | 江西 | 1939年9月 | 抗战 | 《中华民国忠烈将士姓名录》 |
| 92 | 陈阿发 | 丽水 | 男 | 22 | 军 | 江西 | 1939年8月 | 抗战 | 《中华民国忠烈将士姓名录》 |
| 93 | 杨乾兴 | 丽水 | 男 | 30 | 军 | 江西 | 1939年8月 | 抗战 | 《中华民国忠烈将士姓名录》 |
| 94 | 江必正 | 丽水 | 男 | 32 | 军 | 江西 | 1939年9月 | 抗战 | 《中华民国忠烈将士姓名录》 |
| 95 | 刘开盛 | 丽水 | 男 | 29 | 军 | 江西 | 1939年9月 | 抗战 | 《中华民国忠烈将士姓名录》 |
| 96 | 谢挨南 | 丽水 | 男 | 31 | 军 | 江西 | 1939年9月 | 抗战 | 《中华民国忠烈将士姓名录》 |
| 97 | 郑锡汉 | 丽水 | 男 | 27 | 军 | 江西 | 1939年9月 | 抗战 | 《中华民国忠烈将士姓名录》 |
| 98 | 王承桃 | 丽水 | 男 | 22 | 军 | 江西 | 1939年9月 | 抗战 | 《中华民国忠烈将士姓名录》 |
| 99 | 何金亮 | 丽水 | 男 | 21 | 军 | 江西 | 1939年9月 | 抗战 | 《中华民国忠烈将士姓名录》 |
| 100 | 朱福东 | 丽水 | 男 | 22 | 军 | 江西 | 1939年7月 | 抗战 | 《中华民国忠烈将士姓名录》 |
| 101 | 张　静 | 丽水 | 男 | 31 | 军 | 江西 | 1934年10月 | 抗战 | 《中华民国忠烈将士姓名录》 |
| 102 | 吴雄魁 | 丽水 | 男 | 30 | 军 | 江西 | 1933年3月 | 抗战 | 《中华民国忠烈将士姓名录》 |
| 103 | 傅作洪 | 丽水 | 男 | 27 | 军 | 江西 | 1939年7月 | 抗战 | 《中华民国忠烈将士姓名录》 |
| 104 | 周克和 | 丽水 | 男 | 29 | 军 | 江西 | 1939年4月 | 抗战 | 《中华民国忠烈将士姓名录》 |
| 105 | 方赛宝 | 丽水 | 男 | 27 | 军 | 江西 | 1939年4月 | 抗战 | 《中华民国忠烈将士姓名录》 |
| 106 | 吴周福 | 丽水 | 男 | 23 | 军 | 江西 | 1939年7月 | 抗战 | 《中华民国忠烈将士姓名录》 |

续表20

| 序号 | 姓名 | 籍贯 | 性别 | 年龄 | 职业 | 死难地点 | 死难时间 | 死难经过 | 资料出处 |
|---|---|---|---|---|---|---|---|---|---|
| 107 | 王凤祥 | 丽水 | 男 | 26 | 军 | 江西 | 1939年4月 | 抗战 | 《中华民国忠烈将士姓名录》 |
| 108 | 朱小栗 | 丽水 | 男 | 21 | 军 | 江西 | 1945年6月30日 | 抗战 | 《中华民国忠烈将士姓名录》 |
| 109 | 李进成 | 丽水 | 男 | 29 | 军 | 江西 | 1945年6月25日 | 抗战 | 《中华民国忠烈将士姓名录》 |
| 110 | 胡小贤 | 丽水 | 男 |  | 军 | 江西 | 1941年9月15日 | 抗战 | 《中华民国忠烈将士姓名录》 |
| 111 | 李红连 | 丽水 | 男 | 26 | 军 | 浙江 | 1945年5月12日 | 抗战 | 《中华民国忠烈将士姓名录》 |
| 112 | 朱明 | 丽水 | 男 | 20 | 军 | 浙江 | 1945年6月23日 | 抗战 | 《中华民国忠烈将士姓名录》 |
| 113 | 朱德兴 | 丽水 | 男 | 24 | 军 | 浙江诸既 | 1941年5月14日 | 抗战 | 《中华民国忠烈将士姓名录》 |
| 114 | 朱余德 | 丽水 | 男 | 19 | 军 | 浙江诸既 | 1945年6月23日 | 抗战 | 《中华民国忠烈将士姓名录》 |
| 115 | 汤细别 | 丽水 | 男 | 0 | 军 | 浙江诸既 | 1941年5月13日 | 抗战 | 《中华民国忠烈将士姓名录》 |
| 116 | 何进宝 | 丽水 | 男 | 0 | 军 | 浙江 | 1941年5月13日 | 抗战 | 《中华民国忠烈将士姓名录》 |
| 117 | 陈献云 | 丽水 | 男 | 23 | 军 | 浙江 | 1944年5月10日 | 抗战 | 《中华民国忠烈将士姓名录》 |
| 118 | 章德发 | 丽水 | 男 | 32 | 军 | 浙江 | 1942年7月16日 | 抗战 | 《中华民国忠烈将士姓名录》 |
| 119 | 陈生儿 | 丽水 | 男 | 25 | 军 | 浙江 | 1944年6月 | 抗战 | 《中华民国忠烈将士姓名录》 |
| 120 | 应鑫济 | 丽水 | 男 | 0 | 军 | 浙江 | 1938年4月 | 抗战 | 《中华民国忠烈将士姓名录》 |
| 121 | 韦亭才 | 丽水 | 男 | 37 | 军 | 浙江 | 1941年5月6日 | 抗战 | 《中华民国忠烈将士姓名录》 |
| 122 | 朱吉生 | 丽水 | 男 | 20 | 军 | 浙江 | 1940年10月18日 | 抗战 | 《中华民国忠烈将士姓名录》 |
| 123 | 玉达林 | 丽水 | 男 | 26 | 军 | 浙江 | 1945年5月27日 | 抗战 | 《中华民国忠烈将士姓名录》 |

续表20

| 序号 | 姓名 | 籍贯 | 性别 | 年龄 | 职业 | 死难地点 | 死难时间 | 死难经过 | 资料出处 |
|---|---|---|---|---|---|---|---|---|---|
| 124 | 应金宝 | 丽水 | 男 | 28 | 军 | 浙江诸既 | 1945年5月27日 | 抗战 | 《中华民国忠烈将士姓名录》 |
| 125 | 陈曾云 | 丽水 | 男 | 31 | 军 | 浙江诸既 | 1940年10月 | 抗战 | 《中华民国忠烈将士姓名录》 |
| 126 | 周凤达 | 丽水 | 男 | 34 | 军 | 浙江诸既 | 1938年10月 | 抗战 | 《中华民国忠烈将士姓名录》 |
| 127 | 周采元 | 丽水 | 男 | 26 | 军 | 浙江 | 1941年4月21日 | 抗战 | 《中华民国忠烈将士姓名录》 |
| 128 | 叶吉清 | 丽水 | 男 | 21 | 军 | 浙江 | 1941年5月6日 | 抗战 | 《中华民国忠烈将士姓名录》 |
| 129 | 朱益章 | 丽水 | 男 | 34 | 军 | 浙江 | 1940年10月 | 抗战 | 《中华民国忠烈将士姓名录》 |
| 130 | 金永明 | 丽水 | 男 | 21 | 军 | 浙江 | 1940年10月14日 | 抗战 | 《中华民国忠烈将士姓名录》 |
| 131 | 李老四 | 丽水 | 男 | 33 | 军 | 浙江 | 1940年10月 | 抗战 | 《中华民国忠烈将士姓名录》 |
| 132 | 叶德 | 丽水 | 男 | 19 | 军 | 浙江 | 1940年10月 | 抗战 | 《中华民国忠烈将士姓名录》 |
| 133 | 姜介松 | 丽水 | 男 | 25 | 军 | 浙江 | 1941年5月6日 | 抗战 | 《中华民国忠烈将士姓名录》 |
| 134 | 朱才章 | 丽水 | 男 | 28 | 军 | 浙江 | 1940年10月 | 抗战 | 《中华民国忠烈将士姓名录》 |
| 135 | 周光盖 | 丽水 | 男 | 27 | 军 | 浙江 | 1940年10月 | 抗战 | 《中华民国忠烈将士姓名录》 |
| 136 | 陈兴友 | 丽水 | 男 | 24 | 军 | 浙江 | 1940年7月 | 抗战 | 《中华民国忠烈将士姓名录》 |
| 137 | 陈金标 | 丽水 | 男 | 31 | 军 | 浙江 | 1927年12月 | 抗战 | 《中华民国忠烈将士姓名录》 |
| 138 | 王丽生 | 丽水 | 男 | 23 | 军 | 上海 | 1937年9月 | 抗战 | 《中华民国忠烈将士姓名录》 |
| 139 | 朱纪法 | 丽水 | 男 | 24 | 军 | 上海 | 1937年9月 | 抗战 | 《中华民国忠烈将士姓名录》 |
| 140 | 姜临宣 | 丽水 | 男 | 22 | 军 | 上海 | 1937年9月 | 抗战 | 《中华民国忠烈将士姓名录》 |
| 141 | 刘进喜 | 丽水 | 男 | 24 | 军 | 上海 | 1937年9月 | 抗战 | 《中华民国忠烈将士姓名录》 |

续表20

| 序号 | 姓名 | 籍贯 | 性别 | 年龄 | 职业 | 死难地点 | 死难时间 | 死难经过 | 资料出处 |
|---|---|---|---|---|---|---|---|---|---|
| 142 | 方福兴 | 丽水 | 男 | 24 | 军 | 上海 | 1937年9月 | 抗战 | 《中华民国忠烈将士姓名录》 |
| 143 | 何升 | 丽水 | 男 | 24 | 军 | 上海 | 1937年9月 | 抗战 | 《中华民国忠烈将士姓名录》 |
| 144 | 李老汤 | 丽水 | 男 | 0 | 军 | 上海 | 1937年8月 | 抗战 | 《中华民国忠烈将士姓名录》 |
| 145 | 朱鹤军 | 丽水 | 男 | 0 | 军 | 上海 | 1937年9月 | 抗战 | 《中华民国忠烈将士姓名录》 |
| 146 | 王土中 | 丽水 | 男 | 0 | 军 | 上海 | 1937年9月 | 抗战 | 《中华民国忠烈将士姓名录》 |
| 147 | 江贵生 | 丽水 | 男 | 24 | 军 | 上海 | 1937年8月 | 抗战 | 《中华民国忠烈将士姓名录》 |
| 148 | 金水才 | 丽水 | 男 | 22 | 军 | 上海 | 1937年12月28日 | 抗战 | 《中华民国忠烈将士姓名录》 |
| 149 | 余志兰 | 丽水 | 男 | 27 | 军 | 上海 | 1937年9月 | 抗战 | 《中华民国忠烈将士姓名录》 |
| 150 | 谢树青 | 丽水 | 男 | 20 | 军 | 上海 | 1937年8月 | 抗战 | 《中华民国忠烈将士姓名录》 |
| 151 | 刘忠清 | 丽水 | 男 | 28 | 军 | 上海 | 1937年9月 | 抗战 | 《中华民国忠烈将士姓名录》 |
| 152 | 朱二言 | 丽水 | 男 | 25 | 军 | 湖南常德 | 1943年11月28日 | 抗战 | 《中华民国忠烈将士姓名录》 |
| 153 | 李坤 | 丽水 | 男 | 26 | 军 | 湖南常德 | 1941年9月23日 | 抗战 | 《中华民国忠烈将士姓名录》 |
| 154 | 金成友 | 丽水 | 男 | 21 | 军 | 湖南常德 | 1941年9月23日 | 抗战 | 《中华民国忠烈将士姓名录》 |
| 155 | 吴少清 | 丽水 | 男 | 0 | 军 | 湖南 | 1941年9月23日 | 抗战 | 《中华民国忠烈将士姓名录》 |
| 156 | 蒋林贤 | 丽水 | 男 | 0 | 军 | 湖南 | 1941年9月11日 | 抗战 | 《中华民国忠烈将士姓名录》 |
| 157 | 徐温州 | 丽水 | 男 | 0 | 军 | 湖南 | 1941年9月28日 | 抗战 | 《中华民国忠烈将士姓名录》 |
| 158 | 程国标 | 丽水 | 男 | 0 | 军 | 湖南长沙 | 1941年9月27日 | 抗战 | 《中华民国忠烈将士姓名录》 |

续表20

| 序号 | 姓名 | 籍贯 | 性别 | 年龄 | 职业 | 死难地点 | 死难时间 | 死难经过 | 资料出处 |
|---|---|---|---|---|---|---|---|---|---|
| 159 | 朱开木 | 丽水 | 男 | 0 | 军 | 湖南长沙 | 1941年9月27日 | 抗战 | 《中华民国忠烈将士姓名录》 |
| 160 | 石丁元 | 丽水 | 男 | 35 | 军 | 湖南 | 1943年11月20日 | 抗战 | 《中华民国忠烈将士姓名录》 |
| 161 | 蓝世章 | 丽水 | 男 | 0 | 军 | 湖南长沙 | 1942年3月 | 抗战 | 《中华民国忠烈将士姓名录》 |
| 162 | 尚为善 | 丽水 | 男 | 0 | 军 | 湖南长沙 | 1942年1月5日 | 抗战 | 《中华民国忠烈将士姓名录》 |
| 163 | 周泽全 | 丽水 | 男 | 0 | 军 | 湖南岳阳 | 1941年12月26日 | 抗战 | 《中华民国忠烈将士姓名录》 |
| 164 | 张世有 | 丽水 | 男 | 38 | 军 | 湖南 | 1943年11月2日 | 抗战 | 《中华民国忠烈将士姓名录》 |
| 165 | 李细客 | 丽水 | 男 | 28 | 军 | 湖南 | 1943年11月19日 | 抗战 | 《中华民国忠烈将士姓名录》 |
| 166 | 胡坛彩 | 丽水 | 男 | 23 | 军 | 湖南 | 1941年9月26日 | 抗战 | 《中华民国忠烈将士姓名录》 |
| 167 | 封琦 | 丽水 | 男 | 21 | 军 | 湖南 | 1939年10月 | 抗战 | 《中华民国忠烈将士姓名录》 |
| 168 | 汪余海 | 丽水 | 男 | 21 | 军 | 湖南 | 1939年9月 | 抗战 | 《中华民国忠烈将士姓名录》 |
| 169 | 吴云雨 | 丽水 | 男 | 21 | 军 | 湖北 | 1940年4月 | 抗战 | 《中华民国忠烈将士姓名录》 |
| 170 | 吴云彬 | 丽水 | 男 | 24 | 军 | 湖北 | 1943年5月25日 | 抗战 | 《中华民国忠烈将士姓名录》 |
| 171 | 徐国荣 | 丽水 | 男 | 39 | 军 | 湖北 | 1938年10月14日 | 抗战 | 《中华民国忠烈将士姓名录》 |
| 172 | 梅国东 | 丽水 | 男 | 0 | 军 | 湖北 | 1939年12月 | 抗战 | 《中华民国忠烈将士姓名录》 |
| 173 | 周连桂 | 丽水 | 男 | 23 | 军 | 湖北 | 1939年12月 | 抗战 | 《中华民国忠烈将士姓名录》 |
| 174 | 傅岳林 | 丽水 | 男 | 28 | 军 | 湖北 | 1939年12月 | 抗战 | 《中华民国忠烈将士姓名录》 |
| 175 | 阙凤金 | 丽水 | 男 | 21 | 军 | 广西 | 1939年12月 | 抗战 | 《中华民国忠烈将士姓名录》 |

续表20

| 序号 | 姓名 | 籍贯 | 性别 | 年龄 | 职业 | 死难地点 | 死难时间 | 死难经过 | 资料出处 |
|---|---|---|---|---|---|---|---|---|---|
| 176 | 陈金石 | 丽水 | 男 | 24 | 军 | 广西 | 1939年12月 | 抗战 | 《中华民国忠烈将士姓名录》 |
| 177 | 吴锡伍 | 丽水 | 男 | 24 | 军 | 广西 | 1939年12月 | 抗战 | 《中华民国忠烈将士姓名录》 |
| 178 | 叶发根 | 丽水 | 男 | 25 | 军 | 广西 | 1940年2月 | 抗战 | 《中华民国忠烈将士姓名录》 |
| 179 | 鲁礼仁 | 丽水 | 男 | 21 | 军 | 广西 | 1939年12月 | 抗战 | 《中华民国忠烈将士姓名录》 |
| 180 | 周德金 | 丽水 | 男 | 21 | 军 | 广西 | 1939年12月 | 抗战 | 《中华民国忠烈将士姓名录》 |
| 181 | 徐克刚 | 丽水 | 男 | 30 | 军 | 广西 | 1939年12月 | 抗战 | 《中华民国忠烈将士姓名录》 |
| 182 | 王德元 | 丽水 | 男 | 22 | 军 | 广西 | 1939年12月 | 抗战 | 《中华民国忠烈将士姓名录》 |
| 183 | 傅德诊 | 丽水 | 男 | 23 | 军 | 广西 | 1939年12月 | 抗战 | 《中华民国忠烈将士姓名录》 |
| 184 | 陈清 | 丽水 | 男 | 29 | 军 | 广西 | 1940年1月 | 抗战 | 《中华民国忠烈将士姓名录》 |
| 185 | 叶兆文 | 丽水 | 男 | 27 | 军 | 江苏 | 1939年6月 | 抗战 | 《中华民国忠烈将士姓名录》 |
| 186 | 蓝荣合 | 丽水 | 男 | 25 | 军 | 江苏 | 1938年4月 | 抗战 | 《中华民国忠烈将士姓名录》 |
| 187 | 王焕仙 | 丽水 | 男 | 26 | 军 | 江苏 | 1937年9月 | 抗战 | 《中华民国忠烈将士姓名录》 |
| 188 | 蓝振昌 | 丽水 | 男 | 26 | 军 | 江苏 | 1937年10月 | 抗战 | 《中华民国忠烈将士姓名录》 |
| 189 | 李眸芳 | 丽水 | 男 | 25 | 军 | 江苏 | 1937年10月 | 抗战 | 《中华民国忠烈将士姓名录》 |
| 190 | 蔡立城 | 丽水 | 男 | 28 | 军 | 江苏 | 1937年9月 | 抗战 | 《中华民国忠烈将士姓名录》 |
| 191 | 朱客能 | 丽水 | 男 | 24 | 军 | 江苏 | 1937年8月 | 抗战 | 《中华民国忠烈将士姓名录》 |
| 192 | 江议民 | 丽水 | 男 | 25 | 军 | 江苏 | 1937年8月 | 抗战 | 《中华民国忠烈将士姓名录》 |
| 193 | 周品堂 | 丽水 | 男 | 22 | 军 | 江苏 | 1937年8月 | 抗战 | 《中华民国忠烈将士姓名录》 |

续表20

| 序号 | 姓名 | 籍贯 | 性别 | 年龄 | 职业 | 死难地点 | 死难时间 | 死难经过 | 资料出处 |
|---|---|---|---|---|---|---|---|---|---|
| 194 | 朱成信 | 丽水 | 男 | 23 | 军 | 江苏 | 1937年9月 | 抗战 | 《中华民国忠烈将士姓名录》 |
| 195 | 文朝德 | 丽水 | 男 | 23 | 军 | 江苏 | 1937年8月 | 抗战 | 《中华民国忠烈将士姓名录》 |
| 196 | 樊根周 | 丽水 | 男 | 23 | 军 | 江苏 | 1937年8月 | 抗战 | 《中华民国忠烈将士姓名录》 |
| 197 | 姜谭法 | 丽水 | 男 | 23 | 军 | 江苏 | 1937年8月28日 | 抗战 | 《中华民国忠烈将士姓名录》 |
| 198 | 吴炳寅 | 丽水 | 男 | 24 | 军 | 江苏 | 1937年8月28日 | 抗战 | 《中华民国忠烈将士姓名录》 |
| 199 | 林丕贤 | 丽水 | 男 | 30 | 军 | 江苏 | 1937年9月 | 抗战 | 《中华民国忠烈将士姓名录》 |
| 200 | 徐细太 | 丽水 | 男 | 24 | 军 | 江苏 | 1937年6月 | 抗战 | 《中华民国忠烈将士姓名录》 |
| 201 | 章荣正 | 丽水 | 男 | 24 | 军 | 江苏 | 1937年6月 | 抗战 | 《中华民国忠烈将士姓名录》 |
| 202 | 陆三儿 | 丽水 | 男 | 20 | 军 | 江苏 | 1937年10月 | 抗战 | 《中华民国忠烈将士姓名录》 |
| 203 | 徐永和 | 丽水 | 男 | 22 | 军 | 江苏 | 1937年3月 | 抗战 | 《中华民国忠烈将士姓名录》 |
| 204 | 王良根 | 丽水 | 男 | 21 | 军 | 江苏 | 1937年8月 | 抗战 | 《中华民国忠烈将士姓名录》 |
| 205 | 武有明 | 丽水 | 男 | 24 | 军 | 江苏 | 1937年8月 | 抗战 | 《中华民国忠烈将士姓名录》 |
| 206 | 沈清友 | 丽水 | 男 | 25 | 军 | 江苏 | 1937年11月22日 | 抗战 | 《中华民国忠烈将士姓名录》 |
| 207 | 励志芳 | 丽水 | 男 | 20 | 军 | 江苏 | 1937年11月 | 抗战 | 《中华民国忠烈将士姓名录》 |
| 208 | 文生儿 | 丽水 | 男 | 27 | 军 | 浙江 | 1944年9月19日 | 抗战 | 《中华民国忠烈将士姓名录》 |
| 209 | 黄福荣 | 丽水 | 男 | 25 | 军 | 浙江 | 1944年9月30日 | 抗战 | 《中华民国忠烈将士姓名录》 |
| 210 | 朱喜生 | 丽水 | 男 | 30 | 军 | 浙江 | 1944年9月19日 | 抗战 | 《中华民国忠烈将士姓名录》 |
| 211 | 贾国登 | 丽水 | 男 | 21 | 军 | 浙江 | 1944年9月23日 | 抗战 | 《中华民国忠烈将士姓名录》 |

续表20

| 序号 | 姓名 | 籍贯 | 性别 | 年龄 | 职业 | 死难地点 | 死难时间 | 死难经过 | 资料出处 |
|---|---|---|---|---|---|---|---|---|---|
| 212 | 朱清松 | 丽水 | 男 | | 军 | 湖南 | 1942年1月4日 | 抗战 | 《中华民国忠烈将士姓名录》 |
| 213 | 金子清 | 丽水 | 男 | 34 | 军 | 安徽文印溪 | 1941年12月23日 | 抗战 | 《中华民国忠烈将士姓名录》 |
| 214 | 吴兴发 | 丽水 | 男 | 23 | 军 | 江苏高淳 | 1941年12月21日 | 抗战 | 《中华民国忠烈将士姓名录》 |
| 215 | 苏荣美 | 丽水 | 男 | 19 | 军 | 浙江永嘉 | 1945年3月10日 | 抗战 | 《中华民国忠烈将士姓名录》 |
| 216 | 胡启兴 | 丽水 | 男 | 21 | 军 | 浙江龙游 | 1945年3月10日 | 抗战 | 《中华民国忠烈将士姓名录》 |
| 217 | 吴有明 | 丽水 | 男 | 29 | 军 | 江苏 | 1944年6月12日 | 抗战 | 《中华民国忠烈将士姓名录》 |
| 218 | 谢杜客 | 丽水 | 男 | 32 | 军 | 浙江丽水 | 1937年9月 | 抗战 | 《中华民国忠烈将士姓名录》 |
| 219 | 吴起荣 | 丽水 | 男 | 36 | 军 | 浙江丽水 | 1944年9月6日 | 抗战 | 《中华民国忠烈将士姓名录》 |
| 220 | 徐一诚 | 丽水 | 男 | 30 | 军 | 浙江武义 | 1944年8月27日 | 抗战 | 《中华民国忠烈将士姓名录》 |
| 221 | 卢兴余 | 丽水 | 男 | 22 | 军 | 浙江武义 | 1944年6月13日 | 抗战 | 《中华民国忠烈将士姓名录》 |
| 222 | 莫良云 | 丽水 | 男 | 18 | 军 | 浙江武义 | 1944年3月30日 | 抗战 | 《中华民国忠烈将士姓名录》 |
| 220 | 徐一诚 | 丽水 | 男 | 30 | 军 | 浙江武义 | 1944年8月27日 | 抗战 | 《中华民国忠烈将士姓名录》 |
| 221 | 卢兴余 | 丽水 | 男 | 22 | 军 | 浙江武义 | 1944年6月13日 | 抗战 | 《中华民国忠烈将士姓名录》 |
| 222 | 莫良云 | 丽水 | 男 | 18 | 军 | 浙江武义 | 1944年3月30日 | 抗战 | 《中华民国忠烈将士姓名录》 |
| 223 | 周孝保 | 丽水 | 男 | 20 | 军 | 浙江龙游 | 1944年6月16日 | 抗战 | 《中华民国忠烈将士姓名录》 |
| 224 | 王顺清 | 丽水 | 男 | 25 | 军 | 浙江 | 1942年8月8日 | 抗战 | 《中华民国忠烈将士姓名录》 |

续表20

| 序号 | 姓名 | 籍贯 | 性别 | 年龄 | 职业 | 死难地点 | 死难时间 | 死难经过 | 资料出处 |
|---|---|---|---|---|---|---|---|---|---|
| 225 | 叶成发 | 丽水 | 男 | 31 | 军 | 缅北 | 1942年3月30日 | 抗战 | 《中华民国忠烈将士姓名录》 |
| 226 | 叶德 | 丽水 | 男 | 40 | 军 | 浙江金华 | 1942年5月27日 | 抗战 | 《中华民国忠烈将士姓名录》 |
| 227 | 周安烛 | 丽水 | 男 | 0 | 军 | 浙江东阳 | 1941年5月15日 | 抗战 | 《中华民国忠烈将士姓名录》 |
| 228 | 刘根生 | 丽水 | 男 | 43 | 军 | 西川 | 1935年8月 | 抗战 | 《中华民国忠烈将士姓名录》 |
| 229 | 叶一祥 | 丽水 | 男 | 25 | 军 | 贵州 | 1936年11月 | 抗战 | 《中华民国忠烈将士姓名录》 |
| 230 | 沈永傅 | 丽水 | 男 | 32 | 军 | 河南 | 1938年9月 | 抗战 | 《中华民国忠烈将士姓名录》 |
| 231 | 何大海 | 丽水 | 男 | 25 | 军 | 河南 | 1946年1月6日 | 抗战 | 《中华民国忠烈将士姓名录》 |
| 232 | 张芝标 | 丽水 | 男 | 32 | 军 | 四川 | 1935年4月 | 抗战 | 《中华民国忠烈将士姓名录》 |
| 233 | 席炳富 | 丽水 | 男 | 31 | 军 | 安徽 | 1939年12月 | 抗战 | 《中华民国忠烈将士姓名录》 |
| 234 | 祝林武 | 丽水 | 男 | 32 | 军 | 江苏 | 1938年5月 | 抗战 | 《中华民国忠烈将士姓名录》 |
| 235 | 江金标 | 丽水 | 男 | 32 | 军 | 上海 | 1937年9月 | 抗战 | 《中华民国忠烈将士姓名录》 |
| 236 | 潘玉方 | 丽水 | 男 | 32 | 军 | 湖南 | 1938年9月 | 抗战 | 《中华民国忠烈将士姓名录》 |
| 237 | 陈进成 | 丽水 | 男 | 33 | 军 | 安徽 | 1940年4月 | 抗战 | 《中华民国忠烈将士姓名录》 |
| 238 | 赵宣章 | 丽水 | 男 | 29 | 军 | 安徽 | 1940年4月 | 抗战 | 《中华民国忠烈将士姓名录》 |
| 239 | 叶良 | 丽水 | 男 | 29 | 军 | 安徽 | 1940年4月 | 抗战 | 《中华民国忠烈将士姓名录》 |
| 240 | 沈发祯 | 丽水 | 男 | 19 | 军 | 安徽 | 1940年4月 | 抗战 | 《中华民国忠烈将士姓名录》 |
| 241 | 郑子根 | 丽水 | 男 | 26 | 军 | 安徽 | 1940年4月 | 抗战 | 《中华民国忠烈将士姓名录》 |
| 242 | 鲍青喜 | 丽水 | 男 | 29 | 军 | 安徽 | 1940年4月 | 抗战 | 《中华民国忠烈将士姓名录》 |

续表20

| 序号 | 姓名 | 籍贯 | 性别 | 年龄 | 职业 | 死难地点 | 死难时间 | 死难经过 | 资料出处 |
|---|---|---|---|---|---|---|---|---|---|
| 243 | 邓有川 | 丽水 | 男 | 37 | 军 | 湖北 | 1940年2月14日 | 抗战 | 《中华民国忠烈将士姓名录》 |
| 244 | 陶隆福 | 丽水 | 男 | 36 | 军 | 湖北 | 1940年3月2日 | 抗战 | 《中华民国忠烈将士姓名录》 |
| 245 | 邹进昌 | 丽水 | 男 | 24 | 军 | 江西 | 1938年7月 | 抗战 | 《中华民国忠烈将士姓名录》 |
| 246 | 朱金全 | 丽水 | 男 | 31 | 军 | 江西 | 1937年6月 | 抗战 | 《中华民国忠烈将士姓名录》 |
| 247 | 李连相 | 丽水 | 男 | 21 | 军 | 江西 | 1944年7月 | 抗战 | 《中华民国忠烈将士姓名录》 |
| 248 | 王石友 | 丽水 | 男 | 22 | 军 | 江西 | 1939年9月 | 抗战 | 《中华民国忠烈将士姓名录》 |
| 249 | 鲍宝明 | 丽水 | 男 | 21 | 军 | 江西 | 1939年9月 | 抗战 | 《中华民国忠烈将士姓名录》 |
| 250 | 陈加福 | 丽水 | 男 | 26 | 军 | 江西 | 1939年9月 | 抗战 | 《中华民国忠烈将士姓名录》 |
| 251 | 陈德森 | 丽水 | 男 | 30 | 军 | 江西 | 1939年9月 | 抗战 | 《中华民国忠烈将士姓名录》 |
| 252 | 陈树清 | 丽水 | 男 | 21 | 军 | 江西 | 1939年9月 | 抗战 | 《中华民国忠烈将士姓名录》 |
| 253 | 蓝根会 | 丽水 | 男 | 24 | 军 | 江西 | 1939年9月 | 抗战 | 《中华民国忠烈将士姓名录》 |
| 254 | 宠宪安 | 丽水 | 男 | 28 | 军 | 浙江 | 1940年2月 | 抗战 | 《中华民国忠烈将士姓名录》 |
| 255 | 潘祝和 | 丽水 | 男 | 19 | 军 | 安徽 | 1939年12月 | 抗战 | 《中华民国忠烈将士姓名录》 |
| 256 | 邹火祥 | 丽水 | 男 | 21 | 军 | 江西 | 1939年4月 | 抗战 | 《中华民国忠烈将士姓名录》 |
| 257 | 李仁福 | 丽水 | 男 | 31 | 军 | 江西 | 1939年4月 | 抗战 | 《中华民国忠烈将士姓名录》 |
| 258 | 鲍土兴 | 丽水 | 男 | 24 | 军 | 江西 | 1939年4月 | 抗战 | 《中华民国忠烈将士姓名录》 |
| 259 | 钟石根 | 丽水 | 男 | 22 | 军 | 江西 | 1940年6月25日 | 抗战 | 《中华民国忠烈将士姓名录》 |
| 260 | 蔡士富 | 丽水 | 男 | 25 | 军 | 江西 | 1940年6月25日 | 抗战 | 《中华民国忠烈将士姓名录》 |

续表20

| 序号 | 姓名 | 籍贯 | 性别 | 年龄 | 职业 | 死难地点 | 死难时间 | 死难经过 | 资料出处 |
|---|---|---|---|---|---|---|---|---|---|
| 261 | 俞泉兴 | 丽水 | 男 | 30 | 军 | 江苏 | 1939年6月 | 抗战 | 《中华民国忠烈将士姓名录》 |
| 262 | 黄舍宝 | 丽水 | 男 | 27 | 军 | 江苏 | 1939年6月 | 抗战 | 《中华民国忠烈将士姓名录》 |
| 263 | 潘寿增 | 丽水 | 男 | 25 | 军 | 江西 | 1939年4月 | 抗战 | 《中华民国忠烈将士姓名录》 |
| 264 | 陈华干 | 丽水 | 男 | 29 | 军 | 江西 | 1939年4月 | 抗战 | 《中华民国忠烈将士姓名录》 |
| 265 | 陈有英 | 丽水 | 男 | 31 | 军 | 江西 | 1939年4月 | 抗战 | 《中华民国忠烈将士姓名录》 |
| 266 | 陈叶唐 | 丽水 | 男 | 27 | 军 | 江西 | 1939年4月 | 抗战 | 《中华民国忠烈将士姓名录》 |
| 267 | 叶增土 | 丽水 | 男 | 26 | 军 | 江西 | 1934年4月 | 抗战 | 《中华民国忠烈将士姓名录》 |
| 268 | 周敬亮 | 丽水 | 男 | 28 | 军 | 江西 | 1939年5月 | 抗战 | 《中华民国忠烈将士姓名录》 |
| 269 | 励彩元 | 丽水 | 男 | 23 | 军 | 广西 | 1939年2月 | 抗战 | 《中华民国忠烈将士姓名录》 |
| 270 | 兰良会 | 丽水 | 男 | 21 | 军 | 湖北 | 1940年5月 | 抗战 | 《中华民国忠烈将士姓名录》 |
| 271 | 江唐德 | 丽水 | 男 | 28 | 军 | 安徽 | 1939年12月 | 抗战 | 《中华民国忠烈将士姓名录》 |
| 272 | 潘泰明 | 丽水 | 男 | 26 | 军 | 广西 | 1939年12月 | 抗战 | 《中华民国忠烈将士姓名录》 |
| 273 | 张森明 | 丽水 | 男 | 26 | 军 | 广西 | 1939年12月 | 抗战 | 《中华民国忠烈将士姓名录》 |
| 274 | 汤潘喜 | 丽水 | 男 | 27 | 军 | 江西 | 1939年4月 | 抗战 | 《中华民国忠烈将士姓名录》 |
| 275 | 陈土成 | 丽水 | 男 | 31 | 军 | 江西 | 1939年10月 | 抗战 | 《中华民国忠烈将士姓名录》 |
| 276 | 陶如祥 | 丽水 | 男 | 20 | 军 | 安徽 | 1939年12月 | 抗战 | 《中华民国忠烈将士姓名录》 |
| 277 | 赖大发 | 丽水 | 男 | 29 | 军 | 安徽 | 1940年10月7日 | 抗战 | 《中华民国忠烈将士姓名录》 |
| 278 | 鲍庆喜 | 宣平 | 男 | 24 | 军 | 浙江 | 1944年6月18日 | 抗战 | 《中华民国忠烈将士姓名录》 |

续表20

| 序号 | 姓名 | 籍贯 | 性别 | 年龄 | 职业 | 死难地点 | 死难时间 | 死难经过 | 资料出处 |
|---|---|---|---|---|---|---|---|---|---|
| 279 | 王玉强 | 宣平 | 男 | 21 | 军 | 浙江 | 1944年6月12日 | 抗战 | 《中华民国忠烈将士姓名录》 |
| 280 | 高献其 | 宣平 | 男 | 34 | 军 | 浙江 | 1944年6月12日 | 抗战 | 《中华民国忠烈将士姓名录》 |
| 281 | 潘李圣 | 宣平 | 男 | 26 | 军 | 湖南 | 1942年1月3日 | 抗战 | 《中华民国忠烈将士姓名录》 |
| 282 | 林彩法 | 宣平 | 男 | 24 | 军 | 江苏 | 1937年8月28日 | 抗战 | 《中华民国忠烈将士姓名录》 |
| 283 | 周子富 | 宣平 | 男 | 23 | 军 | 上海 | 1937年11月5日 | 抗战 | 《中华民国忠烈将士姓名录》 |
| 284 | 张全长 | 宣平 | 男 | 32 | 军 | 浙江 | 1940年10月 | 抗战 | 《中华民国忠烈将士姓名录》 |
| 285 | 潘火贵 | 宣平 | 男 | 26 | 军 | 江西 | 1937年4月23日 | 抗战 | 《中华民国忠烈将士姓名录》 |
| 286 | 陈立权 | 宣平 | 男 | 33 | 军 | 浙江 | 1940年10月 | 抗战 | 《中华民国忠烈将士姓名录》 |
| 287 | 张朝坤 | 宣平 | 男 | 21 | 军 | 浙江 | 1940年10月 | 抗战 | 《中华民国忠烈将士姓名录》 |
| 288 | 李细宝 | 宣平 | 男 | 26 | 军 | 浙江 | 1941年3月 | 抗战 | 《中华民国忠烈将士姓名录》 |
| 289 | 廖正武 | 宣平 | 男 | 21 | 军 | 江西 | 1941年3月25日 | 抗战 | 《中华民国忠烈将士姓名录》 |
| 290 | 李根兴 | 宣平 | 男 | 23 | 军 | 安徽 | 1939年12月 | 抗战 | 《中华民国忠烈将士姓名录》 |
| 291 | 严德根 | 宣平 | 男 | 20 | 军 | 安徽 | 1939年12月 | 抗战 | 《中华民国忠烈将士姓名录》 |
| 292 | 陈识祥 | 宣平 | 男 | 21 | 军 | 浙江 | 1945年5月27日 | 抗战 | 《中华民国忠烈将士姓名录》 |
| 293 | 朱进海 | 宣平 | 男 | 31 | 军 | 安徽 | 1938年11月 | 抗战 | 《中华民国忠烈将士姓名录》 |
| 294 | 蒋凤标 | 宣平 | 男 | 25 | 军 | 江西 | 1940年6月 | 抗战 | 《中华民国忠烈将士姓名录》 |
| 295 | 傅法茂 | 宣平 | 男 | 32 | 军 | 浙江 | 1940年10月16日 | 抗战 | 《中华民国忠烈将士姓名录》 |
| 296 | 张根明 | 宣平 | 男 | 25 | 军 | 浙江 | 1940年9月4日 | 抗战 | 《中华民国忠烈将士姓名录》 |

续表20

| 序号 | 姓名 | 籍贯 | 性别 | 年龄 | 职业 | 死难地点 | 死难时间 | 死难经过 | 资料出处 |
|---|---|---|---|---|---|---|---|---|---|
| 297 | 陈老三 | 宣平 | 男 | 30 | 军 | 浙江 | 1940年6月 | 抗战 | 《中华民国忠烈将士姓名录》 |
| 298 | 刘顺太 | 宣平 | 男 | 22 | 军 | 浙江 | 1945年6月8日 | 抗战 | 《中华民国忠烈将士姓名录》 |
| 299 | 吴金城 | 宣平 | 男 | 27 | 军 | 江西 | 1940年6月 | 抗战 | 《中华民国忠烈将士姓名录》 |
| 300 | 华金财 | 宣平 | 男 | 26 | 军 | 江西 | 1941年3月19日 | 抗战 | 《中华民国忠烈将士姓名录》 |
| 301 | 蒋土法 | 宣平 | 男 | 21 | 军 | 湖南 | 1941年9月29日 | 抗战 | 《中华民国忠烈将士姓名录》 |
| 302 | 傅贵华 | 宣平 | 男 | 27 | 军 | 湖南 | 1945年2月5日 | 抗战 | 《中华民国忠烈将士姓名录》 |
| 303 | 蓝余新 | 宣平 | 男 | 23 | 军 | 江西 | 1939年12月 | 抗战 | 《中华民国忠烈将士姓名录》 |
| 304 | 鲍进兴 | 宣平 | 男 | 29 | 军 | 江西 | 1939年12月 | 抗战 | 《中华民国忠烈将士姓名录》 |
| 305 | 雷新明 | 宣平 | 男 | 26 | 军 | 江西 | 1939年5月 | 抗战 | 《中华民国忠烈将士姓名录》 |
| 306 | 潘知相 | 宣平 | 男 | 25 | 军 | 江西 | 1939年12月 | 抗战 | 《中华民国忠烈将士姓名录》 |
| 307 | 李染仁 | 宣平 | 男 | 26 | 军 | 浙江 | 1942年6月 | 抗战 | 《中华民国忠烈将士姓名录》 |
| 308 | 吴新必 | 宣平 | 男 | 25 | 军 | 浙江 | 1940年6月 | 抗战 | 《中华民国忠烈将士姓名录》 |
| 309 | 黄银祥 | 宣平 | 男 | 19 | 军 | 江西 | 1940年6月 | 抗战 | 《中华民国忠烈将士姓名录》 |
| 310 | 朱涂法 | 宣平 | 男 | 24 | 军 | 浙江 | 1937年8月28日 | 抗战 | 《中华民国忠烈将士姓名录》 |
| 311 | 陈叶堂 | 宣平 | 男 | 26 | 军 | 江西 | 1939年4月 | 抗战 | 《中华民国忠烈将士姓名录》 |
| 312 | 王祖乔 | 宣平 | 男 | 23 | 军 | 江苏 | 1937年8月 | 抗战 | 《中华民国忠烈将士姓名录》 |
| 313 | 章有彩 | 宣平 | 男 | 26 | 军 | 江苏 | 1937年8月 | 抗战 | 《中华民国忠烈将士姓名录》 |
| 314 | 赖翠云 | 宣平 | 男 | 26 | 军 | 上海 | 1937年11月 | 抗战 | 《中华民国忠烈将士姓名录》 |
| 315 | 鲍振武 | 宣平 | 男 | 30 | 军 | 江苏 | 1937年9月 | 抗战 | 《中华民国忠烈将士姓名录》 |

续表20

| 序号 | 姓名 | 籍贯 | 性别 | 年龄 | 职业 | 死难地点 | 死难时间 | 死难经过 | 资料出处 |
|------|------|------|------|------|------|----------|----------|----------|----------|
| 316 | 廖雨昌 | 宣平 | 男 | 23 | 军 | 江苏 | 1937年9月 | 抗战 | 《中华民国忠烈将士姓名录》 |
| 317 | 陈学荣 | 宣平 | 男 | 31 | 军 | 浙江 | 1944年6月24日 | 抗战 | 《中华民国忠烈将士姓名录》 |
| 318 | 祝寿生 | 宣平 | 男 | 23 | 军 | 浙江 | 1945年3月8日 | 抗战 | 《中华民国忠烈将士姓名录》 |
| 319 | 范世新 | 宣平 | 男 | 0 | 军 | 湖南 | 1942年1月2日 | 抗战 | 《中华民国忠烈将士姓名录》 |
| 320 | 廖照和 | 宣平 | 男 | 0 | 军 | 湖南 | 1942年1月2日 | 抗战 | 《中华民国忠烈将士姓名录》 |
| 321 | 刘世森 | 宣平 | 男 | 36 | 军 | 自水岑 | 1941年3月19日 | 抗战 | 《中华民国忠烈将士姓名录》 |
| 322 | 范同茂 | 宣平 | 男 | 33 | 军 | 浙江 | 1938年7月 | 抗战 | 《中华民国忠烈将士姓名录》 |
| 323 | 谢荣思 | 宣平 | 男 | 34 | 军 | 浙江 | 1941年3月23日 | 抗战 | 《中华民国忠烈将士姓名录》 |
| 324 | 鲍德升 | 宣平 | 男 | 26 | 军 | 江苏 | 1937年8月 | 抗战 | 《中华民国忠烈将士姓名录》 |
| 325 | 瘳南星 | 宣平 | 男 | 27 | 军 | 湖北 | 1938年4月 | 抗战 | 《中华民国忠烈将士姓名录》 |
| 326 | 廖土森 | 宣平 | 男 | 21 | 军 | 湖北 | 1940年6月 | 抗战 | 《中华民国忠烈将士姓名录》 |
| 327 | 刘成美 | 宣平 | 男 | 0 | 军 | 上海 | 1937年9月 | 抗战 | 《中华民国忠烈将士姓名录》 |
| 328 | 赖受诊 | 宣平 | 男 | 21 | 军 | 湖北 | 1938年10月 | 抗战 | 《中华民国忠烈将士姓名录》 |
| 329 | 王潘祥 | 宣平 | 男 | 23 | 军 | 江苏 | 1937年9月 | 抗战 | 《中华民国忠烈将士姓名录》 |
| 330 | 染云正 | 宣平 | 男 | 0 | 军 | 上海 | 1937年8月 | 抗战 | 《中华民国忠烈将士姓名录》 |
| 331 | 范得仁 | 宣平 | 男 | 23 | 军 | 上海 | 1937年9月 | 抗战 | 《中华民国忠烈将士姓名录》 |
| 332 | 章四福 | 宣平 | 男 | 24 | 军 | 上海 | 1937年9月 | 抗战 | 《中华民国忠烈将士姓名录》 |
| 333 | 廖开富 | 宣平 | 男 | 24 | 军 | 上海 | 1937年9月 | 抗战 | 《中华民国忠烈将士姓名录》 |
| 334 | 祝庆荣 | 宣平 | 男 | 20 | 军 | 江苏 | 1937年9月 | 抗战 | 《中华民国忠烈将士姓名录》 |

续表20

| 序号 | 姓名 | 籍贯 | 性别 | 年龄 | 职业 | 死难地点 | 死难时间 | 死难经过 | 资料出处 |
|---|---|---|---|---|---|---|---|---|---|
| 335 | 郑章余 | 宣平 | 男 | 22 | 军 | 湖北 | 1939年9月 | 抗战 | 《中华民国忠烈将士姓名录》 |
| 336 | 鲍开金 | 宣平 | 男 | 25 | 军 | 湖北 | 1944年5月10日 | 抗战 | 《中华民国忠烈将士姓名录》 |
| 337 | 陈高振 | 宣平 | 男 | 37 | 军 | 江西 | 1939年5月1日 | 抗战 | 《中华民国忠烈将士姓名录》 |
| 338 | 梁立正 | 宣平 | 男 | 29 | 军 | 江西 | 1945年7月20日 | 抗战 | 《中华民国忠烈将士姓名录》 |
| 339 | 杨忠进 | 宣平 | 男 | 26 | 军 | 江西 | 1945年3月16日 | 抗战 | 《中华民国忠烈将士姓名录》 |
| 340 | 曾有土 | 宣平 | 男 | 34 | 军 | 江西 | 1945年4月4日 | 抗战 | 《中华民国忠烈将士姓名录》 |
| 341 | 陈树兴 | 宣平 | 男 | 29 | 军 | 江西 | 1945年3月3日 | 抗战 | 《中华民国忠烈将士姓名录》 |
| 342 | 沈近昌 | 宣平 | 男 | 27 | 军 | 安徽 | 1939年3月 | 抗战 | 《中华民国忠烈将士姓名录》 |
| 343 | 赖金才 | 宣平 | 男 | 27 | 军 | 安徽 | 1939年3月 | 抗战 | 《中华民国忠烈将士姓名录》 |
| 344 | 饶金堂 | 宣平 | 男 | 33 | 军 | 安徽 | 1939年3月 | 抗战 | 《中华民国忠烈将士姓名录》 |
| 345 | 瘳三宝 | 宣平 | 男 | 26 | 军 | 安徽 | 1939年3月 | 抗战 | 《中华民国忠烈将士姓名录》 |
| 346 | 吴和兴 | 宣平 | 男 | 23 | 军 | 安徽 | 1939年3月 | 抗战 | 《中华民国忠烈将士姓名录》 |
| 347 | 李老五 | 宣平 | 男 | 34 | 军 | 安徽 | 1939年3月 | 抗战 | 《中华民国忠烈将士姓名录》 |
| 348 | 曾锡潘 | 宣平 | 男 | 24 | 军 | 安徽 | 1939年3月 | 抗战 | 《中华民国忠烈将士姓名录》 |
| 349 | 祝英土 | 宣平 | 男 | 29 | 军 | 安徽 | 1939年3月 | 抗战 | 《中华民国忠烈将士姓名录》 |
| 350 | 赖林木 | 宣平 | 男 | 32 | 军 | 南昌 | 1943年10月18日 | 抗战 | 《中华民国忠烈将士姓名录》 |
| 351 | 陶树彬 | 宣平 | 男 | 26 | 军 | 湖南 | 1943年11月21日 | 抗战 | 《中华民国忠烈将士姓名录》 |
| 352 | 郑桥 | 宣平 | 男 | 33 | 军 | 浙江省 | 1940年6月 | 抗战 | 《中华民国忠烈将士姓名录》 |

# 参考文献

[1]丽水市莲都区史志办编著.中共丽水（莲都）党史 [M].中共党史出版社，2001.03

[2] 莲都区文联编.莲都区历史人物 [M].中国文史出版社,2009.02

[3] 吴志华主编.千秋古堰好溪堰 [M].研究出版社,2011.07

[4] 吴志华 吴志标编著.处州金石下册 [M].浙江古籍出版社,2017.05

[5 ]丽水市莲都区史志办编著.莲都区志 [M].方志出版社,2018.07

[6]吴志华主编.丽水市莲都区革命老区发展史 [M].浙江出版社,2018.11

[7]中共丽水市委党史研究室编著.中国共产党浙江丽水历史 [M].中共党史出版社,2019.09

[8]中共丽水市委党史研究室编著.浙西南革命遗址 [M].浙江人民出版社，2021.03

[9]吴志华编著.莲都红色文化根脉 [M].中国文史出版社,2023.11

# 后　记

经过编写组一年来的不懈努力,《莲都区革命旧址遗址》终于成功付梓。

莲都,建置历史可以追溯到隋开皇九年(589)的括苍县,唐代改丽水县,2020年7月撤县级丽水市,设丽水市莲都区。

莲都是一方具有悠久革命传统的红色热土。早在明正统十三年(1448),以陶得二为首的宣慈(今老竹、柳城一带)矿工起义,威震闽浙。明嘉靖年间,丽水县城人、抗倭名将卢镗驰骋于茫茫海疆,抗击倭寇数十年,号称"江南名将,海内元勋"。清道光二十年(1840)六月,处州总兵郑国鸿率兵1200余处州兵驰援定海,最后全部以身殉国,名标史册。清光绪三十三年(1907),革命人士、碧湖人阙麟书配合徐锡麟、秋瑾密谋起义,后又参加反袁"二次革命",被暗杀身亡,孙中山闻讯电唁"勋劳未报,松柏先摧"。1925年,省立第十一中学等学校、工厂响应上海"五四"反帝爱国运动,组成工商学联合会,进行罢工、罢市、罢课,抵制、焚烧英货、日货。在土地革命战争时期,丽水最早建立了党的组织,农民暴动红遍北乡。1935年,中国工农红军挺进师先后多次转战丽水山区,创建浙西南革命根据地,这是中央红军北上,中国革命处于低潮时由中央红军在浙江开辟的唯一一块新根据地。在抗日战争时期,丽水是东南抗战的大后方,是中共中央东南局、新四军军部重要工作地区。1939年,中共浙江省委机关从温州迁往丽水,丽水一度成为全省政治、经济、文化中心。解放战争中,丽水党组织创建浙西南游击根据地,开展武装斗争,与浙东根据地(四明山)、浙南根据地(平阳、泰顺)互为犄角,为南下大军解放丽水创造了有利条件。1949年5月10日,丽水解放。1988年5月,浙江省人民政府批准丽水市为革命根据地县(区)。

正因为莲都区拥有深厚的红色文化及遗产,莲都区革命老区开发建设促进会主持对全区的革命旧址遗址进行调查建档,并在此基础上,研究整理编纂《莲都革命旧址遗址》一书,旨在进一步利用红色资源,保护革命遗产,守好红色根脉,这无疑是功在当代、利在千秋的好事。课题组历时近年余,深入莲都区各乡镇(街道),走街串巷,访耆问老,不畏寒暑,秉灯夜书,终于顺利提前完成书稿。本课题由莲都区革命老区开发建设促进会会长陈岳波总策划,常务副会长兼秘书长潘金发、副会长叶欣华、李冠武和丽水市政府革命遗址保护利用专家、市政协文史专员吴志华具体策划,并由吴志华组织实施。

众手成书。《莲都革命旧址遗址》能如期出版,离不开莲都区革命老区开发建设促进会领导的关心和指导,离不开课题组成员的和衷共济、密切配合,离不开有关部门和单位的支持与帮助,还有市档案局(馆)周率、丽水市博物馆吴志标、莲都区档案馆和党史研究中心吕春耀、摄影师楼新建、潘贵铭等诸多同志的支持和帮助。浙江省第十二届政协副主席、浙江省革命老区开发建设促进会会长陈铁雄为本书作序。值此成书之际,一并致谢!

吴志华

2024年5月识于丽水